Liu Xiaobo
Vivre dans la vérité

Collection dirigée par Geneviève Imbot-Bichet

Liu Xiaobo
Vivre dans la vérité

Textes choisis et présentés
par Geneviève Imbot-Bichet

Bleu de Chine

Gallimard

Titre original :
Selected Writings, edited by Tienchi Martin-Liao and Liu Xia

Ont été traduits et annotés par Jean-Philippe Béja :
我看回归十年的香港 Hong Kong, dix ans après la rétrocession
林昭用生命写就的遗言是当代中国仅存的自由之声 Le testament que Lin Zhao a écrit avec sa vie est la seule voix de liberté qui survit dans la Chine d'aujourd'hui

Ont été traduits par Jérôme Bonnin :
在大国崛起的背后 Derrière l'émergence d'une nation
在中国经济一枝独秀的背后 Derrière le miracle économique chinois

Ont été traduits et annotés par Hervé Denès :
« 中国政治与中国当代知识份子 » 后记 Postface à *La politique chinoise et les intellectuels chinois contemporains*
情色狂欢——中国商业文化批判 La frénésie pornographique — critique de la culture commerciale chinoise
从王朔式调侃到胡戈式恶搞——兼论后极权独裁下的民间笑话政治 De la dérision à la manière de Wang Shuo au détournement à la manière de Hu Ge — de la politique non officielle de la plaisanterie sous la dictature post-totalitaire
土地国有是强制拆迁的尚方宝剑 La propriété d'État de la terre est l'arme absolue permettant les expulsions et les démolitions forcées
当代文字狱与民间舆论救济 Les condamnations pour écrits et le secours de l'opinion publique

Les poèmes, 诗歌, ont été traduits par Guilhem Fabre.

Ont été traduits et annotés par Geneviève Imbot-Bichet :
给廖亦武的信 Lettre de Liu Xiaobo à Liao Yiwu du 13 janvier 2000
巴金是一面下垂的白旗 Pa Kin est un drapeau blanc en berne
我与互联网 Internet et moi
汉人无自由，藏人无自治 Pas de liberté pour les Chinois, pas d'autonomie pour les Tibétains
改革时代的新启蒙----以西单民主墙为例 Les nouvelles Lumières de l'ère des réformes – l'exemple du Mur de la Démocratie

Ont été traduits et annotés par Marie Holzman :
为了活著和活出尊严--关于中国人的生存状态 Vivre tout court ou vivre dans la dignité ? À propos des conditions de vie des Chinois
昨日丧家狗 今日看门狗——透视当下中国的 "孔子热" Hier chien sans maître, aujourd'hui chien de garde

Ont été traduits par Celia et Jean Levi :
中共奥运战略的金牌综合症 Le syndrome des médailles d'or olympiques et l'instrumentalisation politique des J.O. par le PCC
共和党对奥巴马当选的贡献 La contribution du Parti Républicain à l'élection d'Obama

Avant-propos

Deux ans ont passé depuis l'attribution du prix Nobel de la paix à Liu Xiaobo en octobre 2010. Qui se souvient encore aujourd'hui de ce premier prix Nobel de la paix chinois de l'histoire? Pourtant, condamné à onze ans de prison en 2009, Liu Xiaobo languit toujours derrière les barreaux, et rares sont ceux qui réclament sa libération. Quel crime a-t-il donc commis, cet inlassable pacifiste qui, article après article, a voulu, armé de sa seule plume, mettre fin au régime communiste chinois? Certes, il fustige le cynisme ambiant et le désert spirituel dans lequel s'enfoncent ses compatriotes, lancés dans une poursuite frénétique de l'argent et du pouvoir. Cela suffisait donc à effrayer les dirigeants les plus courtisés de la planète...

Nous avons déjà édité, en mars 2011, une série d'essais de Liu Xiaobo sous le titre La philosophie du porc. *La publication de ces textes, dont j'avais confié la coordination à Jean-Philippe Béja, avait été une décision bien antérieure à l'attribution du prix Nobel à Liu Xiaobo, tant il me paraissait capital de relayer la volonté intransigeante de ce combattant pour les droits de l'homme et son souhait de mener la Chine sur une voie démocratique.*

Nous avions alors choisi de montrer l'évolution de Liu Xiaobo depuis son premier essai, qui marquait son entrée en litté-

rature, jusqu'à ses textes majeurs, qui illustrent ses prises de position en faveur des droits de l'homme, de la liberté d'expression et de la démocratie.

Liu Xiaobo est toujours incarcéré; de ses conditions de vie et de sa santé, tant physique que psychologique, nous ne savons rien. Sa femme, Liu Xia, subit un traitement d'autant plus insupportable qu'aucun délit ne lui est reproché : elle est assignée à résidence dans l'appartement du couple à Pékin; nous n'avons aucune nouvelle d'elle non plus.

Pour ne pas oublier Liu Xiaobo, et pour continuer à affirmer notre soutien à son combat, la parution de ce second volume de textes choisis s'imposait. Le lecteur y découvrira de nouveau l'essayiste, le critique, le militant infatigable, mais également le poète. Ces écrits, qui sont pour beaucoup tout à la fois lyriques et poétiques, dévoilent une part plus intime de Liu Xiaobo : son amour pour sa femme et leurs convictions partagées, ses réflexions philosophiques nourries de sa culture occidentale et la place d'une spiritualité qui lui paraît consubstantielle à toute existence, mais aussi le sentiment de culpabilité et de justice. Il s'agit là de sentiments universels qui, somme toute, devraient animer chacun d'entre nous et le pousser à vivre dans la dignité. Œuvrer pour la défense des libertés fondamentales est pour Liu Xiaobo une manière de vivre, c'est l'engagement politique qui guide l'itinéraire intellectuel de cet humaniste et c'est la voix de la liberté qui résonne à chaque ligne de ce livre.

10 octobre 2012

Geneviève Imbot-Bichet

ESSAIS ET ARTICLES

Postface à « La politique chinoise et les intellectuels chinois contemporains »

Ce livre présente un double intérêt en tant que comparaison entre la Chine et l'Occident et en tant qu'analyse de la Chine de la réforme. Dans le contexte mondial, la réalité et la culture chinoises restent en effet trop surannées, dégradées, sclérosées et décrépites. Elles auraient besoin d'une stimulation et d'un défi menaçants lancés par une civilisation puissante de nature entièrement différente. Elles auraient besoin que déferle un océan immense pour compenser leur fermeture et leur isolement, leur repli et leur petitesse. La réalité et la culture chinoises auraient besoin qu'on utilisât leur honte rétrograde pour susciter la détermination et la combativité nécessaires à leur transformation. Prise comme élément de comparaison, la culture occidentale est susceptible de faire apparaître d'une façon plus manifeste les caractéristiques générales et les faiblesses de tous ordres de la culture chinoise. Arme de la critique, la culture occidentale pourrait servir à attaquer de manière efficace le caractère sénile de la culture chinoise. Intelligence constructive, la culture occidentale serait à même d'apporter un sang neuf à la Chine et de transformer la réalité chinoise. Pourtant, si l'on se soucie du destin de l'humanité et de l'avenir d'un monde inquiet, si l'on se place au niveau de l'accomplissement de la vie individuelle, ce livre ne vaut probablement pas un clou. Les questions traitées y sont par trop superficielles et étriquées. Il adopte pour seul point de vue celui des Chinois en se fondant sur l'intérêt de la Chine, au lieu de se pencher sur l'avenir du monde en se plaçant du point de vue de l'humanité, et il se préoccupe encore moins du tragique de l'existence individuelle et de l'accomplissement de chaque vie. Aussi l'intérêt de ce livre se limite-t-il au fait qu'il prend le contre-pied de ruines culturelles sans aucune valeur. Sa faiblesse se manifeste de façon particulièrement évidente sous les deux aspects suivants : son positionnement nationaliste étroit et son adulation aveugle de la culture occidentale.

I

À lui tout seul, ce livre comprend toutes les opinions que j'ai exprimées par le passé concernant la culture chinoise ; il s'agit entièrement d'un nationalisme ayant la Chine pour point d'appui et non pas, comme on a pu me le reprocher, d'une « occidentalisation totale » de ma pensée. Je considère qu'une des caractéristiques les plus importantes de la culture occidentale, c'est la tradition de critique de la raison ; la véritable « occidentalisation » n'est pas seulement la réflexion critique contre la culture chinoise mais aussi contre la culture occidentale ; c'est l'intérêt que l'on porte au destin de l'humanité tout entière, l'intérêt incomplet que l'on porte à la vie individuelle. Et tenter de recourir à la culture occidentale pour galvaniser à nouveau la nation chinoise est une manifestation typique de sinocentrisme et non d'« occidentalisme ». Cette position nationaliste consistant à prendre la Chine comme étalon a limité ma réflexion qui aurait pu s'exercer sur des questions d'un niveau plus élevé. (Je pense que cela a aussi limité la vision de la grande majorité des intellectuels chinois. Le fait que la Chine actuelle ne soit pas parvenue à produire de grands maîtres de classe mondiale provient aussi certainement des limites de cette position nationaliste.) Puisque je ne peux pas engager le dialogue avec la culture moderne, mondiale, au niveau de l'intérêt pour le destin de l'humanité tout entière, je ne peux pas non plus opérer un dépassement de caractère religieux au plan de l'autoréalisation du simple individu. Trop pragmatique et trop réaliste, je me borne toujours à la réalité chinoise rétrograde et aux questions triviales. Ma tragédie ressemble probablement à celle de Lu Xun : elle n'a pas de valeur transcendantale ; c'est une tragédie sans Dieu. Sur le plan de l'expérience personnelle tragique de la vie humaine, Lu Xun a atteint la profondeur qu'on trouve dans *La Mauvaise Herbe*. Cette profonde scission intérieure exigeait une valeur transcendantale pour s'élever ; ce désespoir sans issue autre que la tombe exigeait la conduite de Dieu. Le Lu Xun de l'époque de *La Mauvaise Herbe* était un homme qu'aucune valeur profane ne pouvait élever. Parvenu au sommet de la culture chinoise, sa critique lucide et son désespoir face à la réalité chinoise le conduisirent à une critique et à une vision concrète de sa propre personne. Faute d'une référence à une valeur absolue qui eût dépassé les avantages profanes, *La Mauvaise Herbe* ne pouvait être, même si cela représentait le sommet de son pouvoir de création, que la tombe infranchissable qu'il avait creusée pour lui-même.

La réalité fut bien celle-ci : le Lu Xun d'après *La Mauvaise Herbe* ne parvenant plus à endurer sa solitude intérieure, son isolement et son désespoir, s'arracha à la mêlée de son monde intérieur, plongea à nouveau dans la vulgaire réalité chinoise et se lança dans une lutte tout aussi vulgaire contre une bande de gens ordinaires incapables de représenter des adversaires à sa mesure. Le résultat, c'est qu'en faisant la guerre à des médiocres on devient nécessairement médiocre soi-même. Lu Xun fut incapable de supporter seul un monde d'ignorance, ainsi que la terreur qu'on éprouve face à la tombe ; il ne voulut pas engager sous le regard de Dieu un dialogue exceptionnel avec son propre esprit et il finit par incarner le caractère utilitariste du médecin de campagne traditionnel. Finalement, privé de Dieu, Lu Xun ne put que tomber. Lu Xun avait été profondément influencé par Nietzsche. Mais une différence importante le séparait de la pensée nietzschéenne. Nietzsche, après avoir perdu tout espoir en l'humanité et en lui-même, avait eu recours à la référence au « surhomme » pour trouver l'élévation de la vie individuelle. Lu Xun, en revanche, après avoir perdu espoir dans les Chinois et dans lui-même, ne trouva pas de référentiel de valeur à caractère transcendantal et replongea dans la réalité qu'il avait totalement rejetée.

Du coup, je me demande pourquoi les pays occidentaux et même l'URSS et les pays de l'Est ont produit un grand nombre d'écrivains, de philosophes et de scientifiques extraordinaires en exil et la Chine aucun. Pourquoi, dès qu'ils s'exilent, les Chinois célèbres dans le domaine culturel ne produisent-ils rien de remarquable ? Je pense que la vision des gens de culture en Chine est trop étriquée ; ils ne s'intéressent qu'aux questions chinoises. La pensée des Chinois est trop utilitaire, ils ne s'intéressent qu'aux valeurs de la vie pratique. Dans la vie des intellectuels chinois, il manque l'étincelle favorisant le dépassement ; il manque un courage vis-à-vis des mondes inconnus, des mondes ignorés ; il manque l'esprit de résistance permettant de subir l'isolement et la solitude en s'opposant à l'ensemble de la société par sa vie individuelle. Le Chinois exilé ne peut vivre que sur le territoire qui lui est familier, au milieu des applaudissements des masses d'ignorants dont il se distingue. Il a beaucoup de mal à abandonner la renommée dont il jouit en Chine et à repartir de zéro sur un territoire inconnu. Il s'agit d'un complexe chinois dont on a beaucoup de mal à se défaire. C'est justement ce complexe qui pousse les célébrités culturelles chinoises à s'accrocher de toutes leurs forces à ce fétu de paille qu'est le patriotisme et à ne plus le lâcher. Ils ne sont pas des ego qui font face à la réalité et vivent pour réaliser un ego tangible, mais ils vivent pour le sentiment agréable du Rédempteur baignant dans l'illusion, face à la réputation usurpée que leur font les ignorants qui les flattent. En Chine, chacun des gestes des intellectuels distingués, chacune de leurs voix attire le regard et l'attention de la société tout entière, alors qu'à l'étranger ils sont esseulés, ils ne s'attirent plus le respect d'autant d'adorateurs. Mis à part l'enthousiasme de quelques étrangers qui s'intéressent à la question chinoise, il n'y a personne pour les saluer. Pour supporter pareille solitude, la force de la société est inutile ; il faut une force individuelle. Là est la mesure vitale du talent, de la sagesse et de la force créatrice. Aussi, quelles que soient la célébrité dont on jouit et la position qu'on occupe en Chine, dès qu'on se trouve dans un monde inconnu, faut-il commencer par une existence individuelle vraie pour dialoguer avec le monde entier.

C'est bien pour cette raison, malgré mon admiration pour la culture occidentale et la virulence des critiques que j'ai pu adresser à la culture chinoise, que je suis toujours aussi borné que la grenouille au fond du puits : mon regard n'embrasse qu'un bout de ciel, large comme la paume de la main. Sur le plan théorique, pour analyser et critiquer la réalité et la tradition chinoises, il n'est absolument pas besoin d'une grande sagesse, ni même de faire preuve d'une activité créatrice exceptionnelle. Les outils théoriques dont je me suis aidé pour réfléchir sur la Chine étaient connus, tout prêts ; ils ne m'ont pas demandé de nouvelles découvertes. Les idées que les Chinois trouvent profondes et neuves ont déjà été expliquées très clairement par les gens de culture en Occident, et il y a déjà plusieurs siècles de cela ; il s'agit en Occident de connaissances générales largement répandues. Sur le plan de la création intellectuelle, elles sont surannées et n'ont pas besoin que j'y ajoute des éléments superflus. Si je réussissais à m'emparer de façon relativement précise et approfondie de ce référentiel, je m'estimerais assez satisfait.

C'est seulement le jour où je suis entré au Metropolitan Museum de New York que j'ai réalisé à quel point nombre de questions concernant la création intellectuelle de haut niveau dont j'avais discuté par le passé n'avaient aucun sens.

J'ai compris à quel point, moi l'ignorant, enfermé pendant si longtemps dans un monde culturel quasi désertique, je n'avais d'idées que superficielles, et à quel point ma force vitale était atrophiée. Les yeux restés longtemps plongés dans l'obscurité ont du mal à s'habituer à la lumière quand s'ouvre brutalement une fenêtre. J'étais incapable de devenir tout d'un coup quelqu'un qui ose faire face à sa situation réelle et j'étais encore plus incapable dans un court laps de temps d'engager le dialogue avec les hautes sphères du monde. Mais j'espère pouvoir me débarrasser de toutes mes références surfaites d'autrefois, repartir de zéro et dans un monde ignoré opérer des explorations expérimentales. Ce type d'exploration nécessite non seulement une grande quantité de savoirs tout prêts, déjà créés par la sagesse de l'humanité, mais plus encore l'extension de domaines inconnus et exige aussi une sagesse fondée sur le pur individu et le courage de l'homme authentique. Plût au ciel que je puisse endurer de nouvelles souffrances, non pour quiconque, mais pour me frayer mon propre chemin hors de cette impasse. Même si j'échoue, je sais que cet échec sera authentique. Il l'emportera sur les innombrables faux succès obtenus naguère.

2

Comme ma position et mes intentions nationalistes s'appuyaient sur la culture occidentale pour réformer la Chine, ma critique de la Chine a utilisé comme prémisses une idéalisation absolue de la culture occidentale. J'ai négligé ou volontairement éludé toutes sortes de faiblesses de la culture occidentale, quand bien même je les avais ressenties et en avais pris conscience. Ainsi, je n'avais aucun moyen de me placer à un niveau plus élevé qui m'aurait permis d'engager une réflexion critique sur la culture occidentale et de porter le fer contre les faiblesses de l'humanité tout entière. Je n'ai pu qu'« aduler » la culture et la civilisation occidentales, embellir cette culture par une adhésion trop exclusive et, en même temps, m'embellir moi-même, comme si la culture occidentale était l'étoile salvatrice de la Chine et l'aboutissement ultime de toute l'humanité.

En utilisant cet idéalisme chimérique, je me suis moi-même posé en sauveur du monde. Même si les sauveurs du monde m'ont toujours insupporté, cela ne visait que les autres. Dès que cela m'a visé moi, il m'a été très difficile de ne pas me mettre, volontairement ou non, dans le rôle du personnage insupportable à ses propres yeux, et de me laisser griser par la miséricorde compatissante et les nobles aspirations d'un sauveur du monde. Je sais bien que la civilisation occidentale ne peut servir à réformer la Chine que dans la période actuelle. Dans l'avenir, elle sera incapable de secourir l'humanité. Les diverses faiblesses de la civilisation occidentale font justement apparaître les faiblesses de l'humanité elle-même en matière de dépassement. Cela m'évoque le chapitre du *Zhuangzi*, « Crue d'automne[1] » : si puissantes que soient les crues d'automne, elles sont peu de chose compa-

---

[1]   Il s'agit du chapitre 17 ; voir *Les Œuvres de Maître Tchouang*, trad. Jean Levi, Encyclopédie de nuisances, Paris, 2006. *[La note est du traducteur.]*

rées à l'océan ; si vaste que soit l'océan, il n'est qu'une goutte d'eau par rapport à l'univers. L'idée que « la beauté du monde se trouve tout entière en soi » n'est qu'un rêve. On peut en déduire que la Chine est arriérée par rapport à l'Occident, que l'Occident est peu de chose par rapport à l'humanité et que l'humanité n'est qu'une goutte d'eau par rapport à l'univers. L'arrogance dédaigneuse de l'humanité se manifeste non seulement dans l'autosatisfaction morale de type chinois et dans la prétention d'un Ah Q, mais aussi dans la foi en l'universalité de la raison, en l'universalité de la science. Quelle que soit la critique que les Occidentaux modernes font de leur propre rationalisme, quelle que soit la rigueur avec laquelle les élites occidentales ont rejeté leur expansion coloniale et la croyance en la suprématie de la race blanche, les Occidentaux continuent d'éprouver un sentiment de supériorité profondément enraciné vis-à-vis des autres nations. Ils continuent de s'enorgueillir du courage et de la sincérité avec lesquels ils ont fait leur autocritique. Les Occidentaux sont capables d'accepter tranquillement les critiques qu'ils s'adressent à eux-mêmes, mais ils ont du mal à accepter les critiques venues de l'extérieur. En tant qu'individu qui a vécu plus de trente ans sous le régime dictatorial de la Chine, si je veux conduire une réflexion sur l'humanité et sur moi-même, je suis obligé d'engager simultanément deux critiques à des niveaux différents :

1° critiquer la culture et la réalité chinoises avec comme référence la culture occidentale ;

2° critiquer la culture occidentale à partir de ma créativité.

Ces deux points de vue critiques ne peuvent absolument pas se substituer l'un à l'autre ni se fondre harmonieusement l'un dans l'autre. Je peux montrer que la supériorité de la culture occidentale dans les domaines de la raison, des sciences, de l'économie a entraîné, avec la marchandisation, la disparition de la vie individuelle et de tout esprit de résistance. Je peux critiquer l'unification technique provoquée par l'ordre hiérarchique économique mondialisé, refuser le mode de vie axé sur la consommation, la maladie de la richesse ayant fait perdre la tête aux êtres humains, sans qu'ils le soupçonnent. Je peux critiquer la lâcheté consistant à fuir la liberté. Cependant, toutes ces critiques sont absolument inutiles à la Chine pauvre et dénuée de conscience scientifique. C'est pourquoi il faut prendre garde au fait qu'on ne peut pas s'en référer à la culture occidentale pour critiquer la Chine et encore moins se servir de la culture chinoise pour critiquer la culture occidentale. Dans le premier cas, cela reviendrait à perdre sa salive, donner des coups d'épée dans l'eau ; dans le second (critiquer l'Occident avec la culture chinoise comme référence), cela conduirait à un recul de la civilisation de la totalité de l'humanité.

Certains sages occidentaux, insatisfaits de leur propre réalité, se sont tournés vers l'Orient, espérant trouver dans la culture orientale les clefs permettant de résoudre les difficultés de l'humanité ; il s'agit d'une vaine folie, aveugle et arbitraire. La culture orientale est impuissante face à la crise qui frappe son propre territoire. Comment pourrait-elle résoudre les difficultés auxquelles fait face l'humanité tout entière ?

Je pense que l'une des plus graves erreurs commises par l'humanité au XXe siècle a été de tenter d'utiliser les civilisations existantes pour s'affranchir des difficultés. Mais, qu'il s'agisse des classiques orientaux existants ou de la culture occidentale existante, ni ceux-là ni celle-ci n'ont la capacité d'arracher l'humanité à sa situation désespérée. L'avantage de la culture occidentale est, au mieux, de pouvoir faire entrer l'Orient arriéré dans le mode d'existence occidentalisé, mais ce mode d'existence reste tragique. À l'heure actuelle, l'humanité n'a pas la capacité de créer une civilisation totalement nouvelle, permettant de résoudre les divers problèmes que sont l'explosion démographique, la crise de l'énergie, le déséquilibre écologique, la prolifération des armes nucléaires, l'hédonisme à outrance et la marchandisation. Il n'y a pas de civilisation qui puisse aider l'humanité à éliminer une fois pour toutes les souffrances et les limites propres à l'homme. L'humanité est face à des armes mortelles fabriquées par elle-même et capables de la détruire en un instant ; elle n'a aucun moyen d'échapper à ses inquiétudes, lesquelles constituent l'arrière-plan de l'existence de l'humanité actuelle, auquel nul ne peut échapper. La limite fatale de la mort rend vains tous les efforts de l'humanité. L'homme qui peut regarder en face cette réalité cruelle et en même temps franchir courageusement cet abîme réalise la limite de l'humanité. Depuis que l'humanité a été chassée du jardin d'Éden par Dieu, elle n'a cessé de vivre dans un exil auquel elle ne peut échapper, et cet exil est sans fin. La culture occidentale n'est pas son lieu de repos, ce n'est qu'un parcours. Le plus tragique, c'est que la part du « sentiment de la faute originelle » dans la culture occidentale est de plus en plus ténue ; le sentiment du repentir est de plus en plus pâle ; la sainteté de la religion est parfois comparable au rock'n'roll, elle est devenue un examen de conscience fait de plaisir, non de souffrance. Depuis que Jésus a été crucifié, l'humanité n'a plus eu de martyrs, l'humanité a perdu la connaissance intuitive d'elle-même. La disparition progressive du « sentiment de la faute originelle » a rendu la vie de l'homme d'une légèreté aérienne. Pour l'humanité, c'est indéniablement une nouvelle chute. L'humanité n'a jamais pu racheter la faute d'Adam et d'Ève. Comment l'homme qui n'a plus le « sentiment de la faute originelle » pourra-t-il entendre la voix de Dieu ? De la rationalisation de Dieu au début du Moyen Âge à la transformation de Dieu en pouvoir à la fin du Moyen Âge, de la complète rationalisation de Dieu des Temps modernes à la sécularisation progressive de Dieu à l'époque contemporaine et actuelle, la civilisation de l'humanité a fait une chute, elle a tué de ses propres mains les valeurs sacrées qu'elle portait dans son cœur.

C'est pourquoi, après que j'ai eu engagé une réflexion critique sur la culture chinoise en m'aidant de la culture occidentale, ne sachant plus soudain où donner de la tête, je me suis retrouvé dans une situation bizarre, le doigt entre l'arbre et l'écorce. J'ai pris brutalement conscience que je me servais d'armes surannées pour critiquer une autre culture elle-même surannée, que j'utilisais la fierté d'un semi-invalide pour railler un paralytique complet. Quand je me suis vraiment retrouvé dans un monde ouvert, je me suis aperçu brusquement de ceci : je ne suis pas un théoricien, je suis encore moins un homme célèbre mais un homme qui doit repartir de zéro. En

Chine, l'arrière-plan d'ignorance avait fait ressortir ma sagesse, la stupidité innée avait mis en valeur ma demi-santé ; en Occident, dès que l'arrière-plan de bêtise eut disparu, je ne fus plus un sage ; dès que le repoussoir de la stupidité se fut écroulé, je devins un homme malade des pieds à la tête, et mon entourage se remplit de toutes sortes de malades. En Chine, j'avais joui d'une réputation surfaite diluée à 90 % ; en Occident, je dus pour la première fois faire face au choix entre le vrai surgissement de la vie et la vie dans toute sa cruauté. Lorsqu'un homme tombe brusquement des hauteurs de l'illusion dans l'abîme de la réalité, il découvre alors qu'il n'a jamais gravi de hauts sommets mais a passé son temps à se débattre dans cet abîme. Le désespoir sans issue qui m'accabla juste après que je me fus réveillé de ce grand rêve me fit hésiter, vaciller, puis me diriger lâchement vers un territoire que je connaissais comme ma poche. S'il n'y avait pas eu le Metropolitan Museum, je me serais à nouveau associé à la stupidité.

Un jour, mon épouse m'écrivit : « Xiaobo, en apparence, tu es le fils indigne de cette société, mais en réalité tu t'es profondément identifié à elle. Par son attitude d'opposition à toi, cette société a réussi à t'accepter, à te pardonner, à chanter tes louanges. Tu es l'ornement et la décoration de l'envers de cette société. Quant à moi ? une inconnue, je ne m'abaisserais pas à demander quoi que ce soit à cette société, je ne voudrais même pas recourir à l'insulte. Moi et l'entièreté de cette société, nous sommes incompatibles. Même toi tu ne peux pas comprendre mon indifférence, tu ne peux pas m'accepter. » À l'époque, cette sortie ne m'avait rien fait. En y repensant maintenant, je crois que mon épouse avait mis dans le mille. Je l'en remercie. Non seulement elle est mon épouse, mais elle est surtout ma critique la plus avisée. Face aux diverses critiques qu'elle m'a adressées, je ne sais plus où me mettre.

Je n'ai plus de voie de repli : soit me jeter du haut d'une falaise, soit me sacrifier. Quand on veut la liberté, il faut être prêt à accepter les situations extrêmes.

Pour finir, j'ai envie de prononcer quelques phrases désagréables contre les Occidentaux qui adulent la Chine. Ils s'intéressent à la culture chinoise et expriment leurs louanges avec exubérance. Je crois que cela relève des traits psychologiques suivants :

1° Ils aiment la culture chinoise pour des raisons de caractère, de tempérament, de goût et de choix de valeurs à titre purement individuel et tentent de trouver dans la culture chinoise une sorte de dérivatif mental et de consolation spirituelle — autant d'attitudes humaines authentiques qu'on ne peut reprocher à personne. Malheureusement, ce genre d'Occidentaux qui ne sont responsables que devant eux-mêmes est trop rare. En poussant les choses à l'extrême, je dirais même que cette sorte de gens est trop rare.

2° Insatisfaits de la culture occidentale, ils se tournent vers la Chine afin de trouver dans la culture chinoise les armes nécessaires pour réformer la culture occidentale. Pour cela, ils se réfèrent à une pensée culturelle arriérée et fermée, et se servent de la sagesse des Occidentaux pour expliquer la culture chinoise. Il ne s'agit en aucune façon d'une orientalisation des Occidentaux mais encore d'un occidentalocentrisme. Je crois que toute culture est exclusive, à moins que naisse un talent de caractère exceptionnel ; sinon, personne n'est capable de s'affranchir des liens de sa propre culture. L'idéalisation de la culture chinoise par les Occidentaux à titre personnel peut se concevoir, mais en faire une méthode et une arme pour résoudre les difficultés de l'humanité ne peut que faire régresser l'humanité, ce qui est encore plus absurde que de vouloir faire reposer les espoirs futurs de l'humanité sur la culture occidentale.

3° Un sentiment de supériorité anime ces Occidentaux qui traitent la culture chinoise avec l'attitude condescendante de la noblesse. Leurs certitudes face à la culture chinoise ressemblent à celles de l'adulte qui félicite l'enfant d'être « comme un grand », elles sont pareilles au maître qui du haut de son piédestal vante la loyauté de l'esclave. Il s'agit d'une marque de faveur doublée de mépris. À l'occasion de ce voyage hors du pays, j'ai souvent entendu ce genre de compliment : « La première fois que j'ai entendu un Chinois dire cela... », ou : « Qu'un Chinois puisse avoir une telle connaissance de la philosophie occidentale... », ou encore : « Comment la Chine a-t-elle pu produire un fils rebelle comme vous ? » Les paroles sous-entendues dans ces compliments étaient en fait : les Chinois ont toujours été inférieurs. Chaque fois que j'entends ce genre de louanges, j'ai l'impression non pas d'être sorti en personne du pays mais d'avoir été mis dans une valise, placé dans l'avion et transformé en une marchandise curieuse à transporter en pays étranger. Si tu es posé là, tu dois donc rester posé là. Cela permet de voir que, malgré des siècles de démocratisation et d'égalitarisme, le désir de domination, difficile à éradiquer chez l'homme, n'a absolument pas disparu et renaît à la première occasion. Évidemment, ces Occidentaux sont en majorité des sinologues extrêmement pragmatiques.

4° Pour un touriste, cela procède des louanges adressées à la culture chinoise par quelqu'un qui s'étonne devant une chose inconnue. Les Occidentaux qui ont joui de la civilisation moderne et qui n'y renonceront jamais ont besoin d'un accommodement, besoin de changer de goût, et la Chine, qui s'est ouverte après des dizaines d'années de fermeture, peut certainement leur fournir le meilleur site touristique possible. La stupidité, l'arriération, voire le caractère primitif de la Chine forment une culture entièrement différente de la civilisation occidentale, qui peut exciter la curiosité, le sens du mystère chez le touriste. Leur louange de la culture chinoise procède entièrement de la satisfaction de cette curiosité. Même si, après avoir profité de leur visite, ces touristes ne débattent pas pour démêler le vrai du faux, cela n'a rien de mal. La question essentielle, c'est que, après en avoir profité, ces touristes élèvent leur plaisir au niveau d'un choix culturel relevant de l'humanité entière ; l'absurdité de cette démarche est par trop exagérée. En outre, ils se contentent de faire une visite, il n'est pas question qu'ils restent. Ils n'ont donc aucune raison de dire aux Chinois : « Votre civilisation est de premier ordre, elle est l'avenir de l'humanité. » Ce passage du rôle de touriste à celui de rédempteur n'est pas seulement une absurdité, il est cruel. Cela me fait penser aux luttes d'esclaves de la Rome antique. Les patriciens assis dans les tribunes n'envisageaient en aucun cas de descendre dans l'arène, mais ils aimaient passionnément regarder les combats. Ces scènes barbares, sanguinaires étaient certainement extraordinaires et excitantes, et pouvaient devenir un plaisir. Mais pour les esclaves qui se battaient, les acclamations étaient très cruelles. Être installé dans un avion pour aller admirer des buffles primitifs en train de labourer a certes une saveur bucolique, mais ceux qui en jouissent ne devraient pas, tout en profitant de ce spectacle, dire à ceux qu'ils regardent de continuer éternellement à pratiquer la culture sur brûlis et leur offrir éternellement ce spectacle. On peut faire cela en regardant un dessin d'un goût totalement primitif, mais transformer l'activité d'individus vivants en objet de jugement esthétique et exiger en outre l'éternité de cet objet esthétique, c'est trop injuste, trop cruel. Se servir de la souffrance d'autrui pour satisfaire son plaisir, c'est le comble de l'horreur humaine. En tant que Chinois, je sais parfaitement que la Chine ne pourra pas devenir l'espoir du siècle à venir pour l'humanité. Dans un monde déjà parfaitement hiérarchisé, sur une Terre souffrant d'une telle pénurie d'énergie, comment la Chine avec son milliard d'habitants pourrait-elle devenir l'espoir du XXIe siècle ? Même si l'autotransformation de la Chine aboutit à la réussite en un court laps de temps, elle est incapable d'atteindre le niveau économique des États-Unis et du Japon. La planète ne peut pas supporter le fardeau d'une nouvelle superpuissance. C'est pourquoi je ne souhaite pas compter sur la prospérité de quelque nation que ce soit pour m'élever moi-même. Je ne souhaite pas compter sur une communauté quelconque : je ne saurais non y plus placer mes espoirs et je m'attends encore moins à ce que le progrès de la société puisse régler la question de mon avenir personnel. Je ne puis compter que sur moi-même, tabler sur la lutte individuelle, pour rivaliser avec le monde.

5° Il existe aussi une infime minorité d'Occidentaux qui considèrent la Chine sous un angle strictement académique. Ils sont relativement objectifs, lucides, et étudient la Chine avec un certain recul. Les qualités et les défauts de la Chine n'ont aucune incidence sur leurs intérêts personnels, mais leur point de vue sur la Chine est plus authentique et a une plus grande valeur théorique. C'est leur voix que les Chinois devraient écouter avec la plus grande attention.

Ayant achevé l'écriture de cette postface, je me sens épuisé.

Pour finir, je tiens à remercier le Centre de recherche sur la Chine de l'institut d'Asie-Pacifique de l'université de Hawaii de m'avoir procuré le temps et l'environnement propices à l'écriture de ce livre. Je remercie enfin mon ami Jon Solomon d'avoir discuté de cet ouvrage avec moi et d'avoir par ses efforts contribué à sa publication.

New York, mars 1989.

(Le texte complet de cette postface figure sur www.peacehall.com.)

Traduit par Hervé Denès

Vivre tout court ou vivre dans la dignité ? À propos des conditions de vie des Chinois

Sous la dictature d'un parti unique, l'existence et le fonctionnement de la politique ne peuvent tourner qu'autour de l'exercice du pouvoir, car il n'y a pas d'autre finalité que celle-là. L'existence de l'État et de la nation n'est qu'un prétexte légal pour exercer le pouvoir, car il n'y a pas d'autre valeur proposée. Les êtres qui vivent sous la dictature ne vivent que pour survivre, et ne revendiquent aucune autre valeur.

Qu'on vive dans l'hébétude de l'hystérie communiste, comme autrefois, ou parce que l'on a été acheté par la promesse d'une vie modestement prospère, comme aujourd'hui, cela ne fait pas grande différence, car, au bout du compte, chacun survit dans un désert humain.

Les Chinois, en tant que membres de l'humanité, vivent sans la moindre dignité : ils sont devenus les outils d'un mécanisme de terreur et ont perdu toute valeur personnelle.

Mao Zedong avait conduit ses compatriotes à « devenir à tout jamais les petites vis de la cause révolutionnaire ! ». Qu'ils se perdent dans la révolution comme du temps de Mao, ou qu'ils rejettent la révolution comme au temps de Deng, les

Chinois n'ont qu'un seul choix : « Devenir les petites vis de la machine dictatoriale. »

Vivre ainsi, c'est vivre d'opportunisme, et s'enfoncer dans une vie de noirceur sans scrupule.

Vivre ainsi, c'est vivre avec le cœur et la bouche en désaccord, en s'adaptant aux stratégies cyniques d'un esprit schizophrène.

Vivre ainsi, c'est vivre dans la froideur et l'indifférence, après s'être accoutumé à jeter sur le monde le regard d'un égoïste.

Vivre ainsi, c'est vivre à genoux sans plus se redresser, en se contentant des miettes dont on aura été gratifié.

Vivre ainsi, c'est vivre dans la médiocrité, en cultivant un sarcasme de café-théâtre.

Vivre ainsi, c'est vivre en ne pouvant verser que des larmes d'humiliation ; un sentiment de honte morale serait ainsi en train d'expirer en silence dans une conscience pas tout à fait assoupie.

Vivre ainsi, c'est se contenter de vivre l'échine courbée sans pouvoir relever la tête ; un sentiment d'impuissance morale fait que l'on ne croit plus qu'il puisse encore y avoir une conscience, une justice ou d'autres forces.

Vivre ainsi, c'est vivre en pensant qu'il ne pourrait plus en être autrement : un sentiment d'indifférence morale qui viendrait lorsque la conscience a été avalée par l'opportunisme.

Vivre ainsi, c'est vivre avec une intelligence insaisissable, en commençant par vendre son âme, puis en vendant celle des héros qui ont encore de la morale, et enfin en reniant tout sentiment de honte devant la responsabilité de ses crimes. De fait, un homme, une nation qui sauraient se dispenser de la honte connaîtraient une vie joyeuse.

Parmi tous ceux qui militent pour une forme d'« existentialisme », l'âme, la spiritualité sont en déroute, et laissent place à la prééminence extrême de l'animalité et du matérialisme. L'homme qui se réduit à la seule dimension de l'animal, pour qui la foi ou la divinité n'ont plus guère de valeur, devient l'esclave de ses pulsions. La compassion et le sentiment de justice ont été effacés de sa personnalité pour ne plus laisser en place qu'un économiste calculateur et froid, pour qui même les mouvements ordinaires du cœur semblent un luxe.

Lorsque l'existence charnelle et le respect de l'âme entrent en collision, lorsque l'on se contente de vivre à genoux, alors on aura beau se blottir dans son cocon douillet, on aura beau avoir atteint une certaine aisance, avoir un travail à col blanc, être dans le coup, on restera un cadavre ambulant. Mais si l'on se tient droit et que l'on se respecte, alors on aura beau avoir une existence pénible, on aura beau rester pauvre, on aura beau subir des revers et connaître le péril, on aura connu une vie noble et généreuse.

Malgré tout, les Chinois se posent souvent la question : l'homme a-t-il vraiment besoin de dignité et de conscience ? Les idéaux, la conscience, la compassion, le sens de la justice, le sentiment de la honte, tout ça ne me rajoute rien dans l'assiette, sans parler de me rapporter un seul centime, ce ne sont que des phrases creuses destinées à embrouiller les esprits, à perturber le pays ! Mais dans ce cas tout ce que vous pouvez consommer ne peut l'être qu'en vous aveuglant pour trouver un instant de répit, sans la moindre once de vergogne.

J'en conviens, une justice qui n'a pas la puissance effective pour être mise en application ne servirait à rien, mais une force qui serait déployée en dehors de toute justice serait sûrement dévoyée. Si, entre une justice impotente et une puissance dévoyée, la majorité choisit la puissance, alors le mal sera un loup à tout jamais et l'humanité sera l'éternel agneau sacrifié.

Et malgré tout cela, l'humanité a connu le miracle d'un Jésus qui a vaincu à mains nues contre un césar portant le glaive, lorsque la justice fut portée par l'amour. Les succès pacifiques de Gandhi, de Martin Luther King ont été le fruit d'une victoire de la justice sur l'histoire.

C'est ainsi que Jésus est devenu le modèle du martyr sacrificiel : devant la tentation du pouvoir, de la richesse et de la beauté, Jésus a su répondre : « Non. » Et lorsqu'il a été confronté à la menace du supplice de la croix, il a encore su dire : « Non. » Mais il est plus important de noter que, lorsque Jésus dit « Non », il le fait sans esprit de revanche ; il a dépassé la haine qui demande œil pour œil, dent pour dent. Il est plein d'un amour et d'une tolérance sans limites ; il ne cherche pas à susciter la violence pour répondre à la violence. Au contraire, il maintient sa résistance passive et non violente, en portant sa croix avec docilité, mais en continuant à dire calmement : « Non ! »

Quel que soit le degré de vulgarité et de pragmatisme dans lequel tombera l'humanité, tant que le Seigneur Jésus sera présent, le monde connaîtra la ferveur, l'émerveillement et la beauté.

Dans le camp de rééducation par le travail de Dalian, en août 1998.

Première parution dans *La Grande Époque* du 18 juillet 2004.

Traduit par Marie Holzman

Lettre de Liu Xiaobo à Liao Yiwu[1]
du 13 janvier 2000

Cher Barbu, cher vieux Chauve,

J'ai poursuivi jour et nuit la lecture de ton ouvrage *Mon témoignage*[2], Liu Xia lit vite, moi lentement. Entre un esprit vif et une appréhension plus lente, tu imagines facilement lequel des deux est le plus enthousiaste. Tu as donc désormais compris dans ta petite tête de mule envers qui tu dois te montrer direct et envers qui tu dois te montrer plus ambigu.

Comparées aux véritables atrocités que tu as connues durant tes quatre années de prison, mes conditions de détention à chacune de mes trois incarcérations ne sont rien.

---

1   Né en 1958, Liao Yiwu est poète, musicien et écrivain, sans doute le plus subversif de sa génération. L'année 1989 marque un tournant dans sa vie. Avant cette date, c'est un poète reconnu, influencé par la *beat generation*. Après avoir été condamné à quatre ans de prison et emprisonné entre mars 1990 et janvier 1994 pour avoir transformé une élégie à la mémoire des victimes du massacre de la place Tian'anmen en pièce de théâtre, il se réfugie dans la musique et poursuit sa lutte pour la révolution démocratique. Depuis juillet 2011, il s'est exilé en Allemagne pour échapper à la censure, car la liberté de publier et d'écrire est capitale pour lui. Voir Liao Yiwu, *L'empire des bas-fonds*, traduit par Marie Holzman, Bleu de Chine, 2003. [*Les notes sont de la traductrice.*]

2   Écrits autobiographiques.

La première fois, dans la prison de Qincheng[1], j'occupais une cellule individuelle et, mis à part le fait de ressentir le silence écrasant d'une solitude absolue, mes conditions de vie étaient bien meilleures que les tiennes. La deuxième fois, c'est dans une grande maison basse à cour carrée aux pieds des Collines parfumées[2] que j'ai passé huit mois de détention, où je bénéficiais d'un traitement particulier et, en dehors d'être privé de liberté, je ne manquais de rien. La troisième fois, c'est à Dalian[3], dans un centre de rééducation par le travail, où j'ai bénéficié là encore d'une cellule individuelle. L'aristocrate des prisons que je suis n'a, par conséquent, jamais eu à affronter les même horreurs que celles que tu as endurées, au point que j'ose à peine affirmer que j'ai été par trois fois incarcéré et par trois fois libéré. En vérité, dans ce lieu dépouillé d'humanité, la seule façon de préserver sa dignité est la résistance, l'emprisonnement n'est donc qu'une partie indispensable de la dignité humaine, il n'y a pas de quoi se vanter. Ce qui est à redouter, ce n'est pas l'emprisonnement, c'est après, une fois que l'on est libéré et que l'on estime qu'il faut faire payer à la société sa dette de sang et quand on veut régenter le monde.

---

1   Ville de la municipalité de Pékin connue pour abriter une prison dont la majorité des détenus sont des prisonniers politiques et parmi eux ceux qui ont participé au mouvement démocratique de la place Tian'anmen en 1989. À l'issue des manifestations de Tian'anmen, Liu Xiaobo y sera détenu vingt mois entre le 6 juin 1989 et le 1er janvier 1991.

2   Le 18 mai 1995, Liu Xiaobo est emmené par la police dans un hôtel des Collines parfumées, situé à l'ouest de Pékin, dans la banlieue. Il y restera jusqu'au 1er janvier 1996.

3   Le 8 octobre 1996, Liu Xiaobo est de nouveau condamné — sans jugement — à trois ans d'internement dans un camp de rééducation par le travail situé à Dalian, au nord de la Chine. Il en sortira en octobre 1999.

Je suis parfaitement conscient que, après le 4 juin 1989[1], beaucoup de ceux qui ont été arrêtés ont été condamnés à des peines beaucoup plus lourdes que les miennes, moi qui suis une personne en vue. Aucun homme ordinaire ne peut imaginer l'horreur des conditions de détention. Avant d'avoir lu ton ouvrage, *Mon témoignage*, moi-même je n'en avais qu'une vague impression, rien de plus. C'est sa lecture qui m'a permis de réellement toucher au plus intime les palpitations du cœur des victimes de la tragédie du 4 Juin. Ma honte ne peut s'exprimer par des mots, c'est pourquoi, jusqu'à ma mort, je consacrerai ma vie entière à la mémoire de ces âmes errantes, de ces victimes anonymes. Dans l'existence on peut tout supporter, mais les larmes et le sang d'innocents pèseront à jamais sur mon cœur comme une pierre ; lourde, glaciale et aux arêtes tranchantes.

Requiem est un vrai poème, encore plus beau que *Le Grand Massacre*.

Dans *Mon témoignage*, la plupart de tes observations minutieuses à l'égard de ceux qui t'entourent sont critiques, mais il me semble que parfois il est difficile de faire la différence avec ton ressentiment, sans doute par manque de distance, car ta plume est encore trop profondément marquée par ta propre peine intime ; il te faut songer à cela. Restituer la vie par des mots en restant au plus près de la vérité est un but inaccessible, toutefois nos écrits doivent rester au plus près de cette vérité.

---

1   4 juin 1989, cf. *infra* « Les nouvelles Lumières de l'ère des réformes — l'exemple du Mur de la Démocratie », page 246, note 2.

Comparé aux autres victimes des manœuvres ténébreuses et des dessous des complots communistes, aucun de nous ne peut prétendre à être considéré comme un grand homme. Depuis tant d'années de grandes tragédies, nous n'avons toujours pas vu émerger en Chine de personnalité morale charismatique comparable à un Havel. Pour que chacun ait droit à ses propres intérêts, il faut le sacrifice désintéressé d'un géant moral. Pour gagner une « liberté passive » (qui ne subit pas la contrainte arbitraire du pouvoir), il faut une volonté de résistance extrême. L'inéluctable n'existe pas dans l'histoire, l'apparition de martyrs transforme radicalement l'âme d'une nation en élevant les qualités spirituelles humaines. Gandhi est un hasard de l'histoire, Havel également, cet enfant né dans une étable il y a plus de deux mille ans l'est encore plus. L'élévation de l'Homme s'accomplit grâce à ces individus dont les naissances sont tout à fait fortuites. On ne peut compter sur la conscience collective de la masse ; seule la conscience individuelle de grands hommes permettra de se rassembler et de surmonter sa lâcheté et sa faiblesse. Et c'est particulièrement vrai pour notre nation qui plus que toute autre a besoin d'une personne de grande valeur morale. La force d'inspiration d'un modèle est sans limites, c'est un symbole qui peut attirer beaucoup de ressources morales. Ce fut le cas de Fang Lizhi[1] qui a pu sortir de l'ambas-

----

[1]   Astrophysicien et penseur politique né en 1936 à Pékin, appelé le « Sakharov chinois », il est décédé en avril 2012. Classé « droitier » en 1958 et persécuté durant la Révolution culturelle, il est exclu du Parti communiste chinois en 1987 et démis de ses fonctions de l'Université nationale des sciences et techniques de Hefei pour avoir critiqué ouvertement le système politique chinois et prôné la liberté des universités. Principal instigateur de la campagne de

sade américaine à Pékin, ou de Zhao Ziyang[1] qui, après avoir
été évincé de la scène politique, a su mener une résistance
active, ou encore de tous ceux qui ne quittent pas le pays pour
l'étranger. L'une des raisons principales du silence et de l'oubli
qui a suivi le 4 juin 1989 est l'absence totale d'émergence
d'une figure emblématique portant les principes de morale *et*
le sens du devoir.

On peut parfaitement se faire une idée de la bienveillance et de la fermeté humaine, en revanche le mal et la
lâcheté des hommes dépassent l'imagination et chaque fois
qu'une grande tragédie se produit, je suis toujours saisi de
frayeur précisément à cause du mal et de la lâcheté humaine.
Toutefois je reste serein devant le manque de bienveillance et
de ténacité. La raison pour laquelle les mots renferment une
certaine beauté, c'est qu'ils permettent à la vérité de briller
dans l'obscurité absolue, c'est la beauté qui fait toute la vérité.
Or, tout ce qui est tapageur ou voyant ne sert qu'à masquer la
réalité. Si l'on se compare, toi et moi, à ce siècle vif et astu-
cieux, nous ne sommes que deux pauvres imbéciles tout juste

---

pétitions pour la libération de prisonniers d'opinion, notamment en janvier
1989 pour libérer Wei Jingsheng, le leader du Mouvement démocratique de
1978 à 1979. Il fait l'objet d'un mandat d'arrêt après le 4 juin 1989 et s'enfuit
aux États-Unis où il poursuit ses recherches en astrophysique après avoir
passé une année réfugié dans l'ambassade américaine à Pékin.

[1]   Zhao Ziyang (17 octobre 1919 - 17 janvier 2005) fut Premier ministre de 1980
à 1987, puis secrétaire général du Parti communiste chinois de 1987 à 1989 en
remplacement de Hu Yaobang, avant d'être lui aussi démis de toutes fonctions
et écarté du pouvoir fin mai 1989, à la veille de la répression du mouvement
étudiant sur la place Tian'anmen, parce qu'il lui était difficile d'appliquer la loi
martiale que Deng Xiaoping venait de promulguer. Il est resté assigné en résidence surveillée jusqu'à sa mort. Voir Zhao Ziyang, *Mémoires, un réformateur
au sommet de l'État chinois*, traduit par Louis Vincenolles, Le Seuil, 2011.

dignes de « La Nef des fous » de l'Europe antique, voguant au cœur du vaste océan et s'imaginant que le premier continent qu'ils rencontrent est leur pays natal. Nous ne subsistons que grâce à la souffrance, seule sensation qui demeure dans notre vie. La souffrance est une sorte d'état à la fois d'aveuglement extrême et d'extrême lucidité. Aveugle, parce qu'elle crie sa douleur intempestive lorsque tout le monde est apathique ; lucide, parce qu'elle se souvient de ce couteau recouvert de sang et de larmes alors que tout le monde en perd la mémoire. Un jour j'ai écrit un poème à Liu Xia[1] intitulé : *Les larmes d'une fourmi ont retenu tes pas.*

Je ne connaissais pas Fei Fei, ta sœur aînée, mais, devant le portrait que tu en dresses, j'éprouve de la tendresse pour elle. Dansons avec les âmes défuntes, dansons avec les vaincues, c'est la ronde de la vie. Si tu le peux, lorsque tu iras fleurir sa tombe, porte-lui de ma part un bouquet de fleurs.

Xiaobo, le 13 du premier mois du nouveau siècle.

Traduit par Geneviève Imbot-Bichet

---

1 Poétesse, peintre et photographe, elle a épousé Liu Xiaobo en novembre 1996, dans le camp de travail de Dalian, alors que Liu y purgeait une peine de trois années de rééducation par le travail. Depuis l'obtention du prix Nobel de la paix en octobre 2010, Liu Xia est soumise à une surveillance étroite dans leur appartement de Pékin, situé dans le quartier ouest de Haidian.

La frénésie pornographique – critique de la culture commerciale chinoise

Dans la Chine de l'après-4 Juin[1], la consommation d'une culture commerciale a correspondu à la privatisation chez les puissants de désirs matériels toujours plus nombreux. De même, la consommation de biens matériels exacerbée chez les riches est devenue chaque jour plus jouissive, plus superficielle, plus médiocre, sa fonction sociale étant de fournir au pouvoir politique actuel un instrument utile pour maintenir son ordre dictatorial. Le massage spirituel qu'opèrent les plaisanteries scénarisées des saynètes comiques favorise la fonction d'anesthésie de l'âme et de paralysie de la mémoire. L'instillation forcée d'une propagande qui flatte le peuple renforce dans les consciences le binôme sauveur-sujets. Les désordres sexuels qui caractérisent la réalité actuelle, comme entretenir une concubine, fréquenter les entraîneuses, aimer hors mariage et avoir des aventures d'une nuit, correspondant à la frénésie pornographique qui se manifeste dans les marchandises culturelles, sont devenus les instruments d'un hédonisme débridé.

---

[1] 4 juin 1989, date du massacre de la place Tian'anmen. *[Les notes sont du traducteur.]*

En outre, la folie révolutionnaire d'une certaine époque a entraîné brusquement le culte de la richesse et la débauche sexuelle que l'on connaît aujourd'hui. La couronne divine de Mao Zedong, longtemps modèle moral suprême, a perdu peu à peu son éclat dans le processus de démaoïsation du système de valeurs et de marchandisation de son héritage, et son visage originel de tyran s'est dévoilé progressivement tandis que sa vie privée de débauché apparaissait graduellement au grand jour. La vie privée de Mao et des autres grands mandarins communistes défunts est non seulement devenue un sujet de plaisanteries dans le peuple mais aussi un modèle pour les bureaucrates actuels grands et petits qui entretiennent une concubine. La place spéciale qu'occupait Mao en Chine ainsi que les réserves de prestige dont il disposait fournirent non seulement des ressources idéologiques au populisme encouragé par la gauche [du Parti] mais plus encore, aux hommes d'affaires, un argument en faveur de l'enrichissement.

Le rêve doré de la fortune réalisée en une nuit contenait le désir d'une vie nocturne livrée à la débauche. Le désir sexuel si longtemps réprimé se trouva libéré du jour au lendemain et devint nécessairement dans la réalité la conduite courante qui consiste à « entretenir une concubine » et à « fréquenter des entraîneuses », pour devenir ensuite sous un nouvel emballage, parmi les diverses marchandises culturelles offertes au public, l'affichage ostensible de l'amour adultère accompagné des cris perçants poussés dans les chambres à coucher. Les feuilletons télé et les films pour soir de réveillon qui repassent en boucle sont inséparables de la présence en tous lieux de ces « bombes de chair » que sont les femmes plantureuses. Les œuvres littéraires sont aussi entrées dans l'ère des «écrits charnels». Après les «belles écrivaines», voici venus les «écrivains jolis garçons»; après les bars érotiques pour cols blancs, voici venues les confessions de prostituées, puis les «journaux intimes sous la ceinture» totalement réalistes, suivis de près par les récits d'intellectuelles, lettrées éminentes autodésignées, qui affichent leur corps sur Internet. Un des aspects marquants de la littérature sur le Web, c'est la floraison de la «littérature érotique». Les hommes et les femmes présents dans ces œuvres exposent leurs désirs charnels et leurs actes sexuels hors normes dans des tenues de plus en plus dénudées. On en arrive même au point où, en l'absence de toute honte, on ne voit plus qu'appétits érotiques et lancement de bombes de chair.

L'essor graduel de l'exposition du corps

*L'irruption de la pornographie au cours
des années 1980 dans les zones interdites
de la politique*

Les années 1980 ont été marquées par la libération de la pensée et la passion des Lumières. Le choc de la culture commerciale sur le continent, venu principalement de Hong Kong et de Taïwan, a pris la forme d'une double révolte contre la culture dictatoriale. Ce fut d'abord la révolte contre le monopole du Parti en matière culturelle qui favorisa une philosophie offensive chez les Chinois, qui tournèrent le dos à l'idéologie officielle et commencèrent à s'éveiller à la notion d'humanité et aux sentiments humains. L'autre aspect de cette révolte contre le prétendu élitisme culturel fut la destruction de l'hégémonie langagière de l'élite, qui marqua le début d'une diversification du marché de la culture et des goûts du public. La culture vulgaire, représentée par les chansons de Hong Kong et de Taïwan, les romans de cape et d'épée de Jin Yong et les histoires d'amour de Qiong Yao, fit fureur sur le continent chinois. Non seulement les préceptes officiels perdirent de plus en plus de parts de marché, mais l'influence de la culture élitiste, représentée par les revues *Littérature du peuple* (*Renmin wenxue*), *La revue de poésie* (*Shikan*) et *Récolte* (*Shouhuo*), s'effondra rapidement. La masse des lecteurs de la littérature supposée sérieuse se rétrécit à grande vitesse. C'est dire que la littérature vulgaire eut une excellente fonction de décomposition de la « grande unité culturelle », ce qui permit au marché de la culture en Chine de commencer à se diversifier et favorisa la coexistence de la culture officielle, de la culture élitiste et de la culture commerciale (de masse). Outre la mélodie principale promue de force par la culture du Parti et la culture sermonneuse des membres de l'élite, les masses populaires se virent offrir tout un choix de produits nouveaux en matière de consommation culturelle.

La révolte qui aboutit à l'avènement de la culture commerciale toucha bien sûr aussi les domaines de l'amour et du désir. Dans les années 1980, la libération de l'érotisme se manifesta d'abord dans les chansons en vogue à Hong Kong et à Taïwan, les romans manuscrits et les films japonais. Entre autres, ce furent surtout les chansons d'amour de Deng Lijun et les films japonais qui eurent la plus grande influence. La voix voilée et moelleuse, caractéristique de Deng Lijun, qui chante les joies et les peines de l'amour comme si elle pleurait, eut sur les auditeurs chinois habitués à entendre les « mélodies de fer et d'acier » un effet guère différent de la musique « décadente » qui contribua à désintégrer la volonté révolutionnaire ; sa voix enivra véritablement toute la jeune génération de l'après-Révolution culturelle. Malgré les attaques du mouvement « Nettoyons les ordures », la vogue de ses chansons embrasa tout le pays et marqua les premières apparitions de la chanson populaire en Chine. Les longs cheveux au vent de l'héroïne du film japonais *La Traversée de la rivière en furie*[1], puis l'histoire d'amour inoubliable entre un homme et une femme de *L'Amour et la mort*[2], autre film japonais, comblèrent de fantasmes érotiques les nuits de la jeunesse urbaine. Jusqu'au milieu des années 1980, les principaux appétits révélateurs des Chinois furent d'abord la lecture massive de traductions d'œuvres littéraires venues de l'étranger telles que les romans érotiques de D.H. Lawrence, suivie par le visionnage clandestin de vidéos pornographiques. Les réunions chez un ami possédant un magnétoscope pour regarder en douce des « films Mao » devinrent un des moyens les plus intimes d'échanges amicaux. Puis ceux qui avaient la chance de pouvoir se rendre à l'étranger firent des « quartiers chauds » du monde capitaliste le but de leurs visites touristiques, et ceux qui rentraient au pays prirent du bon temps avec les amis

---

[1] Film de Junya Sato (1976).
[2] *Ai to Shi*, film de Nakamura Noburu (1971).

proches à leur décrire lesdits quartiers chauds et la liberté sexuelle de l'Occident.

Dans le domaine littéraire, au début de la réforme et de l'ouverture, la libération de l'érotisme chez les écrivains chinois ne permettait pas encore d'exposer directement le désir sexuel et le corps, mais seulement d'envelopper le tout dans un « amour » soumis aux tabous politiques. La nouvelle de Zhang Jie[1], *L'amour, on ne peut l'oublier*, est l'ouvrage représentatif de la percée opérée dans les zones interdites de la politique par le thème de l'amour, qui pour la première fois dénonçait les ravages opérés sur l'amour humain par la politique activiste. Même si c'était une œuvre de littérature clandestine strictement populaire, comme les textes publiés dans la revue *Aujourd'hui*, et si elle avait aussi pour sujet principal l'amour, *L'Offrande au chêne* de Shu Ting[2] fut un ouvrage représentatif de cette tendance. À partir de la fin des années 1980, l'amour entre homme et femme présent dans la littérature aborda progressivement les contenus sexuels dans les descriptions des sentiments. Le succès du roman de Zhang Xianliang[3] *La moitié de l'homme, c'est la femme* s'expliqua par les descriptions de l'amour charnel entre le personnage principal, un droitier exilé, et une villageoise. Mais les descriptions des ébats sexuels de Zhang Xianliang n'étaient qu'une partie accessoire de sa critique idéologique. D'une part, cela lui servit à briser les zones interdites de l'écriture et à ouvrir les perspectives éclairantes qu'offre la liberté de

---

1   Née en 1937.
2   Né en 1952.
3   Né en 1936.

création ; d'autre part, cela lui permit de s'exprimer sur le destin malheureux des intellectuels chinois de l'époque. Ce roman donnait à l'acte sexuel un sens par trop exagéré et grave. Il exprimait sans retenue le destin douloureux des intellectuels chinois contemporains. C'était en même temps l'expression de la « notion divine de peuple » conçue par les intellectuels. La villageoise de basse extraction se servait de son corps replet pour guérir l'impuissance sexuelle du lettré dans la détresse. Elle utilisait l'amour charnel banal pour secourir l'âme dépravée de l'intellectuel. Et, finalement, elle permettait au personnage principal de fouler le sol du palais de l'Assemblée nationale populaire recouvert d'un tapis rouge. Le film *Le Bourg des hibiscus*[1] était aussi une attaque contre la répression antidroitière. L'histoire érotique du lettré déchu et de la brave villageoise obtint la plus haute récompense décernée à un film en Chine. Ainsi, les amours clandestines entre un droitier frappé par la prohibition politique et une « femme de petite vertu » furent considérées par les masses comme la manifestation d'une merveilleuse humanité et le film obtint la reconnaissance officielle par la remise d'un prix.

Simultanément, les théories de Freud sur la sexualité connaissaient une vogue sur le continent chinois. La théorie de l'inconscient influença de nombreux auteurs dans leur façon de traiter la question sexuelle. On peut dire que l'avant-garde conceptuelle fut la particularité commune aux arts et lettres de l'époque. Ainsi, mon impression à la lecture de la

---

[1]   Film de Xie Jin (1923-2008).

série de romans à caractère sexuel de Wang Anyi, *Amour dans une petite ville*[1], qui met l'accent sur les manifestations de la répression sexuelle et de la perversion sexuelle sous le joug de la politique totalitaire, fut la suivante : l'auteure révélait par écrit ses pulsions sexuelles inconscientes tout en lisant d'une seule main les *Trois essais sur la sexualité*. L'engouement du public pour le film de Zhang Yimou, *Le Sorgho rouge*, du point de vue du choix du sujet, tint au fait que le film racontait une histoire d'amours illégitimes pleine de sauvagerie. Le rugissement brutal de l'air principal de la musique du film *Petite sœur, avance hardiment* constituait l'étalage en grand de la force vitale primitive de la sexualité. Sur l'arrière-plan du sorgho rouge feu de l'aride Nord-Ouest, dominé par le vaste ciel bleu et le grand soleil, l'enlèvement de la villageoise par le bandit de grand chemin, les flots déchaînés de la liaison illicite sur la terre à sorgho, les bandits qui s'entretuent pour s'emparer d'une femme, l'urine puante de l'ouvrier agricole lâchée dans la jatte où la maîtresse de maison fabrique de l'alcool qui, contre toute attente, aboutit au prodige de produire l'excellent alcool « Rouge de dix-huit lieues » célèbre partout à la ronde, etc., toute cette série de configurations d'intrigues et de descriptions de personnages de type théâtral non seulement paracheva l'union singulière à caractère sexuel entre hommes et femmes, mais créa une illusion visuelle dotée d'une force vitale prodigieuse. L'attribution d'un prix au film *Le Sorgho rouge* symbolisa l'évolution des conceptions en matière de sexe du citoyen chinois : l'acceptation de l'idée que

---

[1] Paru chez Picquier en 2007.

l'« exaltation de l'érotisme » était devenue l'expression de l'« exubérance de la force vitale ».

Dans le roman de Wang Xiaobo, *L'Âge d'or*, le mélange extraordinaire de la censure politique avec une vague de relations illicites trouva une expression plus artistique, plus profonde. Le passage le plus captivant est la description de la vie de jeune instruit du personnage principal Wang le Deuxième. L'autre face de l'envoi à la campagne des jeunes des villes pour y être rééduqués par les paysans pauvres et moyen-pauvres fut l'initiation à la sexualité sous sa forme la plus concrète, une sexualité d'une vulgarité fruste, où l'on s'en donne à cœur joie, pleine de l'excitation que procure le fruit défendu. Les lycéens de la ville qui n'osaient même pas se tenir par la main, une fois devenus des jeunes instruits ayant répondu à l'appel du Grandiose Dirigeant et plongés dans l'environnement particulier des unités militaires et des collectivités, resserrèrent brutalement l'écart entre garçons et filles. L'insipide vie spirituelle avait besoin d'être comblée par les sentiments amoureux ; la gêne et le sentiment de culpabilité associés à la sexualité furent balayés. Dès lors, l'idée de « donner la pleine mesure de son talent » dans un « monde immense » devint dans la description de Wang Xiaobo « donner la pleine mesure de son "sexe" ». Les champs déserts de la vaste campagne fournirent à toute une génération de jeunes citadins refoulés un espace sexuel ouvert aux liaisons clandestines et aux infidélités conjugales. Dans l'environnement politique de l'époque, les amours de style petit-bourgeois appartenaient au « mode de vie bourgeois » qu'il fallait éradiquer. Les liaisons clandestines étaient, pis encore, un crime de haute trahison. En particulier, les femmes convaincues de « relations adultères » étaient affublées du chapeau extrêmement infamant de « fille facile ». Le prélude aux rapports sexuels entre les deux personnages principaux, Wang le Deuxième et Chen Qingyang, est d'ailleurs une discussion sur le sujet des « filles faciles » : Chen Qingyang avait été cataloguée comme telle par les gens du cru et elle-même refusait d'admettre qu'elle en était une. Toutefois, même si les risques des relations clandestines, induits par les interdits politiques et la discrimination morale, étaient terrorisants, leur côté palpitant était directement proportionnel à l'excitation de goûter au fruit défendu.

Dans le passé, l'héroïne de Wang Xiaobo n'était pas une « fille facile[1] », mais sous les assauts sexuels de Wang le Deuxième elle en devint vraiment une. Avant la Révolution culturelle, personne n'aurait jamais osé affubler l'épouse d'un président de la République du titre insultant de « fille facile », mais pendant cette période les gardes rouges accrochèrent au cou de Wang Guangmei[2] une pancarte où étaient inscrits les mots « chaussure éculée[1] ». Après la Révolution culturelle, quand Liu Shaoqi et sa veuve furent réhabilités, les anciennes « filles faciles » cessèrent peu à peu d'être considérées comme des criminelles, elles devinrent des personnages de roman positifs et se virent conférer une légitimité morale. Il s'ensuivit une époque de libération des passions redéfinie par le sexe. Les « filles faciles » que tout le monde fuyait comme la

---

1   *Poxie* : litt. « chaussure éculée ».
2   Épouse de l'ancien président Liu Shaoqi.

peste devinrent en cette période de prospérité de « nouveaux souliers » à la mode recherchés par tout le monde. N'entend-on pas dans les séries télévisées montrées actuellement en Chine une réplique répétée par les personnages dans toutes sortes de spectacles : « Le mariage, c'est comme une paire de chaussures, seul celui qui la porte sait si elle lui va » ?

Le plaisir érotique dans les années 1990

À partir des années 1990, la culture populaire est de plus en plus soumise aux incitations commerciales, sa fonction de véhiculer la culture du Parti s'atténuant peu à peu. Les élites se précipitent vers la quête du profit qu'offre la culture commerciale. Du même coup, la culture populaire se met progressivement à l'unisson de la mélodie dominante de la culture du Parti. D'une part, la diffusion de la culture du Parti compte de plus en plus sur l'emballage de la culture populaire ; l'ordre autocratique de l'actuelle période d'aisance suppose un plus grand besoin de loisirs commerciaux pour embellir ses rituelles « célébrations de la paix par des chants et des danses ». D'autre part, la culture populaire a de plus en plus besoin du pouvoir du marché ; elle a de plus en plus besoin que les grands médias officiels lui fournissent la tribune où faire sa promotion. Flatter le goût vulgaire du public est devenu la principale qualité de la culture du continent chinois. Si les vedettes des loisirs de toutes catégories se battent pour se montrer au gala du réveillon organisé chaque année par les autorités, c'est que c'est le meilleur moyen de faire sa propre promotion. À cela correspond le fait que le contenu sexuel dans l'aspect politique des produits culturels est de plus en plus fade, tandis que la tendance aux plaisirs érotiques purs est chaque jour plus marquée.

Le 26 janvier 1991, je quittai la prison de Qincheng[1] et fus rapatrié de Pékin à Dalian. En descendant du train, je jetai un coup d'œil aux étals des bouquinistes aux abords de la gare. Une couverture de revue particulièrement accrocheuse me sauta aux yeux : elle représentait un corps de femme nue aux lignes gracieuses, allongée sur le côté. Au-dessous figurait le titre « Un cadavre arrive en flottant sur la rive du ciel ». Parmi les titres des autres revues, on pouvait lire : « Pour la première fois en Chine : "Une affaire exceptionnelle de violence sexuelle" », « Le secret du pervers », « Un maniaque sexuel rôdait dans la cour de l'école », « L'obsédé sexuel pris d'une rage terrible », « Pour toi : les recettes secrètes d'une sexualité épanouie », etc. Il y avait même « Mao Zedong et sa troisième épouse He Zizhen ».

En voyant ces publications en vogue, je fus vraiment surpris : deux ans à peine s'étaient écoulés depuis le 4 Juin[2], Deng Xiaoping n'avait pas encore effectué sa « tournée dans le Sud[3] », la deuxième phase de la réforme économique qui devait stimuler les désirs matériels n'avait pas encore commencé, les autorités continuaient à s'opposer à grands cris à la libérali-

---

1   Prison de haute sécurité des environs de Pékin. Voir aussi *supra*, page 34, note 1.

2   Voir *supra*, page 39, note 1.

3   Tournée d'inspection effectuée par Deng Xiaoping dans quelques villes du sud de la Chine entre la fin 1991 et le début 1992, au cours de laquelle il prononce plusieurs discours qui annoncent le lancement de sa « politique de réforme et d'ouverture ».

sation et à l'évolution pacifique. Dans la propagande officielle, une part importante de la lutte contre la libéralisation consistait à s'attaquer à l'économie privée et à lutter contre la pornographie. Mais les revues et les livres disposés sur ces étals prouvaient que cette lutte contre la pornographie n'avait aucun effet ; non seulement cette tendance n'avait pas été éliminée, mais elle était devenue totalement envahissante. La situation dépassait de très loin ce qu'elle avait été dans les années 1980. Par la suite, j'allai me promener dans plusieurs librairies de Dalian et de Pékin et je découvris que les publications courantes pleines de sexe et de violence constituaient un vaste marché, et qu'un autre marché important était occupé par les révélations secrètes sur la vie privée des hauts cadres du Parti défunts.

Simultanément, sous la plume d'écrivains prétendument sérieux, était apparue une « littérature du sexe » qui faisait grand bruit. Avec l'engouement pour *La Capitale déchue*[1] de Jia Pingwa, et *Au pays du cerf blanc* de Chen Zhongshi, avec la passion « incestueuse » dépeinte par Zhang Yimou dans son film *Ju Dou*, les querelles de jalousie entre les différentes femmes d'une grande maison mandarinale du film *Épouses et concubines*, avec « l'orgasme des pieds martelés » sous les grandes lanternes rouges éclairant les ténèbres, avec la conquête d'innombrables femmes d'âge mûr inspirée par la relation adultère du roman américain *Sur la route de Madison*, le battage fait par les médias du continent autour du suicide de l'obscur poète Gu Cheng après qu'il eut

---

1   *Feidu*, traduit par Geneviève Imbot-Bichet, Stock, 1994.

assassiné son épouse en Nouvelle-Zélande… on reparlait en termes positifs du traditionnel « intérêt pour le sexe », décadent et dégénéré, des lettrés chinois; le monde de l'érotisme maintes fois refoulé par les Chinois du continent connaissait un essor délirant, la littérature sérieuse était devenue le catalyseur de la « frénésie pornographique » apparue dans la culture commerciale ouverte. Le goût immodéré pour les sujets tels que les liaisons illicites, l'inceste et les relations multiples, l'envie de savourer les moindres détails des relations clandestines adultères et les goûts calqués sur ceux de l'élite imprégnèrent l'intérêt sexuel obscène et sale des gens de lettres, l'aspiration à la vie de famille des élites fut de multiplier épouses et concubines. Et le fantasme des grandes lanternes rouges allumées tous les soirs au tréfonds d'un palais de mandarin ne pouvait pas ne pas évoquer le *Jin Ping mei*[1], les *Trois Recueils d'histoires*[2], Zhang Ailing[3], Zhang Henshui[4] et autres ouvrages de la tradition littéraire érotique chinoise.

Les membres de l'élite aux compagnes multiples aspiraient à des drames dans la réalité et finirent même par les provoquer : le poète Gu Cheng qui avait la jouissance d'une épouse et d'une concubine, après que son amante fut partie, que son épouse eut réclamé le divorce et que sa vie privée

---

1 Paru au début du XVIIᵉ siècle, c'est le plus célèbre roman érotique chinois, traduit en français par André Lévy sous le titre *Fleur en fiole d'or* (Gallimard, 1985, « Bibliothèque de La Pléiade »).
2 Ouvrage de Feng Menglong (1574-1645).
3 Aussi connue sous le nom d'Eileen Chang (1920-1995). Voir *infra*, page 92, note 2.
4 1895-1967.

entre ces deux femmes eut ainsi volé en éclats, sombra dans l'angoisse extrême et la folie et finit par tuer son épouse à coups de hache avant de se suicider. Or, curieusement, rares furent ceux qui perçurent dans ce massacre féroce le cri indigné de Xie Ye tombant sous les coups de hache de Gu Cheng. Nombreux au contraire furent ceux qui exaltèrent en Gu Cheng le poète romantique qui aurait « perdu la tête ». Le père de Gu Cheng et sa maîtresse, Ying'er, ainsi qu'un ancien amant de Ying'er, profitèrent du choc causé par cette tragédie pour se vendre. L'affaire sanglante de l'épouse assassinée dans la réalité devint d'abord dans l'opinion une histoire purement sentimentale, laquelle se transforma en livres à gros tirage, sources de renom et d'enrichissement.

La frénésie charnelle du nouveau siècle

Au tournant du nouveau siècle, les œuvres à caractère sexuel, jusque-là écrites par des hommes, commencèrent à être écrites par des femmes. Longtemps avant que les « belles écrivaines » ne fissent leur apparition, Lin Bai avait connu une célébrité éphémère en décrivant les expériences sexuelles du temps où elle était une jeune fille. Les écrivaines d'âge mûr Zhang Kangkang[1] et Tie Ning[2] s'étaient mises à écrire des histoires érotiques de femmes comme *La Galerie de l'amour*, *La Femme au bain*, qui avaient fait de gros tirages. L'ouvrage

---

1 Née en 1950.
2 Née en 1957. Présidente de l'Association des écrivains chinois depuis 2006.

réaliste d'An Dun[1], *Strictement privé*, suscita lui aussi une vogue passagère parce qu'il rendait compte de la vie érotique des femmes. Puis les « belles écrivaines » de la jeune génération connurent une célébrité encore plus grande grâce à leurs « écrits charnels ».

Le premier de ces écrits fut *Shanghai Baby*[2] de Weihui, qui décrit les dessous de marque d'une belle en col blanc et les érections vigoureuses de membres d'Occidentaux. Outre les « cafés pousse-café » à la manière des concessions étrangères de Shanghai, elle ajouta les ébats dans les toilettes des bars pour cols blancs de la Shanghai moderne. Sous la plume de Weihui, la sexualité est entièrement occidentalisée. L'héroïne, depuis ses vêtements, sa nourriture et son habitation, jusqu'à son esprit et ses goûts, tout est « cool » à l'image de l'Occident. Corps emballés dans des marques occidentales, vie nocturne exaltée par des bars à la mode occidentale, style rehaussé par de la musique occidentale, vices enjolivés de décadence occidentale et jusqu'au mode de rapports sexuels, à l'ivresse et à l'orgasme, tout est création du mâle occidental. Enfin, dans leurs œuvres, le narcissisme prétentieux des belles écrivaines doit aussi s'accomplir chez des Occidentales homosexuelles. Les phrases placées en exergue de chaque chapitre sont toutes empruntées à des écrivains, poètes, philosophes et religieuses d'Occident... Bref, le sentiment qu'on retire à la lecture de ce type d'ouvrage ressemble un peu aux fêtes débridées organisées dans les bars chinois pour la Saint-Valentin.

---

1   Journaliste au *Beijing qingnianbao* (« *Jeunesse de Pékin* »), auteur d'une enquête sur les relations amoureuses.
2   Paru en Chine en 2000, traduit en français par Cora Whist, Picquier, 2003.

Une autre belle écrivaine, Mian Mian, dans son roman *Les Bonbons chinois*[3], pousse un cri érotique à sa manière, qui est proche du spectacle érotique d'une rue à bistros de San-litun[4], à Pékin : de jeunes bobos et des célébrités du monde, du rock'n'roll *live*, des chasseurs de sexe et des jolies cadres solitaires, accompagnés d'une musique démente au cœur de la nuit, goûtant aux breuvages occidentaux, à la drogue, au café, et s'adonnant au flirt impromptu et aux amours d'une nuit, affichent le style décadent de quasi-hippies.

Cependant, dans le registre du « vieux beau qui consomme de la chair tendre » où des cadres de haut rang donnent libre cours à leurs passions, la grande différence d'âge originellement à sens unique s'est progressivement inversée. Si l'on pouvait dire que le vieil homme riche qui recherchait de « jeunes vierges » correspondait à la tradition sexiste de la société patriarcale, la vieille femme riche qui recherche tout spécialement de jeunes garçons pour faire leur éducation est la nouvelle mode de la Chine aisée. Dans certains bars, les habitués à l'affût de proies sexuelles sont souvent des femmes fortunées d'âge mûr. En même temps, les plaisirs charnels et la décadence spirituelle ne contiennent plus la révolte contre l'idéologie orthodoxe qui existait dans les années 1980 mais ne consistent plus qu'à jouir, jouir et encore jouir.

Arrive ensuite l'ouvrage de type autobiographique de Jiu Dan, *Filles-dragons*[5]. La vulgarité de la langue et l'indigence de la narration placent cette auteure très en dessous de

---

3 Traduction de Sylvie Gentil, L'Olivier, 2001.
4 Quartier des ambassades, devenu celui des bars branchés.
5 Traduction d'André Lévy, Bleu de Chine, 2008.

Mian Mian et Weihui. Or, curieusement, elle parvint à devenir une des « belles écrivaines » qui sont la coqueluche des médias. L'intention générale de Jiu Dan vis-à-vis de ses lecteurs consiste à exposer sans fard la vie de femmes parties de Chine pour se prostituer à Singapour, tout en enjolivant par-ci par-là les épreuves vécues par ces femmes faisant commerce de leur corps en terre étrangère. Jiu Dan utilise également la « vérité absolue » pour faire son propre éloge, sans daigner jeter un regard sur la « chair imaginaire » des autres « belles écrivaines ».

Juste au moment où Weihui, Mian Mian et Jiu Dan se livraient à une joute oratoire dans les médias pour savoir « qui est la meilleure des "belles écrivaines" », une autre « belle écrivaine » du nom de Mu Zimei surgit sans crier gare, ravalant à un rang bien inférieur les écrits pornographiques antérieurs. Dans son *Journal sexuel d'une jeune Chinoise sur le Net*[1], qu'elle publia sur Internet, Mu Zimei étale au grand jour sans la moindre pudeur ses confidences les plus intimes, centrées sur l'exposition de son sexe. Dans ce journal, où elle répertorie ses culbutes et les cris perçants qu'elle pousse au lit avec toutes sortes d'hommes, elle décrit en détail tout le processus, ainsi que ses diverses techniques amoureuses, classe chaque homme selon ses capacités sexuelles et son savoir-faire, et va même jusqu'à publier le nom des musiciens de sexe masculin avec qui elle a couché. Par exemple, alors que dans l'affaire du « Zippergate », où s'était trouvé compromis l'ancien président américain Bill Clinton, Monica Lewinsky n'avait fini

---

1   Traduction Catherine Charmant, Albin Michel, 2005.

par montrer les taches de sperme qui souillaient sa jupe que sous la pression de l'opinion, en revanche, c'est volontairement que Mu Zimei exposa sur la Toile les traces de copulation laissées sur son lit. Elle souleva une immense vague d'enthousiasme érotique dans laquelle, fait curieux, fut entraînée la chaîne officielle CCTV[1] habituellement prude — la rubrique « Enquêtes morales » de CCTV consacra en effet une émission spéciale à Mu Zimei, qui lui permit d'affirmer ses raisons de désirer plus que tout, en tant qu'être humain, les « amours d'une nuit ».

Ces quelques « belles écrivaines » semblent se livrer devant le public à un « concours d'écrits charnels ». Quand elles sont interviewées, chacune d'entre elles n'a que mépris pour les autres, et cet affrontement verbal, où aucune ne s'avoue jamais vaincue, devient la matière alimentant le sensationnalisme dans les médias. Pourtant, tout comme « dans un combat, c'est le meilleur qui l'emporte », l'influence sur le public de ces écrits charnels dépend aussi de la question de savoir qui va s'afficher avec le plus de culot, le plus nu, le plus vrai, et c'est toujours le dernier venu qui montre le plus d'audace, le dernier venu qui emporte le morceau. Après que Mu Zimei eut rendu public son journal des ébats, totalement réaliste, les romans de Weihui, Mian Mian et Jiu Dan cessèrent d'intéresser les médias. Et il n'y eut rien d'étonnant à ce que certains décrètent à grands cris l'année 2003 : année Mu Zimei !

Face aux journalistes, Mu Zimei déclara avec une moue moqueuse : « Le journaliste qui veut m'interviewer doit

---

[1]   China Central TeleVision.

d'abord coucher avec moi. La durée de l'interview corres-
pondra au temps pendant lequel il m'aura fait l'amour. »
Quand elle accorda une interview à une autre femme célèbre,
Yang Lan[1], elle prononça sans le moindre scrupule certaines
paroles qui plongèrent à plusieurs reprises dans le plus grand
embarras ce modèle de femme qui a réussi. Sur ce point, en
lançant un défi à Yang Lan dont la place dans le monde des
affaires et le rôle politique constituaient le capital, Mu Zimei
montra le côté sincère et charmant de son entreprise individualisée.

   Il ne fait aucun doute que ce « concours d'écrits charnels », ayant permis à certaines femmes particulièrement
culottées de tirer de ces écrits renommée et profit, excita
d'autres femmes désirant ardemment devenir célèbres elles
aussi. Ainsi, peu de temps après que Mu Zimei eut accepté
l'interview de CCTV, une autre jeune femme du monde de la
littérature, s'intitulant elle-même chercheuse, se donna-
t-elle sur le Net un nom de petite-bourgeoise plutôt romantique : « Pupille d'azur à l'ombre des bambous ». Son temps
d'émission était loin d'être court, mais ses textes ne présen-
taient aucun attrait. Stimulée par les écrits en dessous de la
ceinture de Mu Zimei, elle opta pour un mode d'exposition de
son corps encore plus radical, montrant directement sur la
Toile une photo d'elle entièrement nue. Cette jeune lettrée
semblant toutefois avoir encore quelques craintes déchira la
photo, enleva la tête, laissa les organes sexuels et décora ses

---

[1] Célèbre animatrice de télévision devenue une riche femme d'affaires du
monde des médias.

parties intimes avec une feuille de palmier, rappelant le vers du poème des Tang, *La Ballade du pipa*[1] : « Elle serre son luth qui lui cache à demi le visage. » Toutefois, en déchirant ainsi la photo, ce qui ressort, c'est justement l'excitation sexuelle pure, directe. En même temps, l'absence de tête et la feuille de palmier produisent une sorte d'effet mystérieux suscitant des fantasmes sexuels chez les internautes qui se demandent à quel visage appartient ce corps nu : est-ce celui de « Pupille d'azur à l'ombre des bambous » ou est-ce une tromperie ? Est-ce le visage d'une beauté céleste ou celui d'un abominable crapaud ?

En réalité, en dehors des belles écrivaines adulées par les médias, il y a longtemps que la littérature érotique offre sur Internet un spectacle grandiose. Chez les auteurs érotiques qui y suscitent un intérêt sans être encore pourchassés par les médias, l'audace des choix, la nudité et les perversions mentales qu'ils décrivent dépassent même de très loin les « belles écrivaines ». Par exemple, une bonne partie des auteurs qui écrivent sous les pseudonymes de Xiaoqian (« Petite merveille ») et Nujia (« Votre humble servante »), traitent de « relations perverses à plusieurs » et d'« inceste mère-fils ». Sous la plume de l'auteur qui signe Bobo, on voit décrits « relations illicites », « observation furtive », « échanges de femmes », « rapports incestueux », « relations avec des animaux », « rapports sexuels de science-fiction ». On y lit aussi des histoires de « vieil homme avec jeune fille » ou de « vieille femme avec jeune garçon ». Certains auteurs excellent à

---

1 « *Pipa xing* », poème de Bai Juyi (772-846).

décrire la passion de jeunes hommes pour les femmes mûres de plus de quarante-cinq ans. Les récits de relations sexuelles entre riche citadin et petite nourrice de la campagne sont aussi des sujets recherchés. Ces œuvres ne servent parfois que de prétexte aux descriptions des hallucinations causées par la drogue, de la soumission à la violence, du sadomasochisme, de l'attrait pour les excréments et autres déjections, et il y a même des œuvres érotiques écrites en langage enfantin. La plupart de ces auteurs sont des créateurs très productifs de romans-feuilletons. Les critiques les répartissent en différents courants littéraires tels que le « courant débauché » où dominent les relations illicites et l'inceste, le « courant cruel » où dominent la brutalité et la violence sexuelles, le « courant échangiste » où dominent les relations adultères consenties, les liaisons multiples, le « courant fantastique » où dominent les fantasmes sexuels (dont la science-fiction). Il y a aussi le « courant de la chevalerie », le « courant des campus », le « courant de l'amour mondial », le « courant des marchés », etc. En outre, la littérature érotique a aussi créé ses propres prix, à savoir : le prix du meilleur homme nouveau, le prix du progrès le plus rapide, le prix du meilleur auteur, le prix de la plus grande popularité, le prix de la meilleure œuvre (divisé en nouvelles et romans), le prix de l'œuvre spéciale, le prix de la contribution spéciale, le prix du résultat spécial, etc.

Toute la littérature érotique évoquée ci-dessus provient de sites indépendants, dont la diffusion, la critique et les prix sont entièrement non officiels.

À la télévision et dans les autres médias, les récits sur les plaisirs charnels des femmes de lettres sont devenus des occasions d'exposer leur corps. L'« économie des belles femmes » ne concerne pas seulement les cabarets, les salons de coiffure, les services érotiques clandestins des grands hôtels, elle concerne plus encore l'exposition publique de corps de femmes dans les activités commerciales de toutes sortes. Dans les programmes de promotion, il y a systématiquement des belles femmes pour décorer. Les filles qui cherchent à devenir célèbres du jour au lendemain se battent pour venir à Pékin en quête d'une occasion de se montrer. Les gamines qui s'inscrivent dans toutes sortes d'écoles artistiques pour se donner en spectacle sont légion. Les prix à payer pour être reçue ne cessent d'augmenter. Les « cours pour étoiles », qui ne sont tous qu'une vaste escroquerie, fleurissent comme les bambous après la pluie. Il se trouve même des femmes qui, ayant couché avec des réalisateurs et des animateurs célèbres, n'hésitent pas à exposer leur vie privée parce qu'elles n'en ont pas retiré le profit prévu. Par exemple, telle femme rendit publique une affaire de mœurs concernant le réalisateur Huang Jianzhong, exigeant du « réal Huang » qu'il lui versât une compensation pour n'avoir pas honoré sa promesse de l'engager. Il y eut aussi une femme du nom de Gu qui poursuivit Zhao Zhongxian[1] en justice afin de réclamer une indemnité pour avoir payé de son corps.

Dès qu'on allume la télévision, l'exposition de corps filiformes et de très belles femmes dans les publicités, les innombrables concours de mannequins, concours de beauté, concours de chansons, concours de « supernanas »... se dis-

---

1   Né en 1942 ; célèbre présentateur de télévision.

putent les plateaux. Les invités de marque qui montent sur scène pour décerner des prix (la plupart sont de hauts cadres, de riches hommes d'affaires et des vedettes du spectacle) sont invariablement escortés par de jeunes beautés. Outre le fait que les starlettes qu'on voit sur les plateaux sont de moins en moins vêtues et portent des habits de plus en plus minces, décolletés, transparents, elles doivent aussi titiller le spectateur par leurs minauderies. Beaucoup de femmes entre deux âges ayant un certain renom se pressent pour monter sur scène comme invitées de marque afin de participer à des programmes de variétés. Ces invités ne manqueront pas de montrer toute leur famille, tel mari sa femme, tel père son fils, telle mère sa fille, qui se renvoient la balle les uns les autres et viennent étaler leur vie privée sans rien cacher : émois sexuels de l'enfance, premières amours romantiques, mariages tantôt amers tantôt idylliques, critères de choix immédiat d'un partenaire, joies et peines du célibat féminin, heurs et malheurs des relations adultères... Vient-on à toucher un point sensible, l'invitée fondra en larmes, le présentateur éclatera en sanglots et les spectateurs, saisis par l'émotion, exécuteront ensemble un « show de vrais sentiments humains ».

Dans les pièces télévisées actuelles, quel que soit le sujet — péplum, chevalerie, monde du commerce, milieux officiels, lutte contre la corruption, affaires militaires, histoire policière, milieux populaires... — il y aura toujours une configuration sentimentale comprenant des amours à trois, une liaison hors mariage, l'entretien d'une concubine, la fréquentation de jeunes entraîneuses. Quant au lit torride où il reçoit sa maîtresse, ce sera le lieu où le cadre corrompu est appréhendé. Sans même parler des films d'amour spéciaux, on ne pourra pas manquer de montrer le corps de « la troisième » : ainsi les séries télévisées à sujet révolutionnaire à l'ancienne seront généreusement pimentées par une liaison hors mariage. Mais seul l'arrière-plan diffère. Les amours clandestines de l'époque d'aisance [actuelle] se dérouleront pour la plupart dans des lieux de consommation haut de gamme, tels que restaurant occidental ou bar d'un grand hôtel, centre de loisirs, piscine, champ de courses réservé aux gens influents, ainsi que terrain de golf, lequel s'avérera le lieu le plus fréquenté du monde. Dans une ambiance rehaussée d'une musique de fond suave et de bouquets de fleurs fraîchement coupées, on boira du café, fumera le cigare, sirotera un vin étranger, mangera des pâtisseries, on ira chercher et raccompagner sa partenaire dans une berline de luxe, puis on la flattera en lui offrant une précieuse bague en diamant. Au milieu des plans en couleurs montrant une consommation luxueuse, on intercalera des plans en noir et blanc rappelant le passé : étals de rue des temps difficiles, longs couloirs des HLM d'unités de production, vêtements simples et nourriture frugale, cadeaux de fiançailles bon marché, étouffement de l'amour par la politique...

Représenter consciencieusement les faux sentiments et la pleine satisfaction constitue sans aucun doute la castration de l'âme la plus cruelle du monde.

Le succès phénoménal du film de fin d'année *Téléphone mobile*[1] tient au fait qu'il montre véritablement la saleté des

---

[1]   Réalisé par Feng Xiaogang (2003), adapté de la nouvelle de Liu Zhenyun.

sentiments de l'élite des grandes villes chinoises actuelles. Le déroulement parallèle d'une époque de désordre sexuel et d'une époque de fort développement technique a fait du téléphone mobile comme outil des liaisons clandestines une arme à double tranchant qui, tout en facilitant les amours adultères, a facilité le contrôle exercé par les épouses. Face à son portable, l'envie de flirter et la peur transforment le personnage principal en âne de Buridan, chaque parole prononcée est un mensonge, chaque expression de son visage est ignoble. L'excitation et la joie du début de sa liaison clandestine sont peu à peu remplacées par la crainte et l'embarras d'être pris en flagrant délit d'adultère par l'épouse. Le petit saint qui apparaît sur le plateau[1] et la fieffée crapule qu'il est dans la vie se mènent une guéguerre continuelle où chacun nourrit de sinistres desseins. Quand il ouvre la bouche et ment, sa relation conjugale n'est plus qu'un mensonge ; quand il se tait ou raconte des balivernes, sa relation extraconjugale n'est aussi que mensonge. Quand il ment, son expression est abjecte ; quand il tient des propos tendres, le ton de sa voix est obscène. L'obscurité et la vulgarité du monde de l'esprit constituent l'idée dominante du film et font véritablement ressortir le mode d'existence cynique des élites urbaines. Non seulement sur la scène publique on ne dit pas ce qu'on pense, mais dans la vie privée règne aussi l'hypocrisie. Le style comique créé par l'intrigue, par la manière dont sont campés les personnages, par le texte et la musique laissent entrevoir la déchéance de la

---

[1] Le personnage principal est un célèbre animateur de télévision.

Chine actuelle. L'allure impeccable du personnage, droit comme un *i* dans son costume trois-pièces, ne parvient pas à cacher l'abjection de son expression et de ses propos, l'abjection des relations entre les gens et l'abjection du contraste entre l'ancien et le nouveau, qui opposent l'enfant qu'il fut, originaire du fin fond des montagnes à une époque sans téléphone, et l'animateur célèbre de l'époque du téléphone mobile.

Téléphone mobile montrait la mentalité des Chinois de cette époque révolue tandis que le *Parfum de fleurs de sophora en mai*[1], téléfilm qui passe actuellement en boucle sur toutes les chaînes, montre la mentalité des Chinois d'aujourd'hui, mais tous deux exercent un effet subreptice démultiplié d'une vulgarité obscène.

À part le cinéma et la télévision, l'échange entre le pouvoir et l'argent se manifeste par la floraison du secteur de la pornographie sur le continent chinois. Les salons de coiffure, les bains de pied, les karaokés, les salles de projection vidéo, les petits hôtels, les petits restaurants, les loueurs de limousines... tous ces services de bas étage qui pullulent dans tous les villages et toutes les villes de Chine font tous appel à la pornographie pour attirer le client. Les palaces des grandes villes, les cabarets, les bars, les sièges d'associations, les villages de vacances ainsi que les « villages pour maîtresses » et les « jardins pour amants » des stations balnéaires offrent aux puissants et aux cols blancs de haut rang des soirées érotiques. Même si le commerce du sexe reste illégal, selon des statis-

---

[1]   Film réalisé par Zhang Guoli (2004).

tiques qui ne sont qu'approximatives, le nombre de prostituées en Chine atteindrait six millions, ce qui revient à dire
que c'est le secteur du sexe clandestin le plus vaste du monde.
Dans ce climat d'échanges argent-pouvoir et de concurrence
commerciale, les secrétaires-amantes, les belles chargées
de relations publiques et les jolies hôtesses représentent
dans la plupart des cas le cadeau que l'on prépare pour l'invité.
Lui offrir une « culbute (cul-pute) » est devenu désormais
une marque de courtoisie normale lors d'une transaction.

Les adultes étant de plus en plus « ouverts » dans leur
conduite sexuelle, cela a forcément une incidence sur les
conceptions et les conduites sexuelles de la jeunesse. Les
jeunes de la nouvelle génération urbaine, où l'enfant unique
est devenu la règle, qui ont grandi dans une époque de corruption des esprits où il n'y a plus à s'inquiéter pour sa nourriture
et ses vêtements, sont tous des « petits empereurs » dans leur
famille et rivalisent à l'extérieur pour appartenir à la « "nouvelle" nouvelle humanité » et au « clan des bobos ». Sur la
question sexuelle, ils optent généralement pour l'idée du
mariage tardif et de l'enfant tardif, c'est-à-dire qu'ils ne sup-
portent pas les responsabilités de la famille et de l'affection, et
cherchent plutôt à « aimer jeune, coucher vite », « se faire
plaisir à deux », ils préfèrent avant tout la liberté des « amours
d'une nuit » et de l'« amour sur Internet » et n'ont plus honte
des rapports sexuels avant le mariage. D'après les conclusions
de la synthèse du rapport de recherche du « Programme
de coopération internationale sur la santé de la jeunesse de
l'Association pour le contrôle des naissances en Chine », 60 %

des personnes qui passent la visite médicale prénuptiale ont déjà eu une expérience sexuelle. Actuellement, un slogan fait fureur dans la jeunesse chinoise : « Coucher avant le mariage, c'est comme aller aux toilettes. » Les cas de jeunes filles qui abandonnent leur bébé sont monnaie courante et les médias rendent compte périodiquement de « jeunes filles qui ont des rapports sexuels avec leur pékinois de compagnie ».

Enfin, le fait que la pornographie soit devenue une marchandise très demandée a même influencé le renouvellement du marché de l'alimentation. Après les « banquets dorés » de la « culture alimentaire de la fortune (de l'enrichissement) » et les « soupes de jouvence » de la « culture alimentaire de la vie (de longévité) », on a vu apparaître les « banquets sur corps de femme » et la « culture alimentaire de la luxure ». Servir tout un repas de mets délicats sur le corps d'une beauté entièrement nue, c'est vraiment satisfaire la gourmandise et combler le plaisir des yeux. Un restaurant célèbre de Shenzhen a sorti une bouchée [*baozi*] fourrée baptisée « entretenir une concubine » [*baoernai*]. Dans les restaurants de nombreuses villes, il n'est pas rare de voir des plats à connotation érotique. Les noms de ces plats sont pour la plupart liés au vocabulaire à la mode, comme « la demoiselle qui attire le client », « s'accorder des privautés avec sa maîtresse », « le Viagra, j'adore », « la belle se déshabille », « la petite secrétaire collée au richard », « la belle sortant du bain »... et même la succession des plats doit suivre l'ordre de la séduction d'une compagne illicite. Après le premier plat, « coup de foudre », on servira des « œillades » ou de la « drague », puis viendront des « inséparables », suivis de « plaisir masculin, amour féminin » et, pour finir, ce sera les « larmes de l'amante » qui ne supporte pas la séparation. Le plus stupéfiant, c'est que ce type de « nourriture érotique » qui annonce carrément la couleur a, curieusement, été élevé par certains intellectuels au rang de « culture » dont on parle avec délectation : selon eux, en Chine, l'idée que « quand on a le ventre plein, on a des désirs lubriques » aurait toujours été un des signes montrant que l'on a accédé à la vie des classes aisées. Et, une fois qu'on a accédé à la couche qui « a des désirs lubriques », l'élévation culturelle de la « nourriture » au « sexe » serait le reflet d'une quête spirituelle ou morale.

Il semble que la Chine ait vraiment accédé à cette aisance où « quand on a le ventre plein on a des désirs lubriques ».

L'érotisation de la diffusion de la haine nationaliste sur Internet

La frénésie érotique sur Internet, c'est-à-dire un déversement purement jouissif, lié à une brutalité langagière haineuse, est utilisée dans le déversement de « sentiments ultranationalistes ». Dès que les femmes sont la cible que visent les « patriotes » furieux, le langage violent de la haine va de pair avec la violence du langage visant les femmes.

Ainsi, la critique passionnée par des internautes patriotes de l'affaire de la fréquentation collective de prostituées par des Japonais à Zhuhai n'a pas seulement été un déferlement de haine implacable contre les Japonais impliqués mais aussi l'expression d'une grande violence langagière contre les prostituées chinoises qui leur avaient vendu leurs charmes.

De même, le 4 avril de cette année [2004], par un doux dimanche de printemps baigné d'un soleil radieux, la Fête des fleurs de cerisier, célébrée dans le parc Yuyuantan à Pékin, avait attiré de nombreux visiteurs. Deux jeunes filles vêtues de kimonos qui se prenaient en photo sous les cerisiers déclenchèrent la colère d'une bande de « patriotes » qui les entourèrent pour les frapper. Tout autour, la foule était nombreuse. Or personne n'intervint pour les retenir, mais tous au contraire ne cessèrent de pousser des cris d'approbation : « Tu n'as pas voulu te contenter de faire la bonne petite Chinoise, tu as voulu jouer la Japonaise, tant pis pour toi! » Après que cette nouvelle eut été publiée sur le Net, même si certains internautes condamnèrent cette violence, il y en eut un bon nombre pour s'écrier « Bien fait! ». Ils estimaient en effet que ces Chinoises qui « adorent le Japon » méritaient non seulement d'être insultées et frappées, mais qu'elles devraient être chassées du pays et placées dans un bordel au pays du Soleil levant où elles pourraient « adorer le Japon » tout à loisir.

Au même moment, de nombreux internautes patriotes se mirent à insulter la présentatrice de la Télévision centrale, Zhang Yue. Ce qui suscitait l'ire de ces « jeunes gens en colère » était le foulard qu'elle portait dont le dessin représentait le « drapeau frappé d'un soleil » du Japon. Les attaques contre Zhang Yue n'étaient évidemment pas exemptes de violences verbales, assorties de grossièretés et d'insultes à caractère sexuel. À ce sujet, la chaîne fut contrainte de publier une mise au point précisant que le foulard porté par Zhang Yue était une production d'une grande marque italienne et qu'il n'avait rien à voir avec le Japon.

L'exemple le plus caractéristique de la haine fondée sur le nationalisme et de la violence verbale dirigée contre les femmes chinoises manifestées par les internautes patriotes nous est donné par l'« incident du vêtement en forme d'étendard japonais » de la vedette de cinéma Zhao Wei.

Alors qu'elle faisait de la publicité pour telle maison de confection, il se trouva que sur le vêtement qu'elle présentait était imprimé un dessin qui ressemblait à l'étendard de l'armée japonaise. Repéré par un internaute et diffusé sur la Toile, le dessin déchaîna aussitôt un enthousiasme patriotique dans toute la société et les condamnations et les insultes se mirent à pleuvoir de toutes parts. Il s'agissait non seulement d'injures patriotiques, mais il y eut aussi des critiques et des condamnations émanant de soi-disant spécialistes des milieux académiques qui s'allièrent pour exercer une violence morale contre Zhao Wei. Face à cette énorme pression de la société, Zhao Wei n'eut d'autre ressource que de présenter des excuses. Mais cet « incident du vêtement aux couleurs de l'armée japonaise » qui eut lieu en 2001 n'est toujours pas clos, et en 2004 c'était encore un des sujets brûlants qui enflammaient Internet, avec un taux de clics très élevé, le nombre de visites du site concerné dépassant quarante mille.

Dans le climat de tolérance des autorités à l'égard du patriotisme, qu'elles utilisent pour atténuer la crise de légitimité morale, et grâce aux encouragements chaque fois plus grands donnés au public par le « courant de pensée nationaliste », les internautes désireux d'attaquer quelqu'un, dès qu'ils brandissent l'arme tranchante du patriotisme, peuvent agir à leur guise. À l'occasion de l'attaque sur Internet contre Zhao Wei, qui dure jusqu'à ce jour, à côté des dénonciations et des insultes, outre l'exigence d'excuses et de suppression de son émission, certaines personnes allèrent jusqu'à la violence obscène. Par exemple, dans la « Tribune de l'État fort », contrôlée par *Le Quotidien du peuple*, plusieurs internautes consacrèrent beaucoup de temps à discuter de la manière d'humilier physiquement Zhao Wei : en commençant par lui trancher les seins ou bien d'abord le nez ou encore les oreilles — afin de la punir de sa conduite traîtresse de fille à soldats. Sur les forums de divers sites tels que « Nouvelle vague » (*Xinlang*), « Le livre des mutations de la Toile » (*Wang Yi*[1]), « La chasse au renard » (*Sohu*), quelques individus étudiaient la question de savoir par quel animal mâle faire violer Zhao Wei pour assouvir enfin leur désir.

Zhao Wei, dans un but strictement commercial, avait porté un vêtement décoré d'un dessin représentant l'étendard de l'armée japonaise. Aux yeux des internautes patriotes, on pouvait en déduire ce qui suit : sa publicité pour un vêtement manifestait un soutien au militarisme japonais, et soutenir le militarisme japonais, c'est trahir la patrie. Pour une vedette comme Zhao Wei, cette trahison faisait d'elle une « poule à soldats » ou une « femme de réconfort » de l'armée impériale japonaise ; avec ce genre de pute à soldat ou de femme de réconfort éhontée, ce que la petite armée impériale japonaise

---

[1]   Allusion au *Zhou Yi* (*Le Livre des mutations des Zhou*), un des grands classiques de l'Antiquité.

a osé faire, nous autres, patriotes, pourquoi ne pourrions-nous pas le lui faire aussi ? Pour parler vulgairement, c'est ce qu'on appelle « niquer les ancêtres sur huit générations ! ». Les insultes adressées à une « traîtresse » ou à une « vendue à l'étranger » se transformèrent en obscénités verbales contre cette femme célèbre. Le déversement de haine se mua en une frénésie d'obscénité langagière et la discrimination patriotique devint violence sexiste.

Les patriotes croyant appartenir à une catégorie élevée sur le plan moral et l'anonymat d'Internet étant un outil technique de haut niveau, l'association parfaite des deux leur permet d'agir sans le moindre scrupule, forts de leur prétendu bon droit, et sans avoir, par ailleurs, à assumer la moindre responsabilité ni à se poser de problème de conscience. De ce fait, le patriotisme est devenu une protection légale pour les voyous de la Toile. La violence verbale qu'ils utilisent contre une actrice de cinéma jouit d'une double légitimité : se montrer sévère et se montrer juste. Elle répond au besoin de déverser une haine nationaliste, mais fournit surtout un exutoire à l'obscénité qui peuple leurs fantasmes, et satisfait leur désir de s'en prendre à une femme célèbre. Comparé à l'exhibitionnisme des belles écrivaines, cet autre type de frénésie charnelle, déversée au nom du patriotisme et enrobée de patriotisme, s'avère plus éhontée, plus vulgaire et plus brutale encore.

Dans la Chine actuelle, le patriotisme est devenu, dans une certaine mesure, la source morale légitime à laquelle puisent les voyous de l'esprit pour se livrer à un massacre verbal et à la profanation de la dignité. En brandissant le drapeau du patriotisme, ils déversent de manière anonyme un flot d'attaques personnelles, de propos humiliants, de désir bestial et d'accusations morales tout à fait barbares. Le patriotisme n'est pas seulement le dernier refuge des canailles politiques, il est devenu le grand bâton que manient les canailles morales.

Ce nationalisme, qui inverse le vrai et le faux, mélange le bon et le mauvais, a poussé à un point extrême le patriotisme dévoyé qui veut qu'on « préfère être esclave de ses compatriotes qu'humilié par des étrangers[1] ». Ainsi, dans la série télévisée *Parfum de fleurs de sophora en mai*, les relations entre plusieurs hommes (chinois) importants sont tissées de dureté, de tromperie, de manigances, de cruauté, de coups montés, qui atteignent un degré de bassesse pire que les relations où « l'homme est un loup pour l'homme ». Or, quelle que soit la gravité des fautes que ces gens commettent les uns envers les autres, le réalisateur s'acharne à faire en sorte que les personnages aient des sentiments patriotiques : quand des Chinois trompent des Chinois, c'est une perversion de la morale, mais si des Chinois trompent des étrangers, c'est une marque d'intégrité nationale. Un antiquaire qui avait complètement ruiné d'autres personnes réussit à avoir une conduite correcte sur le plan du devoir national dans une affaire d'évasion de trésors. Même chose pour Mao Zedong qui n'a absolument pas traité les Chinois comme des êtres humains et qui, jusqu'à aujourd'hui, continue d'être honoré du titre d'étoile salvatrice de la nation grâce à qui « le peuple chinois s'est levé ».

---

[1]   L'auteur détourne une citation célèbre attribuée à l'impératrice Cixi, proférant : « Mieux vaut s'entendre avec l'étranger que se retrouver esclave chez soi. »

C'est l'exemple même du cas où « un talent éminent masque cent vilenies ».

Les restrictions du régime
et le jugement de la société
à l'égard de la frénésie de la chair

Des romans de fiction aux journaux intimes réalistes en passant par le langage des images, l'étalage de la pornographie est de plus en plus osé et visible. Recourant à un Internet qui ne connaît pas de limites, elle est aussi de plus en plus publique et répandue. Sur les quatre-vingts millions d'internautes[1], la très grande majorité va sur la Toile pour se distraire. Les canaux de la haute technologie ont permis à l'excitation des sens d'atteindre le degré le plus élevé de la massification, pour aboutir à une frénésie sexuelle et à un paroxysme de la lubricité mentale qui, sous cet angle, fait ressortir l'absence d'âme de nos concitoyens.

Est-ce la faute de la mondialisation
et de la marchandisation ?

Selon un point de vue extrêmement à la mode, la cause principale de la corruption de la nature humaine dans la Chine actuelle serait la marchandisation et la mondialisation.

---

1   Il faut aujourd'hui multiplier ce chiffre par cinq.

Il est indéniable que l'exploitation totale comme valeur commerciale du corps de la femme nous est venue d'Occident. L'autopromotion de la femme qui se dénude pour attirer le regard, les femmes qui osent jouer dans des « shows de nus vrais » sont aussi des informations divertissantes qui font grand bruit, telle la descente dans la rue de la chanteuse Madonna ou la campagne électorale faite nue par la Cicciolina. Les belles écrivaines chinoises ont peut-être été influencées par ces événements. À l'époque de marchandisation où la célébrité équivaut à la richesse, les écrits pornographiques ne sont pas non plus de simples défoulements sexuels, fantasmes sexuels et jouissances sexuelles. Ils restent une tactique fort utile pour se faire connaître. En particulier dans une société machiste comme la Chine où domine le pouvoir de la politique, le raccourci par lequel une faible femme inconnue réussit à vaincre les hommes et leur société n'est sans doute possible qu'en mobilisant ses ressources sexuelles, en s'appuyant sur la vente de ses charme pour obtenir richesse, position sociale et attention du public. Le raccourci pris par les maîtresses les conduit à vendre leur corps aux puissants, à tout faire pour parvenir à négocier leurs charmes contre des positions officielles et de l'argent. Celui des belles écrivaines consiste à vendre au public leurs écrits érotiques, à enfreindre les normes de la morale publique et à utiliser leur nudité pour se promouvoir.

Toutefois, à mon avis, cette démonstration des liens de cause à effet entre la marchandisation, la mondialisation et la perte de toute conscience morale n'est en réalité qu'un faux-fuyant qui élude l'essentiel. La nouvelle gauche qui fait porter la faute de la bipolarisation et des dérèglements de la corruption qui frappent la Chine sur la marchandisation et la mondialisation se trompe. Car cette analyse absout le régime même de la Chine, réalité à l'évidence inhumaine et amorale. Or en Chine, l'impudence la plus grave et la plus destructrice de toutes, c'est l'impudence politique.

De l'impudence politique à l'impudence des conduites sexuelles

La complication de la question chinoise réside dans l'inversion totale de la propagande et de la réalité.

En paroles, l'administration officielle continue de s'afficher sous les traits de l'homme de bien qui « résiste à la corrosion et n'est jamais contaminé[1] ». La morale dominante de la culture traditionnelle continue elle aussi de jouer les saintes-nitouches. Malgré les beaux discours du Parti sur la lutte anticorruption, interdisant aux puissants de prendre maîtresse, la plupart des hauts dirigeants, érigés en vedettes de l'anticorruption pour la galerie, ne résistent pas à la tentation de la débauche dans leur vie privée. En conséquence, les nouvelles directives du Parti insistent particulièrement sur l'interdiction formelle pour ses cadres et ceux de l'État de « prendre une concubine », de « traîner avec des entraîneuses » et de « rechercher l'aventure amoureuse ». Le pouvoir politique qui prétend représenter la culture avancée doit lui aussi

---

[1] Paroles de la chanson à la gloire de la « Bonne 8ᵉ compagnie » de l'APL (Armée populaire de libération), chargée en 1949 de faire régner l'ordre dans la rue de Nankin, à Shanghai, et qui sut résister aux tentations de la grande ville.

combattre la fréquentation des prostituées et la licence sexuelle, et les concours de strip-tease littéraires ne sont pas autorisés aux membres de l'administration. L'étalage de la nudité de femmes chinoises n'ose pas encore être joué « en vrai » et doit s'arrêter au niveau de l'écriture et de la photographie. Mais dans la réalité, les Chinois n'ont jamais respecté la morale ; pour la révolution, pour le pouvoir, pour la patrie, pour la renommée et le profit... ils sont prêts à faire feu de tout bois et, en matière d'érotisme, c'est la même chose. Les organes gouvernementaux chargés de la lutte contre la pornographie peuvent gérer eux-mêmes des cabarets, les gardiens de l'ordre peuvent aussi couvrir la prostitution clandestine, et les fonctionnaires, qui le jour combattent la corruption à grands cris, la nuit se glissent sous la couette de leur « deuxième bureau ».

En réalité, la période de Mao Zedong, qui fut honorée par la gauche comme celle de la probité des mœurs, fut justement celle où le sens moral minimal fut mis en pièces de manière démente. Si l'on veut parler du « manque d'âme » de la société chinoise actuelle, on doit absolument remonter à la période de Mao. C'est dès la Révolution culturelle que l'âme de nos concitoyens a disparu, car, ayant « offert leur cœur rouge » au président Mao, à quoi leur aurait servi leur âme ? À l'époque de Mao, quiconque avait une âme était un « contre-révolutionnaire ». Les luttes féroces auxquelles s'adonnait le pouvoir totalitaire obligeaient les gens à vendre leur âme : les époux se brouillaient, le père et le fils se vouaient une haine farouche, les meilleurs amis se trahissaient, on enfonçait ceux qui étaient tombés, on pensait blanc mais on disait noir. Au cours des mouvements politiques incessants, les conduites infâmes qui faisaient fi de toute morale avaient depuis longtemps entraîné une décomposition des principes de base de la vie sociale. Depuis qu'ont commencé la « réforme et l'ouverture », avec le mouvement d'allégeance au régime où tout le monde vécut des moments difficiles, après le grand massacre du 4 Juin[1] et la dénonciation impitoyable lancée dans tout le pays pour écraser le Falungong[2], le Parti a continué à chaque occasion à obliger la société entière à trahir ouvertement tout sens moral. Dans ce sens, la Chine est devenue une nation où l'on ment à sa conscience. Comment pourrait-elle bâtir une moralité saine ?

Quoi qu'il en soit, depuis le début de la réforme, la Chine est devenue une société où il n'existe plus d'autre intérêt que le profit. L'individu demeure quantité négligeable. L'entrepreneur privé qui ne compte que sur ses capacités individuelles, si remarquable, si intelligent soit-il, même s'il n'est pas regardant sur les moyens, ne pourra pas dépasser l'entrepreneur privé qui recourt à la flatterie à l'égard du système de pouvoir du Parti. Les belles écrivaines qui n'ont pas le soutien du pouvoir ni les avantages sociaux retirés de la vente de leur intimité ou de leurs écrits érotiques devront toujours payer à titre individuel le prix de leur transgression de l'ordre établi. Par exemple, sous la double pression de la censure officielle et de la tyrannie de la morale, Mu Zimei n'a absolument pas pu être tolérée par la « justice » de cette société, et la période pen-

---

1   Le massacre de la place Tian'anmen du 4 juin 1989.
2   Mouvement religieux durement persécuté depuis la fin des années 1990.

dant laquelle elle est devenue la plus célèbre « belle écrivaine » de Chine a été aussi brève que le passage d'un nuage. Sa vie actuelle n'est plus que ruine. Tout comme l'écrivaine rapatriée Hong Ying[1], dont le roman, *K*, fut censuré pour « descriptions obscènes ». Le plus ridicule, c'est que l'ordre de censure n'émanait pas des services de contrôle idéologique mais du tribunal populaire de moyenne instance de la municipalité de Changchun, dans la province du Jilin.

Dans la Chine dictatoriale, mensongère et machiste, le capital des belles écrivaines qui courent après la renommée et le profit, ce sont leurs écrits érotiques personnalisés. En fin de compte, c'est encore l'étalage osé de la personnalité véritable et de la liberté individuelle qui manifeste le plus de nuances hors système et certaines qualités de franchise. C'est-à-dire que, par rapport à l'impudence systématique et à l'absence de scrupules qui règnent en Chine, la stratégie de quête de la célébrité individualisée des belles écrivaines est de loin beaucoup plus honnête et propre que celle des femmes célèbres qui comptent sur la puissance publique pour se faire un nom et en tirer des profits. Les femmes célèbres qui gèrent les ressources du système et marchent dans les pas des puissants non seulement ont l'air sérieux, mais elles obtiennent le plus grand succès mondain. Aussi, les écrits érotiques des belles écrivaines sont-ils voués à être difficilement tolérés par ce régime. Les belles écrivaines, de Weihui à Mu Zimei, tout en recueillant un immense succès dans l'opinion, ont une noto-

---

[1] Née en 1962, auteur de *K : l'art d'aimer*, publié à Taïwan en 1999 ; paru en français sous le titre *Le Livre des secrets de l'alcôve*, traduction de Hong Ying et Véronique Jacquet-Woillez, Le Seuil, 2003.

riété individuelle qui transgresse la double « norme » de cette société. Elles transgressent l'idéologie légitime de l'État et sont donc censurées par les maisons d'édition et la presse officielles, elles offensent la morale sexuelle traditionnellement admise et sont soumises aux calomnies des condamnations morales. La censure officielle, c'est la « tyrannie du pouvoir », les condamnations morales, c'est la « tyrannie de la majorité ».

Il en va autrement des femmes célèbres comme la richarde présentatrice de télévision Yang Lan. Après que le scandale des faux diplômes de son mari eut éclaté, non seulement elle ne présenta aucune excuse mais, loin de se taire, elle se mit en avant à la place de son mari pour étouffer l'affaire, en tentant par tous les moyens de faire censurer les médias chinois et étrangers qui s'en faisaient l'écho et en utilisant les procédés politiques d'intimidation les plus malpropres contre les gens qui l'avaient révélée. Or sous ce régime qui encourage l'immoralité et qui réprime les gens vertueux, Yang Lan, qui avait renoncé à toute sincérité et à toute bonne foi, put, comme par le passé, jouir du reste de prestige d'ancienne présentatrice de télévision célèbre et d'« ambassadrice de l'image de la Chine comme candidate des jeux Olympiques », et continuer à rayonner de toute sa splendeur grâce à la double protection du système et de l'argent. Car, en Chine, comparée à l'« illégalité » politique et morale des belles écrivaines, la voie des puissants qu'emprunte avec brio Yang Lan possède une double « légalité ».

Le bénéfice des écrits pornographiques

Toutefois dans la Chine post-Mao, les belles écrivaines victimes de la censure du système ne sont pas totalement dépourvues de ressources. La caducité de l'idéologie officielle et les idées antagoniques de la population, l'expansion ultra-rapide des deux voies de développement, privé et étatique, du marché de l'édition ont entraîné une forte baisse de l'efficacité réelle du contrôle de l'opinion par le Parti. La censure officielle et les accusations morales ne réussissent pas à ternir complètement le renom des belles écrivaines ni à les priver entièrement des bénéfices de leurs écrits pornographiques.

Tout d'abord, sur le plan de la renommée et du profit, les belles écrivaines sont richement pourvues. Non seulement, l'esprit de révolte des lecteurs a créé un vaste marché pour les livres interdits mais, en dehors du réseau principal des librairies Chine nouvelle, existent deux canaux[1], beaucoup plus larges, de vente privée, que le pouvoir a beaucoup de mal à contrôler et qui fournissent un vaste réseau de points de vente pour les livres interdits. Par exemple, le *Journal sexuel*[2] de Mu Zimei, qui s'est diffusé encore plus largement parce qu'il avait été censuré par les autorités, s'était déjà vendu à de nombreux exemplaires avant que l'interdiction ne soit prononcée, le premier tirage atteignant cent mille exemplaires.

---

1   Les « deux canaux » désignent les deux réseaux de librairies privées, collectives et individuelles.
2   Voir *supra*, page 56, note 1.

Après que le livre eut été saisi, on se l'arracha encore plus et le tirage des éditions pirates fut équivalent à plusieurs fois celui de l'édition régulière, atteignant au moins plusieurs centaines de milliers d'exemplaires, et on le trouvait dans la grande majorité des librairies et des bouquinistes. Le prix des éditions pirates est en général beaucoup plus faible que celui des éditions normales, mais le prix des éditions pirates du *Journal sexuel* a dépassé celui de l'édition normale. Alors que l'édition normale coûte seulement 20 yuans, les éditions pirates valent entre 22 et 25 yuans. (Voir l'article du *Xiandai kuaibao* [« *L'express moderne* »] du 8 décembre 2003 : « L'interdiction de vente du *Journal sexuel* provoque l'augmentation du prix de l'édition pirate que tout le monde s'arrache, lequel dépasse celui de l'édition normale. »)

Simultanément, le marché international créé par la politique d'ouverture de la Chine et l'intervention sur ce grand arrière-plan mondialisé ont offert un nouveau marché aux « rebelles » et aux « livres interdits » de ce pays. Qu'il s'agisse d'opinions politiques différentes ou d'œuvres d'écrivains révoltés, tous les auteurs et ouvrages censurés par l'État chinois réussissent à des degrés divers à attirer l'attention des Occidentaux. Par exemple, parmi les belles écrivaines, Weihui, qui fut la première censurée, fut aussi la plus chanceuse. L'interdiction par les organismes responsables de la presse et de l'édition de Chine lui servit de publicité pour se lancer dans le monde. L'ouvrage qui l'avait rendue célèbre, *Shanghai Baby*, non seulement eut un grand succès en Chine, mais pénétra très rapidement le marché de l'édition en Occident. Bien qu'on ne puisse pas vraiment parler de « mascotte jaune » dans la « civilisation bleue[1] », cela lui assura au moins les revenus de ses droits d'auteur. La renommée des belles écrivaines n'est pas entièrement négative. Certains critiques littéraires, un grand nombre de jeunes internautes et des spécialistes de la question sexuelle à orientation féministe aiment beaucoup susciter de larges polémiques à propos de Mu Zimei. Sa manière osée de s'afficher n'est pas seulement l'étalage de la vie sexuelle dont elle aime jouir. Elle a aussi pour effet de subvertir la place dominante qu'occupe le pouvoir mâle en matière de sexualité, marquant une véritable indépendance vis-à-vis des hommes. Au fond, peu importe de savoir si Mu Zimei a conscience ou non de ses actions car, objectivement, ses actions par elles-mêmes ont créé un choc contre l'ordre traditionnel dominé par le pouvoir masculin.

Conclusion

Dans le passage d'une époque révolutionnaire entièrement axée sur le pouvoir à une époque entièrement axée sur l'argent, l'abandon humain des principes moraux présente une unité interne. Depuis que la société totalitaire est devenue une société post-totalitaire où l'économie a la priorité et où la stabilité passe en premier, l'indécence politique extrême s'est directement transformée en une indécence morale ouverte dans tous les domaines. Les fonctionnaires n'attachent plus d'importance à la morale politique, les gens d'affaires

---

[1] Raccourci humoristique désignant la civilisation occidentale, celle des gens aux yeux bleus.

n'attachent plus d'importance à la réputation commerciale, les intellectuels n'attachent plus d'importance aux règles académiques, la société tout entière n'attache plus d'importance à la bonne foi, et la contrefaçon et la mauvaise qualité ont envahi le pays. Le recours à des mesures puissantes contre la contrefaçon — mesures politiques — est justement le domaine où le pouvoir ne veut pas intervenir. Autrement dit, l'héritage spirituel laissé par la ruine morale inhumaine créée à l'époque de Mao, c'est bel et bien la généralisation et l'affichage d'un état d'« absence d'âme ».

Dans la situation qui affecte le pays, le relâchement des mœurs et le thème récurrent de l'aisance sous la dictature se complètent parfaitement. Après les énormes dommages subis par nos concitoyens sur le plan humain sous l'effet des mouvements politiques répétés imposés par le pouvoir totalitaire, les notions de liberté sexuelle de la société occidentale qui ont pénétré cette société dictatoriale non seulement n'ont pas contribué à une libération des mœurs ni à une affirmation de la personnalité, mais risquent au contraire de se mélanger aux diverses traditions sexuelles de l'époque impériale telles que la polygamie. Les quartiers réservés, l'art de la chambre à coucher et la liberté sexuelle risquent de devenir la revanche perverse du refoulement d'antan, qui se manifeste sous la forme d'un déferlement sexuel vulgaire, tronqué et sale.

Écrit à mon domicile de Pékin, le 13 juin 2004.

Publié sur le site *Boxun*.

Traduit par Hervé Denès

Pa Kin est un drapeau blanc en berne

Le 17 octobre 2005, Pa Kin[1], ce vieillard âgé de cent un ans, qui a connu des succès littéraires et qui n'a pas perdu sa bonne conscience, a fini par quitter le monde, emportant avec lui sa volonté affichée de « dire la vérité », qu'il n'a jamais pu complètement honorer, ce malaise de conscience dont il n'a jamais pu totalement se libérer, ainsi que son pro-

---

[1]   Pa Kin, de son vrai nom Li Feigan, né en 1904 à Chengdu (Sichuan), dans une riche famille mandarinale, est mort en octobre 2005 à Shanghai. En 1914 il perd sa mère, puis son père trois ans plus tard. Très tôt, il découvre l'anarchisme en lisant *L'Appel de la jeunesse* de Kropotkine et *Le Grand Soir* de Léopold Kampf et, dès 1924, il se montre actif dans les mouvements syndicaux. Beaucoup voient d'ailleurs dans son pseudonyme la réunion de la première syllabe de Bakounine et de la dernière de Kropotkine, ce que Pa Kin a toujours démenti. Entre 1927 et 1928, il étudie en France tout en s'activant pour sauver Sacco et Vanzetti de la chaise électrique ; très admirateur de l'idéal humaniste de Rousseau ou de Hugo, il commence à écrire, s'inspirant des grands auteurs russes. Après la fondation de la République populaire en 1949, Pa Kin, comme certains écrivains, notamment Lao She, choisit de répondre à l'invitation du gouvernement et de composer avec le Parti communiste ; Shen Congwen, quant à lui, préfère abandonner l'écriture ; d'autres, à l'instar de Guo Moruo ou de Mao Dun, se mettent avec une conviction absolue au service du régime entre 1949 et 1966. *Famille* (Flammarion, 1979) est le roman le plus célèbre de Pa Kin. *[Les notes sont de la traductrice.]*

jet d'«édifier un musée de la Révolution culturelle[1]» qu'il n'a
jamais réalisé.

Le 24 octobre dans l'après-midi, lors de la cérémonie
d'adieu à la dépouille de Pa Kin, qui avait lieu dans le salon
mortuaire Longhua à Shanghai, Hu Jintao[2] et des dignitaires
du Parti communiste chinois sont venus déposer des gerbes
de fleurs et Jia Qinglin[3], le président de la Conférence consultative politique, ainsi que d'autres dirigeants sont venus
lui présenter leurs condoléances. Et les louanges publiées par
les personnalités marquantes du milieu littéraire ont inondé
tous les médias officiels chinois.

Dans le contexte spécifique de la Chine, les jugements
sans sévérité excessive, sans stigmatisation et sans louange
indue, sont les seules marques de respect que l'on doit témoi-
gner à l'égard de Pa Kin, ce vieillard qui a traversé le siècle. Il
est juste que ceux qui ont aimé ses œuvres honorent sa
mémoire ; il est encore plus juste que ceux qui ont apprécié
son appel à « dire la vérité », son idée de « repentir » et son
projet « Pour l'édification d'un musée de la Révolution cultu-

---

1   Pa Kin voulait créer un musée de la Révolution culturelle qui conserve-
    rait la mémoire de cette période douloureuse de l'histoire chinoise pour
    ne pas oublier et témoigner tout en dénonçant l'horreur de ces « dix
    années de grandes catastrophes ». L'édification de cette institution, qu'il
    considérait comme un acte incontournable pour que l'histoire ne se répète
    pas, n'a jamais vu le jour, même si Pa Kin a écrit en 1986 : « La construction de
    ce musée de la "Révolution culturelle" répond à une absolue nécessité. Seuls
    ceux qui n'oublieront pas le "passé" se rendront maîtres de l'"avenir" » (*Pour
    un musée de la Révolution culturelle*, traduit par Angel Pino, Bleu de Chine,
    p. 118).

2   Voir *infra*, page 235, note 2.

3   Jia Qinglin, président de la Conférence consultative du peuple chinois, fait
    partie des neuf membres du Comité permanent du bureau politique.

relle » accomplissent par des actes ses dernières volontés. On peut également montrer une compréhension empathique à l'égard de la lâcheté et de l'aveuglement passés de Pa Kin. Car dans un régime despotique comme celui de la Chine, sans parler d'une sainte comme Lin Zhao[1], il faut manifester une personnalité exceptionnelle ne fût-ce que pour adopter un comportement inflexible à l'instar de Ma Yinchu[2], mandarin distingué. Si avec une sévérité excessive on risque de briser quelqu'un, trop d'exagérations dans les compliments peuvent tout autant le perdre.

L'orchestration officielle pour honorer la mémoire de Pa Kin est un show du Front uni du Parti communiste chinois destiné à montrer sa sollicitude envers les grands hommes de lettres. Le Parti communiste a octroyé à Pa Kin le titre glorieux d'« écrivain du peuple » et de « grand artisan de la littérature », et l'agence Chine nouvelle a publié un rapport intitulé « Incinération à Shanghai du camarade Pa Kin... Jia Qinglin et d'autres hauts dirigeants sont venus saluer sa dépouille au funérarium », un article de 1 121 caractères dont 222 seulement relatent les funérailles de Pa Kin. Pas un seul mot sur les persécutions qu'il a subies durant la Révolution culturelle, absolument rien non plus sur son appel à « dire la vérité », au « repentir » et sur son projet d'« édifier un musée de la Révolution culturelle ». En revanche 889 caractères expriment les témoignages de sollicitude des autorités du Parti communiste

[1]   Voir *infra*, « Le testament que Lin Zhao a écrit avec sa vie est la seule voix de liberté qui survit dans la Chine d'aujourd'hui », p. 295.
[2]   Ma Yinchu, universitaire, économiste et démographe, proposa en 1950 un planning familial pour contrôler la population, que Mao désapprouva.

dont 583 sont consacrés exclusivement à l'énumération des noms de chacun des cadres du Parti communiste à tous les échelons.

Quant aux témoignages du milieu littéraire pour honorer la mémoire de Pa Kin, tous ont plutôt le goût d'une « déification » sans réserve. Presque toutes les personnalités marquantes du monde littéraire qui ont participés à ces cérémonies ont glorifié avec des phrases ronflantes la volonté de « dire la vérité » et de « repentir » de Pa Kin, et certains hommes de lettres, à l'instar de l'écrivain Wang Meng[1], n'ont pas hésité à le flatter en le gratifiant d'« étendard » et de « conscience du siècle », mais presque aucun d'entre eux n'a consenti à mettre en pratique dans son propre comportement ce souhait de « dire la vérité » ou de « repentir » pour poursuivre l'œuvre inachevée de l'écrivain. Yu Qiuyu[2], par

---

1   Écrivain, né en 1934, Wang Meng adhère au Parti communiste chinois alors qu'il est encore collégien. Nourri des grands romanciers russes et soviétiques, il commence à écrire en 1953. En 1956, encouragé par la campagne des Cent Fleurs, il publie un court roman dans lequel il dénonce la bureaucratie naissante. Cela lui vaut d'être étiqueté « droitier » en 1957 et d'écoper de quatre années de rééducation par le travail dans une ferme de la banlieue de Pékin. En 1963, il choisit l'exil pour le Xinjiang, exil semi-volontaire mais bénéfique, évoqué dans les *Contes de l'Ouest lointain* et *Des yeux gris clairs*, récits traduits par Françoise Naour, Bleu de Chine, 2002. Réhabilité en 1979, Wang Meng retrouve Pékin et publie *Le Salut bolchevique*. Il est considéré comme « le pionnier de la littérature du courant de conscience ». Sur proposition de Hu Yaobang, il est nommé ministre de la Culture en 1986, puis écarté au lendemain des événements de Tian'anmen en 1989. Se consacrant désormais à l'écriture, Wang Meng aime jouer avec la langue et les mots, manier la métaphore et l'allusion, critiquant ainsi avec humour Deng Xiaoping dans une courte nouvelle intitulée « Dur, dur le brouet » (*Contes et libelles*, traduit par Françoise Naour, Gallimard, 2012, coll. « Folio »).

2   Yu Qiuyu, essayiste et critique dramatique, né en 1946 dans la province du

exemple, a parlé de cette volonté de « dire la vérité » comme étant les dernières recommandations les plus importantes du défunt, se voulant l'« adage moral du siècle » ; Shu Yi[1], quant à lui, a déclaré que *Les Récits au fil de la plume*[2] étaient un « monument ».

Toutefois durant la Révolution culturelle Yu Qiuyu s'est comporté d'une manière peu recommandable et Shu Yi a dénoncé publiquement son père, Lao She, pour sauver sa peau ; ni l'un ni l'autre n'en ont jamais exprimé le moindre regret, *a fortiori* un repentir, alors on peut se demander comment ils osent se réclamer de l'héritage de Pa Kin. Ces commémorations excessivement flagorneuses prouvent une fois encore la grande mascarade cynique de la part du petit monde littéraire.

Selon moi, si on la compare à la littérature contemporaine du reste du monde, la littérature chinoise contemporaine ne compte absolument aucun « géant littéraire ». Quant à parler de succès littéraire à propos de Pa Kin, on peut dire que c'est en effet un auteur qui a eu une certaine influence mais en aucun cas qu'il s'agit d'un géant littéraire. Des gens de ma génération, qui ont suivi à l'université les cours de lettres chinoises, ont tous étudié l'histoire de la littérature contem-

---

Zhejiang. Il est actuellement professeur à l'Académie de théâtre de Shanghai, où il réside.

1   Fils de Lao She, né en août 1935.

2   *Sui xianglu*, récits « Au fil de la plume », cent cinquante essais écrits entre 1978 et 1986, publiés d'abord à Hong Kong, en 1979, dans le supplément du *Dagong bao* (« *L'Impartial* »), puis à Pékin, en 1987, aux Éditions Sanlian en deux volumes. Ces textes qui réunissent des souvenirs de Pa Kin ont été partiellement traduits et publiés sous le titre *Pour un musée de la Révolution culturelle*, traduit par Angel Pinot, Bleu de Chine, 1996.

poraine depuis 1949 et connaissent parfaitement cette litanie sur ceux que l'on nomme les « six grands écrivains contemporains », à savoir Lu[1] (Xun), Guo[2] (Moruo), Mao[3] (Dun), Pa

---

1   Lu Xun, nom de plume de Zhou Shuren (1881-1936). Parti étudier au Japon en 1902, il abandonne la médecine pour se consacrer à la littérature. À son retour en Chine, en 1909, il enseigne et participe à la revue *Nouvelle Jeunesse* (*Xin qingnian*, avec un sous titre en français : *Jeunesse*) avant de devenir l'un des piliers du Mouvement du 4 mai 1919 et de la nouvelle littérature. En 1930, il est un des initiateurs de la Ligue des écrivains de gauche. « Polémiste virulent, glorifié après sa mort comme une icône du pouvoir maoïste, il est encore aujourd'hui considéré en Chine comme le plus grand écrivain du XXᵉ siècle » (*Errances* et *Cris*, traduits par Sebastian Veg, éditions rue d'Ulm). Lu Xun est l'auteur, entre autres, du *Journal d'un fou* (*Kuangren riji*) — une nouvelle écrite en langue vernaculaire (*baihua*) en mai 1918 et considérée comme le premier texte de la littérature chinoise moderne — et de *La Véridique Histoire d'Ah Q* (*A Q zhengzhuan*).

2   Guo Moruo : de son vrai nom Guo Kaizhen (1892-1978). Poète et écrivain originaire du Sichuan qui se lance avec la même fougue dans la poésie et dans la révolution. Après des études au Japon (1914-1923), il entre au Parti communiste en 1927 et devient membre de la Ligue des écrivains de gauche en 1930. Tout d'abord influencé par Byron et Goethe, dont il traduit *Les Souffrances du jeune Werther* en 1921, il l'est ensuite par les théories marxistes et s'engage au service des idées révolutionnaires. Après 1949, il joue un rôle politique important et rejoint dès avril 1966 la cause de la Révolution culturelle en rédigeant son autocritique. Président de l'Académie chinoise des sciences, il le restera jusqu'à sa mort en 1978. Il a publié entre 1928 et 1948 une série d'écrits autobiographiques, réunis en 1979 dans quatre volumes intitulés *Autobiographie de Guo Moruo*. Seul le premier chapitre a paru en français, sous le titre *Autobiographie : mes années d'enfance*, traduit par Pierre Ryckmans, Gallimard, 1970, coll. « Connaissance de l'Orient ».

3   Mao Dun, nom de plume de Shen Yanbing (1896-1981), écrivain et critique littéraire chinois. Cofondateur de la Société de recherches littéraires, il dirige le *Short Story Monthly* (*Xiaoshuo yuebao*). Après un séjour au Japon, il rentre en Chine en 1930 et participe, avec Lu Xun, à la création de la Ligue des écrivains de gauche. Après 1949, il occupe la fonction de ministre de la Culture jusqu'en 1965 avant de devenir président de l'Association des écrivains. Auteur entre autres de *L'Éclipse* (*Shi*, 1928, trilogie représentant le monde tourmenté des intellectuels qui se compose de *Désillusion* [*Huanmie*], *Hésitation* [*Dongyao*] et *Quête* [*Zhuiqiu*], traduite par Michelle Loi, Blandin Noël, 1992) ; *L'Arc-en-ciel* (*Hong*, 1929, traduit par B. Ruiz et J. Tardif, Acropole, 1981) ; *Minuit* (*Ziye*,

(Kin), Lao[1] (She) et Cao[2] (Yu). Ces six écrivains sont les seuls représentants de toute l'histoire de la littérature chinoise contemporaine, mais cette méthode d'évaluation des succès littéraires est purement politique, elle est le résultat de la tactique du front uni de l'historiographie, établie et approuvée par le Parti communiste.

En tant qu'écrivain, la plus grande faiblesse de Pa Kin reste son style qui ne fait preuve d'aucune originalité ; et l'on peut même affirmer qu'il a écrit quelques très mauvaises

---

1933) ; et d'une trilogie villageoise : Les Vers à soie du printemps (Chuncan), Récolte d'automne (Qiushou) et Cruel hiver (Candong), traduite en français aux éditions R. Laffont, 1972, coll. « Pavillon ». À la veille de sa mort, en 1981, après la rédaction de ses Mémoires (Huiyilu), il crée un prix portant son nom pour encourager la production romanesque.

1   Lao She, nom de plume de Shu Qingchun (1899-1966). D'origine mandchoue, né à Pékin, il est élevé par sa mère. Entre 1924 et 1929, il séjourne en Angleterre où il enseigne le chinois et commence à écrire des romans au ton satirique inspirés de Dickens. Puis il devient le romancier du petit peuple de Pékin. Après quatre années passées aux États-Unis, il revient en Chine en 1949. En 1966, il est retrouvé noyé dans un petit lac désormais asséché, qui se trouvait dans la partie ouest de Pékin ; les circonstances de sa mort restent aujourd'hui encore non élucidées. Auteur de nombreux romans, notamment Le Pousse-pousse, qui « marque véritablement un point d'orgue dans sa vie littéraire [...], car 1937 marque le début de l'engagement et, de ce fait, d'une écriture plus "idéologique" pour Lao She qui s'en était jusque-là bien gardé, et Le Pousse-pousse apparaît rétrospectivement comme la dernière œuvre de la période où Lao She se contentait d'être un humaniste » (Le Pousse-pousse, traduit par Anne Cheng et François Cheng, Picquier, 1998, Introduction, p. 7). Ses écrits se font ensuite plus proches du peuple et constituent une fresque de l'histoire de la Chine moderne, comme son grand roman Quatre générations sous un même toit et sa pièce de théâtre La Maison de thé (1957).

2   Cao Yu, nom de plume de Wan Jiabao (1910-1996), célèbre dramaturge, auteur prolifique. Il s'enthousiasme très jeune pour Shakespeare, Tchekhov et Ibsen et adapte des pièces occidentales en les transposant en milieu chinois. Orage, sa première pièce écrite en 1933, a été comparée à Phèdre de Racine. Ses pièces les plus connues sont L'Aurore, L'Homme de Pékin, Des jours glorieux et Plaine sauvage.

pièces. Pour ce qui est de ses écrits, sa contribution reste loin, très loin derrière celles de Lu Xun, de Shen Congwen[1], de Lao She ou de Cao Yu, par exemple, et même de Zhang Ailing[2] et de Xiao Hong[3]. Certes Pa Kin a écrit de nombreux romans, pourtant le seul qui soit à peu près passable est *Famille*[4], mais à

---

1   Shen Congwen (1902-1988), de son vrai nom Shen Yuehuan, est un écrivain majeur des années 1930. Cible, à partir de 1949, de violentes critiques, il tente de se donner la mort avant de renoncer définitivement à la littérature et de se consacrer à une carrière d'archéologue et d'historien d'art. La nature a été pour lui une source inépuisable d'inspiration, notamment la beauté de sa terre natale, le Hunan. Mais il a traité également de sujets profonds où l'introspection se mêle à l'observation. Voir *Le Petit Soldat du Hunan*, traduit par I. Rabut, Albin Michel, 1992; *L'Eau et les nuages*, traduit par I. Rabut, Bleu de Chine, 1996; *Pérégrination de Xiang*, traduit par G. Cabrero et M. Laureillard, Bleu de Chine-Gallimard, 2012.
2   Zhang Ailing (ou Eileen Chang) est née à Shanghai en 1920 et décédée en 1995 aux États-Unis où elle vivait depuis quarante ans. Après l'arrivée des communistes au pouvoir, elle décide dès 1952 de s'exiler, d'abord à Hong Kong où elle passe deux ans, puis aux États-Unis où elle poursuit une carrière d'universitaire et de romancière. Écrivain et auteur reconnue à Taïwan, elle est l'une des grandes figures féminines de la littérature chinoise moderne. Voir *La Cangue d'or* et *Rose rouge et rose blanche*, nouvelles traduites par E. Péchenart, Bleu de Chine, 1999 et 2001; *Lust caution, amour, luxe et trahison*, adaptation cinématographique d'une nouvelle éponyme écrite en 1968 et parue en français aux éditions R. Laffont, 2008, traduite par E. Péchenart.
3   Xiao Hong, nom de plume de Zhang Naiying, née en 1911 dans le Heilongjiang et décédée en 1942 à Hong Kong. En dépit d'une existence brève, cet auteur prolifique des années 1930 écrit beaucoup sur les femmes et leurs vies dans le Nord, notamment durant l'occupation japonaise. En 1937, elle collabore avec Hu Feng au mensuel *Juillet* (*Qi yue*). *Des âmes simples*, traduit par Anne Breuval, a paru en français en 1995 aux éditions Arléa, et *Contes de la rivière Hulan*, traduit par Simone Cros-Moréa, aux éditions You Feng en 2011.
4   *Famille* (*Jia*). Pa Kin a vingt-sept ans en 1931 lorsqu'il écrit ce roman, le premier d'une trilogie, suivi de *Printemps* et *Automne*. Ce roman social se situe dans la Chine des années 1920 et dépeint une grande famille au sein de laquelle les générations s'affrontent dans un monde clos, entre des parents despotes et des enfants rebelles. Issu lui-même d'une famille de mandarins aisés qu'il quitte à vingt ans, Pa Kin désapprouve ce système absurde des grandes familles traditionnelles et, pour le personnage de Gao Juexin, il s'ins-

cause de son influence sociale uniquement, et non pour son originalité littéraire. Tous les autres romans de Pa Kin sont lents, pesants, maniérés, reflétant son manque de retenue, écrits dans une langue dépourvue de sentiment esthétique, et je n'en ai jamais achevé la lecture lorsque j'étais à l'université.

Du point de vue biologique, Pa Kin est, parmi ces six écrivains modèles de l'historiographie littéraire contemporaine officielle, le seul qui ait eu cette longévité et le premier parmi les hommes de lettres chinois à atteindre l'âge canonique de cent ans. Toutefois, au regard de la vie d'écrivain et de la vie spirituelle, le plus chanceux d'entre eux fut Lu Xun qui mourut le plus jeune et qui finalement n'a pas eu le temps de devenir un légume littéraire sous la férule du Parti communiste. Mort en 1936, Lu Xun n'a pu ni s'enliser dans la boue de la rééducation idéologique coercitive, ni être contraint à s'humilier en rédigeant des autocritiques, et encore moins à être trimbalé le long des rues sous de violentes critiques[1], à croupir dans des « étables[2] », à être emprisonné, battu à mort ou bien contraint de se suicider sous le poids d'une humiliation insupportable. En d'autres termes, sa disparition prématurée a donné à son esprit l'immortalité. Qu'il ait été désigné officiellement par Mao le « porte-drapeau » le plus inflexible et soit devenu un bâton avec lequel les bouffons se tapent les uns sur les autres, ce n'est pas sa faute, mais le forfait du totalitarisme.

---

pire de la vie de son frère aîné qui s'est suicidé en s'empoisonnant (Livre de poche, « Biblio », traduit par Li Tche-Houa et Jacqueline Alézaïs).

1   Inculper ou accuser publiquement.

2   Lieux dans lesquels étaient enfermés les cadres et les professeurs durant la Révolution culturelle entre 1966 et 1976. Il s'agissait souvent de réduits, placards à balais, petites caves, taudis ou cabanes qui faisaient office de cachots.

Qu'en est-il des cinq autres hommes de lettres? Guo Moruo, don Juan doué de talent littéraire, est celui qui s'est avili avec le plus d'impudeur. Mao Dun, ce petit-bourgeois gauchissant, s'est transformé habilement en poussah médiocre du monde littéraire, Cao Yu, homme de théâtre de talent, est devenu un homme apathique et complice, un courtisan au service du pouvoir, et Lao She, qui était le grand romancier de Pékin, fut tout d'abord présenté comme l'« écrivain du peuple », puis, pris en tenaille entre l'injustice du Parti et le manque de cœur de sa femme et de son fils, a fini en appât pour les poissons du lac Taiping. Pa Kin, qui a connu la durée de vie la plus longue et joui de tous les honneurs de la part du gouvernement, est devenu, entre tous les écrivains, un légume littéraire.

Lorsque M. Shen Congwen, homme sensible, a subi tant de persécutions au début des années 1950 et raté son suicide, son vieil ami Pa Kin n'a pas ouvert la bouche pour dire la vérité. Alors que M. Shen Congwen renonçait à la littérature et préférait le silence, Pa Kin chantait les louanges de cette ère nouvelle et s'acharnait sur Hu Feng[1] lors du mouvement de rectification de ce dernier. Et quand celui-ci fut condamné de manière tragique par l'« inquisition littéraire » de l'âge

---

1   Hu Feng (1904-1985), essayiste, poète et critique littéraire, disciple de Lu Xun. Figure importante du régime, il occupe diverses fonctions officielles entre 1949 et 1954, avant d'être la première et principale cible de la réforme de la pensée. Critiqué dès 1955 pour sa lettre adressée au Comité central en juillet 1954, dans laquelle il s'oppose à la mise au pas de la vie culturelle chinoise par le Parti et développe sa propre vision sur la politique littéraire et artistique, il est arrêté, condamné et emprisonné jusqu'en 1979. Plus de deux mille de ses « complices » sont également persécutés. Il ne sera réhabilité que trois ans après sa mort, en 1988.

moderne, Pa Kin a manifesté son indignation en proférant un
« J'accuse » contre la victime qu'il dénonce à la fois dans *Le
Quotidien du peuple* et dans le *Wenhui bao*[1]. Il est même allé
jusqu'à critiquer le sourire de Hu Feng, l'accusant d'être
« méprisant », et à comparer des hommes tels que Hu Feng à
d'écœurantes pustules. Pa Kin a déclaré : « Il faut les traiter en
utilisant les mêmes méthodes qu'eux, à savoir : se montrer
sans merci et sans concession ; s'il s'agit de furoncles, il faut
les éliminer » (*cf.* « Leurs crimes doivent être sévèrement
punis », publié dans le *Wenhui bao* du 27 mai 1955). Durant le
mouvement contre les droitiers, encore plus important, beaucoup d'amis de Pa Kin, dont certains très proches, sont tombés
dans le malheur, mais lui, par chance, est passé au travers de
ce désastre et a redoublé d'ardeur dans sa démonstration de
dévotion à l'égard du Parti. En 1959, à l'occasion du dixième
anniversaire de l'avènement du Parti communiste chinois,
Pa Kin a publié successivement sept articles du genre « Nous
voulons le paradis sur terre », « Bienvenue aux lendemains
radieux ! » ou encore « La gloire suprême ».

Mais la loyauté de Pa Kin ne l'a pas mis pour autant à
l'abri de toutes les catastrophes et la Révolution culturelle,
qui a tout balayé, s'est également abattue sur lui et sa famille.
Tandis que M. Lao She, après avoir subi durant cette période
les pires humiliations, choisissait de se « retirer », pour la première fois depuis 1949 Pa Kin et sa famille connaissaient de
semblables attaques. Des gardes rouges escaladèrent le muret
de la maison de Pa Kin et s'introduisirent chez lui le sommant,

---

[1]   Journaux quotidiens de Shanghai et de Hong Kong.

lui et les siens, de se lever. La femme de Pa Kin, Xiao Shan[1], s'esquiva pour se rendre au commissariat en avertir la police, mais les policiers n'osèrent même pas intervenir. Pa Kin, ses deux jeunes sœurs et sa fille Li Xiaolin furent enfermés tous ensemble dans les cabinets. Puis Pa Kin fut conduit dans une « étable » et endura de violentes séances de critiques publiques avant d'être transféré à l'École des cadres du 7 mai[2] où il rédigea une autocritique diffamatoire dans laquelle il dénonçait et accusait ses collègues. Sa femme, Xiao Shan, mourut durant la Révolution culturelle, sans que Pa Kin ait pu lui faire ses adieux.

Certes, dans les années 1980 de la politique d'ouverture et de réforme[3], Pa Kin a rédigé ses *Récits au fil de la plume* dans lesquels il encourage l'« esprit de repentir » et à « dire la vérité », disséquant idéologiquement, avec rigueur, le processus qui l'a conduit à passer d'un « comportement humain à celui d'une bête ». Après la réhabilitation de Hu Feng, Pa Kin — hanté par sa bonne conscience — n'a jamais eu le courage de revoir son camarade même si, dans ces mêmes *Récits au fil de la plume*, il exprime tout son repentir

---

1   De son vrai nom Chen Yunzhen. Née en 1921 dans le Zhejiang, morte d'un cancer en 1972, traductrice de Tourgueniev et de Pouchkine. Elle épouse Pa Kin en 1944 et le couple donne naissance à deux enfants, un garçon et une fille. Cf. « À la mémoire de Xiao Shan », in Pa Kin, *Pour un musée de la Révolution culturelle, op. cit.*

2   Écoles des cadres du 7 mai, créées le 7 mai 1966 suite à une directive de Mao Zedong. Lieux de rééducation éloignés des grandes villes dans lesquels étaient envoyés les intellectuels et les cadres du Parti entre octobre 1968 et février 1979. Chacun était astreint à un travail manuel collectif et à l'étude de la pensée Mao Zedong dans le but de réformer sa pensée.

3   Politique de réforme et d'ouverture prônée par Deng Xiaoping.

à son égard ainsi qu'à l'égard d'autres victimes du même procès. Il lance alors un appel pour l'édification « d'un musée de la Révolution culturelle » afin de tirer une leçon de l'histoire et d'éviter que certaines tragédies ne se répètent. Dans un contexte où les écrivains passaient le plus clair de leur temps à se lamenter de concert sur leur malheur personnel, ce « repentir » de Pa Kin apparaît vraiment comme une résurgence extrêmement rare de sa bonne conscience et, pour la première fois, laisse entrevoir un vague soupçon de celui qu'il fut avant 1949. Mais il faut bien être conscient que le « dire la vérité » et le « repentir » de Pa Kin ont des limites, celles précisément fixées par les autorités du Parti communiste chinois. Par exemple, il ne s'exprime en « disant la vérité », comme il le revendique, que dans le contexte des dix années de Révolution culturelle, des « dix années de désastres » pour reprendre la terminologie officielle du Parti communiste. *Idem* : ce n'est qu'après la réhabilitation de Hu Feng et d'autres intellectuels qu'il manifeste son sentiment de repentir. En revanche, dans les années 1980, lors des campagnes de purge idéologique qui critiquaient le roman *Amour amer*[1], qui prônaient l'« élimination de la pollution

---

1 *Amour amer* (*Kulian*, 1979) de Bai Hua, pseudonyme de Chen Youhua, poète et romancier né en 1930. Ancien droitier condamné en 1958, il réside aujourd'hui à Shanghai où il se consacre à l'écriture. En 1981, il est de nouveau la cible d'une violente campagne de critique consécutive à la parution, en 1979, de sa pièce de théâtre *Amour amer*, dont l'adaptation cinématographique, sortie sous le titre *Le Soleil et l'homme* (*Taiyang he ren*), est jugée réactionnaire. On lui reproche un récit trop réaliste de l'histoire chinoise récente au travers de la vie du héros, un peintre chinois, qui, par patriotisme, rentre en Chine en 1949 et meurt des persécutions subies durant la Révolution culturelle. « La courbe tourmentée de la vie de ce peintre épouse de bout en

spirituelles[1] » et qui visaient l'« antilibéralisation », il n'a
jamais pris la parole pour dire un mot de vérité. Lors du massacre de Tian'anmen, le 4 juin 1989, et durant les années de
mutisme généralisé de la décennie 1990, alors que c'était une
période où le besoin de dire la vérité était crucial, le moment
où Pa Kin, en tant que personnalité importante, aurait dû
prendre la parole et dire la vérité, celui-ci a préféré s'en tenir
au proverbe « le silence est d'or »! Il n'est pas étonnant que
le célèbre universitaire Zhu Xueqin[2] l'ait ainsi publiquement
interpellé : « Il [Pa Kin] a dit tout au long de ces dix dernières
années qu'il ne vivait plus que pour ces trois mots : dire la
vérité. Mais les mensonges à dénoncer durant ces dix années
étaient beaucoup trop nombreux, alors, vieillard, vous auriez
pu vous contenter de dire juste quelques mots! Inutile de
vous répandre en paroles, une seule phrase aurait suffi. Que
risquiez-vous en prononçant une seule phrase ? »

---

bout celle de la vie d'un grand nombre d'intellectuels chinois. [...] Très vite, il
tombe dans les pièges que lui tendent les animateurs des campagnes d'"assainissement" politique et idéologique orchestrées par le Parti. Il se voit accusé,
comme des milliers d'autres patriotes sincères, de donner dans le "droitisme",
d'être un contre-révolutionnaire. [...] Le doute, alors, l'envahit, qui le rend à
moitié fou, celui qu'une voix de plus en plus insistante lui met au cœur en lui
criant : "Tu aimes ta patrie, mais ta patrie t'aime-t-elle ?" » (Cheng Yingxiang,
Dégel de l'intelligence, 1976-1989, Gallimard, 2004, « Témoins », p. 118).

1   « Mouvement d'élimination de la pollution spirituelle », ou « contre la pollution spirituelle ». Campagne lancée fin 1983 contre la libéralisation et l'émancipation de la pensée ainsi contre que l'introduction d'idées nouvelles. Ce
mouvement s'achève en 1984 sur ordre de Deng Xiaoping qui y met fin lui-
même. Une seconde campagne est lancée en 1987, suite aux manifestations
étudiantes de décembre 1986, pour une mise au pas de l'intelligentsia, dont le
slogan est « Luttons contre le libéralisme bourgeois ».

2   Figure libérale des années 1980, professeur d'histoire à l'université de
Shanghai.

En d'autres termes, durant la seconde moitié de sa vie Pa Kin s'est montré plus lâche que probe et sincère, et a prononcé davantage de mensonges que de paroles vraies. Avant 1949, Pa Kin, cet écrivain indépendant qui avait lancé ce cri « J'accuse », était le porte-parole d'une jeunesse déprimée. Mais, après 1949, l'écrivain indépendant Pa Kin est mort, il n'est resté de lui qu'un homme au service du pouvoir, une potiche politique.

Depuis 1999 jusqu'à sa mort, Pa Kin, considéré comme l'une des dernières figures du monde littéraire, végétait dans une chambre bien gardée d'un hôpital shanghaien de renom, et qui voulait lui rendre visite devait demander une autorisation préalable. Ce n'est qu'à sa mort que l'on a appris que Pa Kin occupait une chambre dans le bâtiment numéro 1 du prestigieux hôpital Huadong, et que tout le bâtiment, tous les étages et tous les escaliers roulants étaient étroitement gardés et surveillés par la police. Cet « écrivain du peuple », incapable de prononcer un mot, incapable de reconnaître qui que ce soit, incapable de mettre un pied devant l'autre et de faire le moindre geste, qui ne parvenait plus à s'alimenter, ce vieillard incontinent n'était plus désormais qu'un légume, peut-être même insensible à toute douleur. Pourtant les médias déclaraient : Pa Kin a exprimé ses remerciements d'un sourire et d'un léger hochement de tête aux hautes autorités du Parti communiste venues lui présenter ses vœux pour son centième anniversaire. Il paraît que les frais quotidiens pour maintenir Pa Kin en vie s'élevaient à environ 30 000 yuans, mais, comparée à l'économie en plein essor de Shanghai, cette somme ne représentait certainement qu'une bagatelle. Pour

faire valoir sa volonté de représenter la « culture moderne »,
un régime totalitaire n'est certainement pas regardant sur la
question financière.

Des malades gouvernant le pays, voilà le spectacle
singulier qu'offre un régime totalitaire. Souvenons-nous
de la période où, Mao Zedong étant incapable de s'exprimer
clairement, il fallait lire sur ses lèvres pour déchiffrer ce
qu'il disait, mais son autorité était telle qu'un seul mot de lui
surpassait dix mille paroles de quiconque, disposant ainsi
en maître d'un pays de plusieurs centaines de millions
d'habitants. Or, Pa Kin, à la fin de sa vie, était dans un état
de déchéance bien pire encore que le vieux Mao des dernières années. Il paraît que, dans de rares instants de lucidité,
il aurait à plusieurs reprises demandé l'« euthanasie » qui,
à chaque fois, lui aurait été refusée. Ni le Parti, ni sa famille,
ni tous ceux qui aimaient le grand écrivain n'acceptèrent.
Pa Kin n'a pu se soustraire à la volonté de ceux qui lui
imposaient de rester, il lui a fallu se plier à l'idéal supérieur,
plus noble et plus impératif que ses propres souffrances, il
n'a eu d'autre choix que de montrer qu'il était prêt à « vivre
pour tous ».

Alors Pa Kin a survécu en tant que chef d'équipe honorifique de ces « grands courtisans » du monde littéraire, il a
été nommé président de l'Association des écrivains chinois
et vice-président de la Conférence consultative politique du
peuple chinois. Bon nombre des spectacles qui chantaient et
acclamaient les mérites et les vertus de l'écrivain avaient
encore besoin que sa réputation entre en scène. Par exemple,
chaque année, le jour de son anniversaire, Pa Kin, cette som-

mité du monde des lettres, recevait, sous l'œil attentif des siens et du personnel médical qui prenaient soin de lui, les prosternations hypocrites de ces acteurs du monde des lettres et des autorités politiques, ainsi que les vœux de longévité des écoliers et collégiens venus des quatre coins du pays. En 2003, le pays tout entier a célébré le centenaire de Pa Kin, il lui fut même décerné le titre honorifique d'« écrivain du peuple » et Wen Jiabao lui-même s'est rendu à son chevet pour le saluer.

En Chine, ce jeu de front uni entre les gouvernants et les hommes de lettres célèbres a toujours existé et remonte à une période antérieure au royaume de Qin, où tous les monarques entretenaient une énorme clientèle. Le Parti communiste chinois est le successeur novateur de cette tradition, qu'il manie avec dextérité mais sans le moindre état d'âme et sans merci (il y a une certaine similitude avec la politique de front uni de Staline à l'égard de Gorki), et qu'il sait adapter à ses besoins. S'il faut faire de l'effet, alors on considère untel ou unetelle comme un vase ancien d'une valeur inestimable que l'on place bien en vue pour attirer l'œil, mais, lorsqu'on n'en a plus l'usage, l'homme est rejeté dans un no man's land infâme comme de vulgaires moellons ou des débris de tuiles. Si le Parti communiste jugeait que Pa Kin pouvait lui être encore utile, alors ses proches avaient tout à cœur de le surveiller et de le bichonner avec le plus grand soin de peur qu'à la moindre inattention il ne tombe et se brise en mille morceaux... même si la valeur intrinsèque de ce vase ancien était morte depuis bien longtemps !

En 2002, lors des deux sessions du comité central du Parti communiste, bien que Pa Kin soit alité loin de la capitale dans une chambre d'hôpital à Shanghai, il fut nommé vice-président de la dixième Conférence consultative politique du peuple par les représentants de l'Assemblée populaire réunie à Pékin. À ce moment-là, les autorités du Parti communiste, en maintenant à tout prix les battements du cœur d'un Pa Kin qui n'était plus qu'un légume et en le consacrant autoritairement comme dirigeant d'État, continuaient de faire payer le prix moral d'un « cœur mort » à toute la Chine.

Le lendemain de la mort de Pa Kin, le *Jinlu wanbao* du 18 octobre déclarait : « Hier soir, à 19 heures passées, lorsque les journalistes ont appris la triste nouvelle de la mort de Pa Kin, ils se sont tous précipités à l'hôpital Huadong, mais l'hôpital était déjà sous haute surveillance, un véritable état de siège, et quand les journalistes arrivèrent quelques policiers armés étaient déjà sur place, en faction devant les deux entrées de l'hôpital, ne laissant passer que le flot ininterrompu des voitures officielles de la municipalité de Shanghai afin que les dirigeants présentent les uns après les autres leurs condoléances au vieux Pa Kin. Tandis que les journalistes se pressaient de plus en plus nombreux devant les portes, la police armée se montrait de plus en plus sévère. »

Le véritable état de siège que la police armée gouvernementale a instauré devant l'hôpital le soir de la mort de Pa Kin n'était destiné qu'à permettre aux officiels de se rendre devant la dépouille du vieil homme et à cantonner les journalistes et la foule à l'extérieur en leur interdisant l'entrée, ce qui est typiquement révélateur de la façon dont le Parti communiste chinois a traité Pa Kin durant les dernières années de sa vie. Pa Kin ne représente en rien la « conscience d'un siècle » de la Chine, il n'est rien d'autre que le miroir des intellectuels d'une Chine totalitaire, ses œuvres sont médiocres, le contraste est trop criant entre son tempérament lâche et sa grande renommée. C'est presque l'image commune à tous les intellectuels de renom de la Chine aujourd'hui. L'idolâtrie actuelle de Pa Kin par les milieux littéraires et les hauts cadres du Parti communiste s'inscrit dans la continuité de cette image. Après sa mort, les jugements portés sur Pa Kin, parlant de lui comme d'un « immense artisan », d'une « conscience » ou d'un « étendard », mettent clairement en évidence qu'il n'y a là aucun respect du monde intellectuel actuel pour le vieil homme, mais la simple manifestation de l'hypocrisie d'une époque de cynisme : la surveillance étroite et sévère du pouvoir politique, pleine de condescendance et de prévenance, toutes ces mesures auxquelles les autorités ont recours induisent une sorte de servilité mondaine sous le regard dominant du pouvoir ; l'exagération vulgaire et somptueuse, ainsi que l'hypocrisie et l'artifice des hymnes et des célébrations des hommes de lettres prolongent la honte exquise de ceux qui lèvent humblement leurs regards vers leur supérieurs.

En ce sens, si l'on veut vraiment parler d'un « drapeau » pour qualifier Pa Kin, il serait plus juste de parler d'un « drapeau blanc en berne » pour un écrivain qui a renoncé au monde intellectuel chinois indépendant en capitulant devant la force brutale de la dictature. Ce qui est tout à fait regrettable, c'est que les intellectuels chinois, malgré les trop nombreuses atrocités subies et les leçons qu'ils auraient pu en tirer, persistent à faire de ce drapeau blanc inerte un étendard claquant au vent qu'ils brandissent haut dans le ciel.

Écrit le 25 octobre 2005,
à mon domicile de Pékin.

Cet article a paru pour la première fois dans
La Chine démocratique.

Traduit par Geneviève Imbot-Bichet

Internet et moi

Actuellement, en Chine, le nombre d'internautes a dépassé la barre des cent millions et l'attitude du pouvoir politique chinois à l'égard d'Internet est hésitante, ridicule. D'un côté, la réforme bancale exige un accroissement fort de l'économie et l'énorme avantage économique d'Internet est précisément d'être un outil qui rapporte beaucoup d'argent, d'un autre côté, maintenir une dictature c'est craindre l'ouverture de l'information et la liberté d'expression, donc surtout redouter l'effet politique d'Internet. Particulièrement ces dernières années, Internet, qui a donné une véritable impulsion à la prise de conscience des droits des citoyens et de la nécessité qu'il y a à défendre les droits civiques, inquiète encore davantage le pouvoir politique en place, qui fait du contrôle de la parole et du verrouillage de l'information sur le Net un instrument de sa reprise en main de l'idéologie. Même si le pouvoir n'hésite pas à consentir d'énormes investissements pour construire une « muraille internet » et recruter en grand nombre des cyber-policiers du Net, il veut également, pour son plus grand profit économique, pénétrer les compagnies occidentales chinoises d'Internet afin d'y exercer conjointement son contrôle.

Toutefois, en me fondant sur ma propre expérience, pour améliorer la situation de la liberté d'expression, mieux vaut ne pas sous-estimer le rôle d'Internet. Même si aujourd'hui la censure qui y sévit est de plus en plus sévère et la condamnation pour des écrits subversifs de plus en plus fréquente, Internet représente une aide capitale pour la société civile chinoise.

Le 7 octobre 1999, après avoir purgé une peine de prison de trois ans[1], je suis revenu chez moi où j'ai découvert un ordinateur que des amis avaient offert à ma femme. Elle apprenait à s'en servir et à surfer sur le Net.

Les amis qui nous rendaient alors visite me conseillèrent de me familiariser sans tarder avec l'ordinateur, mais, après quelques tentatives, je m'aperçus que je n'arrivais pas à écrire face à une machine. Du coup, j'ai manifesté une espèce de résistance à l'égard de l'ordinateur et je me suis obstiné à reprendre papier et crayon pour rédiger mes articles. Mais peu à peu, grâce à la persuasion patiente et aux conseils de mes amis, j'ai fini par maîtriser l'utilisation de l'ordinateur et désormais je ne peux plus m'en passer. Il est si bien devenu mon outil de travail que ma femme n'y a plus accès que rarement.

Pour un homme comme moi, dont l'écriture occupe toute la vie et qui, depuis ma participation au mouvement démocratique de 1989 et le massacre du 4 Juin, s'est investi dans les mouvements civiques, qu'il s'agisse de causes person-

---

1   Voir *supra*, « Lettre de Liu Xiaobo à Liao Yiwu du 13 janvier 2000 », page 34, note 3. [*Les notes sont de la traductrice.*]

nelles ou publiques, j'éprouve une reconnaissance à l'égard d'Internet qui ne saurait s'exprimer en quelques mots.

Le premier article que j'ai rédigé sur mon ordinateur, bon an mal an, me prit une semaine et, à plusieurs reprises, j'ai songé renoncer à poursuivre, ce que j'aurais fait si je n'avais eu l'encouragement de mes amis qui me permirent d'en achever la rédaction. La première fois où j'ai, via le mail, envoyé mon papier en fichier joint et que, à peine quelques heures plus tard, je recevais la réponse du rédacteur, j'ai été touché par le côté prodigieux d'Internet et j'ai décidé qu'il me fallait sans tarder maîtriser cet outil.

Dans un pays où la parole est muselée, mes articles ne peuvent paraître qu'à l'étranger. Avant l'utilisation de l'ordinateur, il me fallait un temps infini et des efforts incroyables pour corriger mes articles écrits à la main, et le coût de l'envoi était très élevé. Ensuite, pour éviter que mon papier ne soit intercepté lors de l'envoi, il me fallait cavaler de l'ouest à l'est de Pékin à la recherche d'un ami étranger qui possédait un fax et que je mettais à contribution. Le coût élevé de l'envoi avait naturellement une influence sur mon efficacité et mon ardeur, et, en un mois, je ne pouvais publier dans les médias étrangers qu'un ou deux articles, pas plus. Ce qui n'était déjà pas si mal.

Maintenant, grâce à ce réseau mondial que représente Internet, un simple ordinateur permet d'étendre d'un coup l'espace d'information de chaque individu à une dimension totalement inconcevable autrefois. L'ordinateur facilite la rédaction de mes essais et Internet me permet de rassembler des informations, de consulter d'autres interlocuteurs, d'être en contact avec l'extérieur, mais surtout facilite la diffusion de mes articles dans le monde entier. Internet est une machine magique grâce à laquelle mes écrits jaillissent comme un geyser. Désormais mes droits d'auteur me permettent de vivre tout en gardant une certaine indépendance. Pour l'intérêt public, dans une Chine totalitaire, Internet offre un accès à l'information qu'on peut difficilement bloquer totalement et reste une tribune de discussion et d'échange, particulièrement pour les organisations autonomes apparues spontanément au sein de la société civile.

Dans une dictature, toute lettre ouverte ou pétition — tant individuelle que collective — reste l'une des façons principales pour la société civile de résister au totalitarisme et de lutter pour la liberté. En 1977, la lettre ouverte au président Gustav Husak, contre le régime totalitaire tchécoslovaque, la fameuse Charte 77 rédigée et cosignée par Havel et d'autres dissidents, reste le texte canonique de résistance civique contre le totalitarisme. C'est encore plus vrai pour les lettres ouvertes rédigées sous forme de pétition qui sont une manifestation de l'opinion politique populaire et du rassemblement des forces populaires para-institutionnelles.

L'influence capitale des lettres ouvertes écrites par le peuple remonte aux semaines précédant le mouvement démocratique de 1989. Tout d'abord ce fut celle adressée par M. Fang Lizhi[1] à Deng Xiaoping[2] pour lui demander la

---

1   Voir *supra*, « Lettre de Liu Xiaobo à Liao Yiwu du 13 janvier 2000 », page 36, note 1.
2   1904-1997. Il prône les quatre modernisations et une politique d'ouverture et de réformes pour construire le socialisme aux couleurs de la Chine.

libération du prisonnier politique Wei Jingsheng[1], suivie par deux autres, celle des 33[2] et celle des 45[3]. Ces trois lettres ouvertes ont été le prélude au mouvement démocratique de 1989[4]. Et durant tout le temps que durèrent les manifestations étudiantes en ce printemps 1989, les lettres ouvertes fleurirent comme des champignons après la pluie. Dans toutes les sphères de la société, on publiait des lettres ouvertes appelant ouvertement à soutenir ce mouvement étudiant.

Depuis le 4 juin 1989, pour être l'un des organisateurs actifs de pétitions populaires, lorsque je suis comme aujourd'hui assis face à mon ordinateur en train d'écrire, de surfer sur Internet et de mailer mes essais, des souvenirs me reviennent

---

En 1992, après une tournée dans le Sud, à Shanghai et Shenzhen, où il lance le slogan « Devenir riche est glorieux », la Chine entre dans le capitalisme de marché. C'est lui qui décide de la répression brutale par l'armée dans la nuit du 3 au 4 juin pour mettre fin au mouvement populaire de 1989. Deng Xiaoping meurt à quatre-vingt-douze ans, sans voir la rétrocession de Hong Kong dont il a été l'artisan.

1   Voir *infra*, « Les nouvelles Lumières de l'ère des réformes — l'exemple du Mur de la Démocratie », page 254, note 2.

2   Trente-trois intellectuels connus signent une pétition rédigée par Bei Dao pour demander la libération de Wei Jingsheng et d'autres prisonniers d'opinion. Cette pétition signée par des personnalités littéraires suit de peu celle initiée par Fang Lizhi et d'autres scientifiques.

3   Le 21 avril 1989, quarante-cinq (ou quarante-sept) intellectuels signent une déclaration de soutien aux étudiants qui manifestent sur la place Tian'anmen depuis la mort de Hu Yaobang, demandant au pouvoir d'entamer le dialogue avec leurs représentants. Un des autres signataires de cette lettre ouverte mise en circulation à l'initiative de Bao Zunxin est Yan Jiaqi (né en 1942), ancien directeur de l'Institut de sciences politiques de l'Académie des sciences sociales. Intellectuel libéral, physicien de formation, homme actif et influent, il participe en 1988 aux travaux pour la réforme politique dirigée par Zhao Ziyang et demande que l'État et le Parti soient séparés et que l'Assemblée nationale populaire devienne un parlement démocratique. Exilé aux États-Unis, il vit désormais à Princeton.

4   Voir *infra*, « Les nouvelles Lumières... », page 246, note 2.

souvent en mémoire, des événements passés tellement douloureux que l'émotion me saisit.

Dans le milieu des années 1990, ce mouvement de lettres ouvertes a connu une certaine apogée dans la société civile et c'est également dans ces années-là que de nombreuses pétitions ont vu le jour, signées par des intellectuels connus tant à l'intérieur qu'à l'extérieur du système. En voici quelques exemples : « Manifeste de solidarité pour la garantie des droits et des intérêts des travailleurs », « Proposition pour abolir le système de rééducation par le travail », « Proposition contre la corruption », « Tirer la leçon du sang payé par les victimes. Pousser le processus de démocratie & de gouvernance selon la loi. Appel pour le sixième anniversaire du 4 juin 1989 ». Toutes ces pétitions, sans exception, portaient sur la défense des droits de l'homme et les signataires étaient des intellectuels et des opposants toutes générations confondues. En 1995, notamment aux alentours de la date de commémoration du 4 juin 1989, ont été publiées toute une série de lettres ouvertes dont la plus influente fut « À l'approche de l'année de tolérance de l'Organisation des Nations unies, appel à la mise en application de la tolérance en Chine ». L'instigateur de cette lettre ouverte était M. Xu Liangying[1], un respectable vétéran et une personnalité pour la tendance libérale au sein du Parti, et le premier signataire fut le célèbre physicien nucléaire Wang Ganchang[2], suivi de nom-

---

1   Astrophysicien prodémocratique qui figure au nombre des scientifiques signataires de la pétition adressée à Deng Xiaoping pour la libération de Wei Jingsheng en janvier 1989.
2   1907-1998.

breuses personnalités de l'Académie des sciences sociales et de célébrités du monde culturel, comme Yang Xianyi[1], Wu Zuguang[2], Lou Shiyi, Zhou Fucheng, Fan Dainian, Wang Zisong, Ding Zilin[3], Jiang Peikun, Wang Ruoshui[4]. C'est également en 1995 que Les Mères de Tian'anmen ont publié leur première lettre ouverte aux membres du comité central du Parti et depuis dix ans, chaque année, elles en publient une régulièrement. C'est à cette époque-là que M. Bao Zunxin[5] et moi-même avons publié une lettre ouverte exigeant la libération conditionnelle pour raisons médicales de Chen Ziming[6] dont les signataires étaient également des intellectuels

---

1   Grand traducteur (1915-2009).

2   Dramaturge, cinéaste et réalisateur de talent (1907-2002). Célébré par le régime dès 1949, il est ensuite victime en 1957 de la campagne contre les droitiers et envoyé en camp pour être rééduqué par le travail. Durant la Révolution culturelle, il n'est pas épargné et sa femme, torturée par les gardes rouges, a les jambes broyées. Le couple est réhabilité après la chute de la Bande des Quatre.

3   Professeur de philosophie à la retraite, Mme Ding Zilin, mère d'un étudiant mort en 1989 lors des manifestations, a créé le collectif « Les Mères de Tian'anmen » pour demander aux autorités du Parti communiste chinois que la vérité soit faite sur le massacre du 4 juin 1989.

4   1925-2002. Philosophe et théoricien marxiste, rédacteur en chef adjoint du Renmin ribao, « Le Quotidien du peuple », entre 1970 et 1983. Il est limogé en 1983 et contraint de démissionner du Parti en 1987, pour avoir en 1978 proposé une critique des erreurs et des fautes commises par Mao. Il publie de nombreux articles sur la question de l'humanisme et de l'aliénation.

5   Intellectuel âgé d'une cinquantaine d'années en 1989, il prône la modernisation de la culture chinoise, grâce notamment à la collection « La marche vers le futur » qu'il dirige aux Éditions du Peuple du Hunan. Il se joint aux manifestations étudiantes d'avril 1989 et sera incarcéré quelque temps après le 4 Juin.

6   Cofondateur avec Wang Juntao de la revue Printemps de Pékin, affichée sur le Mur de la Démocratie et dans laquelle il dénonçait la politique du Parti et réclamait la liberté d'expression. Arrêté au lendemain du 4 juin 1989, il est condamné à treize ans de détention.

connus de l'université de Pékin, à savoir Ji Xianlin, Tang Yijie, Le Daiyun, et de l'École normale supérieure de Pékin, à savoir He Ziquan, Tong Qingbing et Wang Furen, pour n'en citer que quelques-uns.

On peut affirmer que, depuis le 4 juin 1989[1], l'année 1995 représente la première période d'apogée du Mouvement pour la protection des droits civique.

Néanmoins, en raison des limites des technologies de l'époque, l'organisation d'une pétition demandait beaucoup de temps et le coût était élevé, ce que les membres du Mouvement pour la protection des droits civiques qui n'ont connu que l'ère d'Internet ont du mal à imaginer. Pour qu'une lettre ouverte soit prête pour la commémoration du 4 juin 1989, nous devions nous y prendre au moins un mois auparavant. Tout d'abord il nous fallait trouver l'initiateur de cette lettre ouverte et rassembler du monde, ce qui nécessitait un certain temps. Ensuite venait le moment de la discussion du contenu, de la formulation des idées et de celui de l'envoi, ce qui au minimum nous demandait plusieurs jours. Puis nous devions trouver un endroit où rédiger le texte, le taper et le faire imprimer en plusieurs exemplaires, et pour y arriver nous devions nous rendre chez des amis occidentaux résidant hors de *Jianguomen*. Ce qui exigeait le plus de temps et d'énergie, une fois le texte publié, était pour les instigateurs de partir à la collecte des signatures. Et, le téléphone de certaines personnes sensibles ayant été mis sur écoute par le pouvoir, aucun de nous ne se risquait à utiliser ce moyen de communi-

---

1   Voir *infra*, « Les nouvelles Lumières... », p. 246, note 2.

cation, néanmoins le plus pratique à l'époque : on préférait quadriller Pékin à vélo ou en bus. À titre d'exemple, après avoir lancé la lettre ouverte pour « Commémorer le sixième anniversaire du 4 juin 1989 », afin de recueillir les signatures du poète Mang Ke[1] et du critique d'art Li Xianting, deux personnes connues, je dus me rendre chez ces deux amis pour les convaincre et traverser une fois encore Pékin d'ouest en est, puis d'est au nord, ce qui, je le répète, requérait du temps et de l'énergie pour des résultats limités.

Quand Internet n'existait pas, il était impossible de recueillir des centaines, *a fortiori* des milliers de signatures en un laps de temps très court, et encore plus difficile de diffuser le document dans le monde entier. À cette époque-là, le nombre de participants à ces mouvements pétitionnaires et leur influence restaient très limités, après des jours et des jours à s'activer on ne pouvait réunir guère plus que quelques dizaines de signatures.

Mais, la Chine étant entrée dans l'ère d'Internet, il semble difficile de museler totalement la voix populaire dès lors qu'elle bénéficie d'un tel soutien technologique.

1° Internet a accéléré l'essor et la montée de la protection des droits civique.

Comparée à cette époque que je viens d'évoquer, où pour réunir une poignée de signatures il nous fallait passer, faute d'oser le téléphone, par ces interminables courses à vélo à travers Pékin, cette aube du XXIe siècle a vu ce mouvement de lettres ouvertes et de pétitions prendre, grâce à Internet,

---

1   Voir *infra*, « Les nouvelles Lumières... », page 255, note 3.

un essor considérable, le développement rapide de la capacité à mobiliser la société civile — synchronie du nombre et de la qualité — étant dû à ses côtés bon marché, rapide, pratique et sans limites, si bien que l'on assiste à une baisse considérable du coût de l'organisation spontanée de la défense des droits civiques. Désormais la rédaction d'un texte, la discussion de son contenu, la correction et son impression sont réalisables à partir d'un simple ordinateur. Il suffit juste de quelques clics et de quelques échanges de mails pour régler l'ensemble des questions. Et le problème épineux de la collecte des signatures est aujourd'hui également résolu grâce à l'envoi de mails collectifs et à la création d'un site internet. Un mail collectif peut à lui seul rassembler simultanément plusieurs centaines, voire des milliers de signatures. Une seule adresse mail fixe et ouverte à tous peut simultanément recueillir des signatures dans toute la Chine et dans le monde entier. Qui plus est, si des volontaires se chargent de les comptabiliser et de relayer les messages des signataires, un forum se crée qui rend compte de la progression quotidienne de la pétition, ce qui forme un vaste mouvement continu de défense des droits civiques via Internet. En même temps, des sites internet indépendants pour la défense des droits de l'homme voient le jour (le site « Protection des droits citoyens » en est un des représentants).

2° Ces dernières années, la facilité, l'ouverture et la liberté de prise de parole sur Internet ont dynamisé l'opinion publique non officielle. Davantage : chaque fois qu'une catastrophe publique importante se produit, la volonté populaire

exprimée via Internet influence plus ou moins les médias traditionnels et l'attitude officielle, si bien qu'elle tend à devenir
la force principale de contrôle de l'opinion publique. Premièrement, la volonté populaire exprimée via Internet oblige les
autres médias à une ouverture et à un pluralisme progressif
dans le traitement de l'information, et le fait que l'information sur le Net marche ou non de pair avec la volonté populaire est devenu l'un des critères essentiels pour mesurer
le degré d'ouverture d'un média quelconque. Deuxièmement,
le pouvoir peut contrôler les médias traditionnels, mais
en aucun cas exercer un contrôle absolu sur Internet, ce qui
permet de révéler les scandales étouffés par les médias officiels et de former, grâce à cet outil, une opinion populaire
forte qui contraint plus ou moins le pouvoir à tenir compte
du sentiment de la société civile, qui exige un minimum de
publicité pour l'information dans certains domaines et qui
oblige le fonctionnaire impliqué dans un scandale à se dévoiler
et à présenter aux familles des victimes et à toute la société
des excuses. C'est en mars 2001 que, pour la première fois,
un haut fonctionnaire s'est excusé publiquement après que
l'explosion de l'école primaire du village de Fanglin dans le
sud-est de la Chine eut fait quarante et un morts. Cet accident
sanglant, relayé sur Internet, avait suscité un raz-de-marée au
sein de l'opinion publique. Zhu Rongji, qui était alors Premier
ministre, avait lui-même présenté ses excuses aux familles
des victimes et à la société. Depuis lors, exprimer ses excuses
publiquement est devenu un phénomène courant. De plus,
grâce au rôle puissant que joue l'opinion publique via Internet,

les plus hautes autorités sont obligées de désigner systématiquement un fonctionnaire comme bouc émissaire. Ce fut le cas lors de l'épidémie de SRAS, des accidents à répétition survenus dans les mines de charbon ou de la pollution de la rivière Songhua dans le nord-ouest de la Chine.

3° Particulièrement efficace pour qui veut échanger de l'information, Internet offre une tribune performante aux organisations autonomes indépendantes non officielles, ce qui, du même coup, augmente leur visibilité.

Premièrement, Internet est une plate-forme pratique pour le rassemblement des pensées de la population et des recherches académiques officieuses. Un site internet non officiel, ou BBS[1], permet à des personnes ayant les mêmes opinions sur un sujet de s'organiser de manière autonome et de se regrouper. Les échanges d'opinions et les discussions entre les internautes deviennent le cadre des conditions de débats de fond à l'origine de consensus.

Deuxièmement, quand il s'agit de mobiliser la société, de rassembler et d'organiser l'opinion populaire autour de certains procès ou graves incidents sociaux, l'aide d'Internet est capitale. Une petite affaire qui semble trop insignifiante pour qu'on en parle — c'est le cas du procès de Baoma[2] dans la

---

1   *Bulletin Board System.* Ancêtre des réseaux sociaux d'Internet. Serveur équipé d'un logiciel offrant des services d'échange de messages, de fichiers et de stockage. Depuis 2000, BBS signifie forum internet.
2   Ou le « scandale de la BMW ». La nouvelle de la mort d'une paysanne de quarante-cinq ans, Liu Zhangxia, écrasée par une BMW en octobre 2003, serait passée inaperçue si Internet et ses forums de discussions n'en avaient relayé les moindres détails. La conductrice de la BMW, épouse d'un entrepreneur prospère et ayant des relations, s'en était tirée lors d'un procès bâclé avec une

province du Heilongjian — ou bien la persécution et la résistance d'un anonyme totalement isolé — comme Liu Di, Du Daobin[1], ou Lu Xuesong — mais qui, dès qu'Internet s'empare de son cas, se mue en un gigantesque débat d'opinion sur le Net peuvent prendre la forme de protection des droits civiques et finir par devenir une affaire publique qui attire l'attention et le soutien tant à l'intérieur de la Chine que dans le monde entier.

4° De même, grâce à sa liberté et à son efficacité, Internet a l'extraordinaire potentiel de créer des stars. Pas uniquement des vedettes du divertissement, du genre de Grande-Sœur Furong[2], qui surgissent en un rien de temps, mais également des « stars de la protection des droits civiques », des « leaders d'opinion », des « modèles de morale » et « des héros de cette volonté de dire la vérité » appartenant à la société civile. Grâce à Internet, des intellectuels connus, d'âge moyen, peuvent accroître très rapidement l'influence de leurs idées et de leurs débats — ainsi, par exemple, de Liu Junning, Xu Youyu, Qin Hui, Cui Weiping[3] et Zhang Zuhua — et

---

peine de deux ans de prison assortie d'un sursis et de 200 euros de dédommagement au mari de la victime. C'est sous la pression populaire que le Parti communiste a ordonné la réouverture de l'enquête à Harbin.

1 Journaliste très engagé qui publie de nombreux écrits sur Internet. Ce cyberdissident est emprisonné par deux fois, en 2003 et en juillet 2008, coupable d'« incitation à la subversion de l'État ».

2 De son vrai nom Shi Hengxia, née en 1977 dans une petite ville de la province du Shaanxi. Issue d'une famille modeste, la jeune star se fait connaître sur Internet en postant des photos d'elle sur son blog en 2005 et devient rapidement célèbre sur le Net sous le nom de « Furong Jiejie », « Grande-Sœur Lotus » ou « Grande-Sœur Hibiscus », ainsi qu'à la télévision où elle orchestre chacune de ses apparitions.

3 Âgée de cinquante-quatre ans, Cui Weiping est professeur de sciences sociales et de théorie politique à l'Académie du cinéma de Pékin, signataire de la Charte 08. Célèbre bloggeuse et twitteuse, « Mme Cui Weiping fait partie

de jeunes intellectuels apparaître, comme Yu Jie[1] et Wang Yi qui ont tous deux une grande capacité à rassembler. Enfin, Internet crée des héros au sein du peuple. C'est le cas du médecin militaire Jiang Chanyong présenté comme le Héros de la vérité, de l'entrepreneur agricole Sun Dawu, du leader de la protection des droits civiques Feng Bingxian, d'hommes de valeur des médias comme Cheng Yizhang, Lu Yuegang et Li Datong, de Jiao Guobiao et Lu Xuesong tous deux professeurs d'université : tous sont désormais connus sur Internet comme étant les défenseurs actifs des droits civiques. Enfin, ces dernières années tout un groupe de personnes publiques militant précisément pour la défense des droits civiques est devenu célèbre grâce à Internet. Il s'agit des avocats Zhang Sizhi, Mo Shaoping, Pu Zhiqiang, Zhu Jiuhu, Gao Zhisheng, Guo Feixiang, Teng Biao, Xu Zhiyong, Li Boyang, Li Heping, Li Jianqiang.

Rien d'étonnant à ce que des chrétiens chinois disent : certes les Chinois manquent de sentiments religieux et la majorité ne croit pas en ce Dieu des Occidentaux, néanmoins la Grâce divine ne peut rester indifférente à la souffrance

---

des intellectuels chinois qui hésitent de moins en moins à exprimer publiquement leur opinion sur Internet. Elle a appelé à la fin du silence collectif des intellectuels sur les événements de Tian'anmen lors du premier forum jamais organisé sur la question, le 10 mai 2009, juste avant l'anniversaire de cet événement tabou » (_Le Monde_, 11 septembre 2010, Brice Pedroletti).

[1] Écrivain, opposant et dissident chrétien (protestant) âgé de trente-huit ans. Assigné à résidence, privé de liberté et torturé lors de la vague de répression qui a suivi la remise du prix Nobel de la paix à Liu Xiaobo en 2010, il a choisi de quitter la Chine en janvier 2012 et de s'exiler aux États-Unis avec sa famille. Son dernier livre, intitulé _Le Roi de la comédie_, sur Wen Jiabao, qui vient de paraître est interdit en Chine.

du peuple chinois et il faut voir en Internet un don de Dieu, le meilleur outil pour permettre aux Chinois de s'affranchir de leur asservissement et de gagner leur liberté.

Écrit le 14 février 2006,
à mon domicile de Pékin.

Cet article a paru pour la première fois
dans *La Chine démocratique,* le 18 février 2006.

Traduit par Geneviève Imbot-Bichet

De la dérision à la manière de Wang Shuo au détournement à la manière de Hu Ge – la politique non officielle de la plaisanterie sous la dictature post-totalitaire

Depuis deux ans, le « détournement[1] » sur Internet est devenu très à la mode. Il utilise divers procédés : l'imitation, la falsification et le collage. L'« esprit sans rime ni raison » vise principalement la tradition, le pouvoir, la célébrité, la mode et les affaires publiques, en l'espèce des gens influents de la télévision, des vedettes de la culture, des événements en vogue et des classiques rouges. Si, par exemple, on lance une recherche sur les sujets d'actualité suivants, les chiffres sont assez impressionnants : « détournement Chen Kaige[2] », plus de 300 000 entrées; « détournement de "Superchanteuse[3]" », 900 000 entrées; « détournement de "Bon gars[4]" », près de 200 000 entrées; « détournement classiques rouges », 110 000 entrées; « détournement coupe du monde », plus de 2,7 millions d'entrées.

Parmi les très nombreux détournements existants, les « détournements » à caractère créatif et subversif, salués

---

1   Spectacle comique né au Japon (culture kuso), il s'est ensuite répandu sur Internet, à Taïwan, à Hong Kong et finalement dans le reste de la Chine. [*Les notes sont du traducteur.*]
2   Réalisateur célèbre.
3   « Superchanteuse », concours télévisé.
4   « Allez-y ! les bons gars », concours télévisé.

par les critiques comme « humour froid », suscitent souvent l'adhésion enthousiaste des internautes. Par exemple, le simple citoyen Hu Ge utilisa certains courts-métrages du Net pour détourner le long-métrage *La Promesse,* œuvre d'un réalisateur[1] célèbre ; le résultat après détournement, intitulé « Une affaire sanglante causée par un petit pain », créa un véritable ouragan sur la Toile. L'agitation impliquant le simple quidam Hu Ge et le célèbre metteur en scène Chen Kaige alla même jusqu'au procès. Pendant un temps, ce fut l'événement culturel le plus explosif qu'on pût imaginer, et Hu Ge devint une célébrité du jour au lendemain.

Dès lors, cette mode se propagea à la vitesse grand V. Après qu'il eut obtenu de nombreuses récompenses, le film du cinéaste Ang Lee, *Le Secret de Brokeback Mountain,* inspira deux cents détournements canularesques. Le lendemain de la sortie du film de Huang Jianxiang, *Trois minutes de passion,* il y avait déjà plus de trente détournements. Chacun des sites les plus populaires possède une « bande de détournement », où l'on note déjà cinq grands courants parmi ces bandes : les « bandes des sots », les « bandes des petits pains », les « bandes des grandes gueules », les « bandes de fans » et les « bandes d'exhibitionnistes ». Ces bandes ont elles-mêmes rapidement créé des sites de détournements spécialisés et des groupes de détournements sur le Net. Ils détournent MTV, les longs-métrages, les célébrités, les idoles, les classiques, les photos, les pièces de théâtre, etc. Tapez *Egao* [« détournement »] sur Baidu [le Google chinois], et vous

---

[1]   Il s'agit toujours de Chen Kaige.

pourrez constater que, à la date du 12 septembre 2006, il y avait déjà 11,4 millions d'entrées. Rien d'étonnant à ce que les célébrités du Net aient pu proclamer : « Sans détournement, c'est pas drôle », « Un site sans détournement n'est pas un site ».

C'est ainsi qu'un critique a pu dire : « Depuis quelques années, aussi bien à l'étranger qu'en Chine, les détournements se sont développés sans la moindre retenue. Surtout depuis un an, sur le marché chinois, c'est une tendance de plus en plus marquée. Elle touche tous les aspects de la vie et fait appel à tous les sens : la vue, l'ouïe, etc. Détournements en plan ou en trois dimensions, ce mode d'expression se multiplie : simples panneaux au début, ils s'en prennent bientôt aux Flash[1], puis apparaît, l'année dernière, la chaîne "Petits Pains", qui connaît un succès monstre, sans oublier la version revue et corrigée de *L'étoile rouge qui scintille*. Pas un de ces sites où ne se manifestent l'imagination et la créativité débordantes de la grande masse des internautes. On est obligé d'admettre que voici venue en Chine une nouvelle ère des loisirs appartenant vraiment à tout le monde ! »

La dérision à la Wang Shuo a ouvert la voie au détournement sur Internet

La vogue du détournement a évidemment profité de l'explosion de l'informatique à l'ère d'Internet et de la plate-forme

---

[1]   Petits films d'animation réalisés à l'aide du logiciel Flash.

ainsi fournie à l'expression populaire. Progressivement, on a assisté à la disparition de l'époque où l'expression publique était monopolisée par une élite intellectuelle. Grâce à la facilité d'emploi, à l'absence de limites et à l'ouverture sur des champs multiples qu'offre la Toile, l'art de la dérision s'est exercé au profit d'une liberté de parole sans retenue et d'une critique extrêmement sarcastique. Toutefois, sur la question de l'évolution des goûts esthétiques dans la population, le « détournement » n'est pas le produit spécifique de l'époque d'Internet; un mouvement précurseur par son esprit était apparu dès les années 1980.

La littérature « quasi hippie » chinoise peut être considérée comme la manifestation la plus précoce de l'esprit de canular, lequel exerça une large influence dès le milieu des années 1980. « Le rock de la Nouvelle Longue Marche » de Cui Jian[1] présentait déjà certaines caractéristiques du détournement des classiques rouges (ainsi quand il se mit à interpréter la chanson rouge *Nanniwan*[2] sur un air de rock'n'roll, il provoqua un extrême mécontentement chez Wang Zhen et autres représentants de la vieille garde gauchiste). C'était déjà l'expression de la jeunesse rebelle pour toute une génération. Avant même le début des années 1990, la nouveauté sans précédent et le succès phénoménal de l'esprit de dérision « à la Wang Huo », qui subvertissait sur le mode du discours l'idéologie du Parti ainsi que son pouvoir officiel, manifestaient visiblement la maturité de l'art du détournement.

---

1   Né en 1961 à Pékin, musicien de rock.
2   Chanson populaire du nord du Shaanxi, en vogue à l'époque maoïste.

L'apparition de Wang Shuo[1] fit évoluer la révolte culturelle de la génération de l'après-Révolution culturelle du doute et du cri d'indignation vers l'ironie et la profanation propres à la plaisanterie. Les gens de cette génération, qui avaient récité par cœur le poème de Bei Dao *Je ne crois pas!*, se mirent à chanter à cœur joie la chanson de Cui Jian *Je ne possède rien*. Puis, dans les années 1990, la passion de la liberté fut transpercée à coups de baïonnette, causant une effusion de sang, et le sens de la justice de la jeunesse fut écrasé sous les chenilles des chars, laissant place à des gémissements. La répression exercée par la terreur extrême causa la stupéfaction et priva la colère de tout exutoire, ce ne furent plus que désespoir et sentiment d'impuissance généralisé. Quant au discours public sur les sujets sérieux du domaine des sciences de l'homme, dans la mesure où le PC consacrait ses forces à lutter contre l'occidentalisation et l'évolution pacifique, il fut frappé d'aphasie. La population ne compta plus que sur les loisirs de masse pour échapper à la sensation d'étouffement. Dès lors, l'autodérision et la dérision, au mépris des conventions, devinrent des modes d'exutoire des idées tout à fait adéquats. Ce fut ainsi l'autodérision du « Ne me considérez surtout pas comme un être humain », du « Nous sommes aussi des gens quelconques », et ce fut la vie au jour le jour où l'on se moque de tout sur le mode du « Il n'y a plus rien de vrai » ou du « Je suis un voyou, j'ai peur de personne ». Autrement dit, face à la pression exercée par la grande terreur qui avait suivi le massacre du 4 Juin, ce sont d'abord la dérision

---

[1] Né en 1958 à Nankin, écrivain et scénariste.

à la Wang Shuo puis l'humour à la Wang Xiaobo[1] qui domi-
nèrent le discours populaire, ouvrant dans une société
suffoquée la brèche qui veut qu'on peut toujours rire un
bon coup.

Wang Shuo se révéla un maître dans l'art de raconter
des histoires, surtout pour décrire les joies et les peines des
petits marginaux en utilisant l'humour noir. Sous sa plume,
les personnages du bas peuple se prenaient souvent pour des
« voyous »; il recourait à l'autodérision, singeant la vie des
gens, se moquant des autorités et des élites qui se prennent au
sérieux, et il déchirait le masque de l'homme intègre et désintéressé. Wang Shuo, doué d'un flair langagier particulièrement sensible, fut aussi le maître des « mots codés ». Utilisant
la gouaille des titis pékinois et les grands mots révolutionnaires du Pékin rouge, il réussit à créer une forme particulière
de l'expression verbale. Empruntant à l'argot des vieux Pékinois, il parvint à raconter la vie des rues d'un Pékin rouge pas-
sablement avarié et à se moquer des gens de lettres d'une
avant-garde autodésignée en se servant de l'argot des voyous.
Grâce à son humour intelligent, franc et mordant, les mensonges du pouvoir bureaucratique volèrent en éclats et la
fausse modernité des élites ne valut plus que roupie de san-
sonnet. En un mot, le « nouveau parler pékinois » créé par
Wang Shuo fut un puissant moyen de subvertir le parler
bureaucratique et celui des élites.

Au cours des années 1990, l'influence de Wang Shuo
s'étendit rapidement à la totalité du domaine culturel et fut

---

1 1952-1997.

particulièrement remarquable au cinéma et à la télévision, dans la littérature, dans l'art et dans la critique des mœurs.

Au cinéma et à la télévision, les « Histoires du comité de rédaction » marquèrent le début des téléfilms parodiques. Vinrent ensuite la série comique sur la vie familiale, *J'aime ma famille*, et les téléfilms pseudo-historiques comiques, qui eurent un succès phénoménal. Puis il y eut *Le Voyage en Occident du baratineur* du réalisateur Zhou Xingchi[1], les films comiques pour soirée de réveillon de Feng Xiaogang et, finalement, en 2006, le film à petit budget qui battit tous les records d'entrées, *Crazy Stone*[2]. Dans le domaine artistique, l'effet conjugué de la dérision à la Wang Shuo et du pop art occidental aboutit dans les années 1990 au « pop » à la chinoise dont la caractéristique est la profanation des classiques rouges (comme les séries sur la Révolution culturelle du peintre Wang Guangyi, les séries de « plaisanteries » de Liu Xiaodong, les séries de la « grande famille » de l'époque de Mao de Zhang Xiaogang, ainsi que les nombreux exemples de *performance art* et d'installations). Parmi ces artistes, on distingue le peintre d'avant-garde illustrant l'esprit de dérision de l'après-4 Juin, Fang Lijun[3]. En transformant « le laid en beau », « l'idiot en sage » et « la profanation en sublime », il créa ses séries de « chauves crétinisés », que l'on peut interpréter comme l'expression de la Chine de l'après-grand-massacre. Il s'agissait du rire bête qu'on adopte après une grande

---

1 Stephen Chow, acteur et réalisateur célèbre de Hong Kong, né en 1962.
2 Film de Ning Hao.
3 Wang Guangyi, né en 1957 à Harbine. Liu Xiaodong, né en 1963 dans le Liaoning. Zhang Xiaogang, né en 1958 à Kunming. Fang Lijun, né en 1963 à Handan, dans le Hebei.

frayeur. Le ressort comique tenait aussi à l'atonie du visage après une forte excitation. Mais cela exprimait plus encore un autobafouage et une autoprofanation dans une période où nul n'avait la force de résister.

Avec l'entrée dans le XXIᵉ siècle, les débuts de l'exercice de la dérision furent représentés par la « dérision érotique » en littérature. Avant que la « dérision » ne répande sa mode sur Internet, les voyous de *Playing for thrills*[1] devinrent la nouvelle génération des jeunes *wanku* [*cools* qui s'amusent]. Les belles écrivaines[2], qui excellaient à *kugao* [tourner en dérision sur le mode *cool*], s'appliquèrent, telles Weihui et Mian Mian, à décrire les plaisirs de la chair, la décadence spirituelle et la consommation de produits de marques au sein de la nouvelle génération de citadins. Leur style littéraire ostentatoire, truffé de mots étrangers, connut une grande vogue chez les cols blancs des grandes villes. Juste après apparut sur Internet le « détournement érotique », à caractère explosif ; le *Journal sexuel* de Mu Zimei et le roman réaliste sur la prostitution de Jiu Dan déclenchèrent des querelles de jalousie ; avec l'apparition soudaine de Furong Jiejie [Grande-Sœur Hibiscus[3]] se tortillant comme un ver, la « course à la chair » marquant ce « détournement érotique » devint le plus frappant des signes de la mode.

Le détournement érotique est le produit obligé de l'époque actuelle où l'on « prend concubine ». Tout en créant la stupéfaction chez chacun, cette mode apporte à ceux qui

---

1   Roman de Wang Shuo (1989).
2   Pour les « belles écrivaines », voir *supra*, page 53 et suivantes.
3   Pseudonyme de Shi Hengxia, modèle de l'anti-idole, célèbre pour ses exhibitions pornographiques sur Internet. Voir aussi *supra*, page 117, note 2.

vont sur Internet pour se distraire des sujets de rigolade faciles
à digérer. Les femmes très friandes des détournements érotiques manifestent une audace d'idiotes née de la difficulté
de se regarder en face, tout en considérant qu'elles possèdent
de naissance une allure à causer une crise d'apoplexie chez les
hommes qui les lorgnent du coin de l'œil. Cependant, elles
osent transformer la laideur en beauté, ce qui est licencieux
en une chose pure, ce qui est vulgaire en une chose raffinée, et
utiliser un moyen autoprofanatoire et totalement inconscient
pour vanter l'anatomie intime. Selon moi, le « détournement
érotique » n'est qu'une autre forme du « détournement » ; son
principal argument de vente, c'est d'avoir rendues publiques
les « turpitudes familiales » jusque-là tenues cachées ; c'est
une percée face à l'interdit traditionnel qui frappe l'érotisme
et face à la domination masculine. Il a imposé à la représenta-
tion sexuelle de l'homme honorable et de la femme vertueuse
de pénétrer sur le terrain mortel où les lamentations tiennent
lieu de pleurs — au cas où il y aurait encore des hommes hono-
rables et des femmes vertueuses aujourd'hui en Chine.

Le « détournement érotique » n'est pas seulement
le moyen pour Mu Zimei et Furong Jiejie de faire l'article
pour leurs attributs sexuels, c'est aussi un grand argument de
vente pour les « classiques rouges ». Tous les remakes des
classiques rouges (comme *Shajiabang*[1], *Traces dans la forêt
enneigée*[2], *Le Détachement féminin rouge*[3], etc.) ont été aug-
mentés d'éléments à la mode tels que combats d'arts mar-

---

[1] Opéra « moderne révolutionnaire » (1966).
[2] Roman de Bo Qu (1957) porté à l'écran par Zhou Qiyue
[3] Ballet (1964).

tiaux, scènes érotiques, etc. — les éléments érotiques consti-
tuant l'essentiel. Le héros doit être plein du charme viril de
la fermeté inébranlable, l'héroïne doit plus encore posséder
tous les attributs de la « féminité ». Les deux héros doivent
non seulement s'aimer d'amour fou mais encore se dépêtrer
de relations triangulaires.

Récemment, le détournement d'un classique rouge
provoqua l'ire des autorités. Ce fut le projet d'un internaute
de détourner l'histoire de Lei Feng. Il y a peu, Lei Feng était
encore le personnage héroïque le plus célèbre, soutenu
personnellement par Mao Zedong. C'était « le bon soldat du
président Mao », « le bon exemple du peuple tout entier ».
Le Journal de Lei Feng[1] avait connu la même célébrité que les
Citations du président Mao[2]. Pourtant, les internautes d'aujourd'hui s'inspirèrent de la vie d'un Lei Feng fictif pour réaliser le film *Le Premier Amour de Lei Feng*. Aussitôt les compa-
gnons d'armes qui avaient connu Lei Feng de son vivant
exprimèrent leur colère et adressèrent une plainte collective
au bureau politique de l'Armée populaire de libération. Le BP
de l'APL prit évidemment l'affaire très au sérieux et s'adressa
aussitôt à la Direction générale du cinéma et de la télévision et à l'Agence générale de l'édition et de la presse. Face
à la dénonciation publique émanant du Bureau politique de
l'armée, les deux grands *yamens*[3] de l'idéologie n'osèrent pas

---

1   Plusieurs spécialistes occidentaux affirment que cet ouvrage est un faux créé
     de toutes pièces par les services de la propagande et que Lei Feng n'a jamais
     existé.
2   Connu en Occident sous le nom de « Petit Livre rouge ».
3   Bureaux et résidence du mandarin dans la Chine impériale.

traiter l'affaire à la légère et ordonnèrent aussitôt l'interdiction du *Premier Amour de Lei Feng.*

Autre canular d'internaute qui attira l'attention tant en Chine qu'à l'étranger, ce fut, en 2002, l'« affaire Liu Di ». Il s'agit d'une étudiante de la faculté de psychologie de l'Université normale de Pékin, qui avait pris comme pseudonyme d'internaute un nom inoubliable : La Souris Inoxydable. Elle fut arrêtée le 7 novembre 2002, soupçonnée d'avoir utilisé Internet pour publier des propos réactionnaires et constituer une organisation secrète. Grâce au soutien dont elle bénéficia en Chine et à l'étranger, elle fut libérée un an plus tard, le 28 novembre 2003, « sous caution en attente d'instruction ».

Sur la Toile, Liu Di s'était montrée très active : à plusieurs reprises, elle avait opéré comme webmestre sur plusieurs sites non officiels du réseau BBS[1]. Sa tribune intitulée « Ruelle du Temple de l'Ouest » peut être considérée comme l'avant-garde des « détournements politiques ». Quelques internautes, qui aimaient brocarder la politique du Parti et de l'État et qui avaient organisé un « Groupe de lecture du *Quotidien du peuple* », publièrent un grand nombre de « détournements politiques » de qualité. Le chef-d'œuvre le plus créatif du Groupe de lecture fut le projet comique intitulé « Marchons éternellement avec le Parti », à cela près que le caractère politique du détournement était trop marqué et qu'il pouvait facilement coûter un séjour en prison à ses initiateurs. La preuve en fut apportée par la détention de Liu Di pendant un an.

---

[1]   Voir *supra*, page 116, note 1.

Parmi ces internautes, Liu Di se rendit célèbre par son « humour »; elle imitait souvent certaines luttes internes au sein de « notre Parti », inventant des *wulitou*** (farces sans queue ni tête[1]) politiques pour faire rire les internautes. En particulier, ses textes satiriques sur la politique du moment étaient extrêmement bien écrits, faisant d'elle une des « plumes » les plus appréciées de la Toile. Par exemple, son texte « Ouverture à Nankin du première congrès du Parti de l'huile de plaquemine[2] du Temple de l'Ouest » reprenait la déclaration du Premier congrès du PC[3] pour la tourner en dérision. Pour tenter de faire libérer Huang Qi, le créateur de la « Toile céleste », qui avait été victime de persécutions pour ses écrits, elle écrivit une « Déclaration d'allégeance collective au Parti et au gouvernement de la part des *geeks* du courant lib...[4] ». Ce texte exprimait ouvertement son opposition à la censure d'Internet par le Parti, en appelant les fanas d'Internet de Chine appartenant au courant de la lib., qui avaient tenu des propos « réactionnaires » sur la Toile, à se livrer et à se dénoncer aux organes de police. Son texte politique canularesque le plus célèbre fut « Marchons dans la rue pour propager le communisme! », dans lequel elle appelait les internautes à descendre dans la rue pour faire de la propagande

---

*   Vocable [cantonais] employé avant l'invention du mot *egao* [« détournement »]. (*N.d.A.*)

1   Spectacle comique absurde créé à Hong Kong.

2   Jeu de mots intraduisible jouant sur l'analogie sonore entre *shiyou* (huile de plaquemine) et *ziyou* (liberté).

3   Réunion secrète tenue à Shanghai en 1921.

4   Ici encore, pour ne pas écrire le mot tabou de « liberté », Liu Di utilise « huile de plaquemine » (voir ci-dessus, note 2).

en faveur du *Manifeste du parti communiste*. Elle écrivit : « Descendons dans la rue pour faire signer les gens. Nous pouvons aussi faire comme ceux qui diffusent des petites annonces plein les rues : si vraiment personne n'en veut, nous pouvons les coller sur le guidon de leurs bicyclettes ou sur les poteaux électriques. » Après sa sortie de prison, elle continua d'exprimer son point de vue avec humour : « Actuellement, on peut organiser une *party*, mais organiser un parti est impossible. »

Dans ce sens, le détournement actuel sur Internet n'est qu'une greffe de l'esprit de dérision développé dans l'espace de la création par Wang Shuo. Mais la Toile, en raison de son ouverture au monde, de sa facilité et de sa rapidité d'accès, en même temps que de l'absence de frontières et de son caractère populaire même, a permis de rompre le monopole du discours du « détournement » jusque-là détenu par l'élite intellectuelle, s'adaptant rapidement à tous les niveaux de culture, du plus haut au plus bas, au point que même les gens incapables d'écrire une phrase entière ont pu y exprimer leur opinion.

La « politique de la plaisanterie » dans la société dictatoriale post-totalitaire

À propos de la dérision à la Wang Shuo et du détournement à la Hu Ge, certains intellectuels manifestent qui de la joie, qui de la peine. Les uns apprécient leur fonction de subversion à l'égard de l'idéologie du pouvoir bureaucratique. D'autres craignent que le détournement n'aggrave le cynisme moral : ils considèrent que ce n'est rien d'autre qu'un mode d'expression qui profane le sacré et subvertit l'autorité, et que cela n'a qu'un aspect destructeur. Selon eux, si on laisse l'esprit satirique inonder l'espace, le prix de cette dévalorisation du pouvoir d'État et de la mise en évidence du caractère fallacieux de son prestige prétendument sublime sera la ruine générale de la morale.

Certes, dans la Chine post-totalitaire, le détournement témoigne aussi du besoin d'ame et de la misère spirituelle des citoyens d'aujourd'hui. Il s'agit d'une autre forme de drogue spirituelle, c'est-à-dire d'un moyen de communication qui correspond à la perfection à une offre de loisirs réduite à des sketches, et qui possède une fonction anesthésiante surpuissante, inconnue des petits spectacles officiels. Les gens se délectent du plaisir que procurent toutes les plaisanteries politiques ; tout comme ils consomment des marchandises, ils consomment de la souffrance, de l'obscurité et de l'insatisfaction. On peut même dire que, dans la majorité des plaisanteries que contiennent les détournements, la raillerie sans ménagement a fini par enterrer le sens de la justice et la compassion.

Toutefois, pour endiguer cette situation morale d'absence d'âme, on ne peut absolument pas compter sur l'État, mais seulement sur l'offre de nourritures spirituelles d'une qualité supérieure. Seul le libre débat où « cent écoles rivalisent » peut faire apparaître le vrai et le faux, le bien et le mal. Seule la libre concurrence sur le marché des idées peut favoriser la survie des plus adaptés sur le plan moral. Seule la recherche d'un terrain d'entente et d'un respect mutuel qui permettrait la coexistence de valeurs multiples peut susciter la créativité spirituelle d'une société. Autant dire que la réalité chinoise ne cesse de nous rappeler que l'état de vide, voire de ruine morale de l'après-4 Juin est avant tout une maladie opiniâtre du système. C'est véritablement le parti pris moral du pouvoir dictatorial, quand il réprime la liberté d'opinion, impose le mensonge officiel et oblige à faire l'article pour les dirigeants, qui est le principal responsable de la situation actuelle d'une société sans âme.

Considérer que la subversion sous la forme du détournement n'a qu'un caractère destructeur et rien de constructif est assez spécieux. À mon avis, la politique de la plaisanterie est devenue une des formes communes de l'opposition populaire dans la société dictatoriale post-totalitaire. C'était la même chose en URSS et en Europe de l'Est avant les grands changements. (Rien que sur Internet, en Chine, des centaines de blagues politiques circulent sur ces régions.) C'est la même chose dans la Chine de l'après-4 Juin. La politique par les blagues et le détournement (que l'on pourrait aussi appeler « politique molle ») dans la culture de masse de la Chine de l'après-4 Juin démontre une créativité dont sont dépourvus les fonctionnaires au visage sérieux à la solde de l'empereur. Les fabrications culturelles sérieuses proposées par le pouvoir sont pour la plupart ravalées au rang de plaisanteries stupides et, plus elles sont sérieuses, plus elles deviennent un sujet de plaisanterie. L'humour populaire est une manifestation de l'intelligence populaire. Dans la création humoristique, on voit souvent briller l'éclair du génie.

Le célèbre penseur et critique littéraire Mikhaïl Bakhtine[1] a étudié tout spécialement les carnavals de toutes

---

[1]   Historien et théoricien russe de la littérature (1895-1975).

les époques. À partir d'une analyse classique des grands carnavals populaires, il découvre le sens social de la culture de la plaisanterie. Selon lui : « La folle joie des masses présente un aspect de déguisement trompeur, d'insensibilité et de médiocrité vulgaire et un autre aspect de défoulement sincère, de création géniale et de renouveau. » Surtout dans les sociétés dictatoriales, l'exercice quotidien du pouvoir s'appuie en grande partie sur la terreur psychique des masses. Aussi le pouvoir crée-t-il consciemment une atmosphère de gravité pour dissuader les masses d'exprimer leur mécontentement, rendant possibles, par ce moyen, la sacralisation, la légitimation et la stabilisation du gouvernement du premier monde. En revanche, l'« expression carnavalesque » des masses permet à la base soumise à des admonestations quotidiennes de n'avoir soudain plus peur de rien, en se conformant à une logique inverse ou opposée spontanée, c'est-à-dire à une logique d'inversion du noble et du vulgaire ou de permutation du haut et du bas, en utilisant des scènes comiques telles que le détournement, la taquinerie, la profanation et la moquerie. Les sentiments populaires exprimés alors ne sont pas de simples révocations ou négations, mais un sacre dans la raillerie et une renaissance dans la négation. (Voir Wang Jiangang, *La Poétique de la carnavalisation : recherche sur la pensée littéraire de Bakhtine*, Éditions Xuelin, 2001.)

Je considère que, sous l'angle du sens social de la politique de la plaisanterie, la fonction positive de la subversion par le détournement dépasse de très loin sa fonction négative. L'expérience qui a précédé le bouleversement des pays de l'Est peut peut-être nous servir de référence.

Depuis le mouvement de déstalinisation lancé par Khrouchtchev, l'empire communiste d'URSS de l'après-« dégel » est entré dans ce que Václav Havel a appelé la période de la dictature post-totalitaire. Le mouvement d'opposition populaire de cette période, c'est-à-dire le défi public et courageux lancé par une minorité de précurseurs, fut aussi la résistance passive de la majorité silencieuse agissant à la limite de la légalité. Par exemple, dans la Tchécoslovaquie post-totalitaire, le courant de la Charte 77 représenté par Havel, qui s'était soulevé contre les tanks soviétiques, lança publiquement le mouvement « dire la vérité » qui devint le symbole moral de l'opposition populaire à la dictature et eut un immense retentissement dans le monde. Quant au courant « voter avec ses pieds », représenté par Milan Kundera, il utilisa la subversion par la plaisanterie pour exprimer la volonté de résistance négative de la majorité silencieuse. Par conséquent, la publication par Kundera de la première partie de son œuvre représentative, La Plaisanterie[1], produisit un effet explosif dans la Tchécoslovaquie de 1967. Pendant la très courte période d'un an qui précéda l'interdiction du livre par le pouvoir, La Plaisanterie figura en tête de liste des ventes, fut réédité trois fois et sa diffusion atteignit les cent mille exemplaires.

Certains disent que le rideau de fer de l'époque de la guerre froide fut déchiré par la politique de dérision des peuples. Ce jugement est peut-être exagéré. La vérité et la plaisanterie eurent toutefois indéniablement un rôle complé-

---

[1]   Gallimard, 1975.

mentaire dans la désintégration de la dictature post-totalitaire. Toutes deux furent des éléments constitutifs indissociables de la « politique antipolitique ». La politique de la vérité représenta un défi ouvert de la part de la minorité de gens éclairés qui ne craignaient pas la violence. Le mouvement de dérision fut le travail de sape mené par la majorité silencieuse. Sans politique de la vérité, il n'y aurait pas eu d'expression ouverte de la résistance populaire et du courage moral ; sans politique de la dérision, la politique de la vérité aurait perdu le terreau social sur lequel s'appuyer. Si la résistance à la manière de Václav Havel, la révélation à la face du monde de l'inhumanité de la dictature post-totalitaire, consista à élever la défense de la dignité humaine jusqu'au point où l'on ne craint plus la violence, elle joua aussi un rôle irremplaçable dans la conscience populaire tchèque et dans la montée de la pression internationale. Ainsi, la plaisanterie politique circulant en privé et dans la population, témoignant de l'anéantissement de la conscience morale de la majorité silencieuse, fit aussi apparaître que le régime dictatorial post-totalitaire reposait sur la décomposition de l'opinion publique et que, tôt ou tard, ce régime fondamentalement pourri était voué à s'effondrer comme un château de cartes.

Tout d'abord, dans une société dictatoriale post-totalitaire, même si, comparée au défi direct de la vérité, la subversion indirecte par la plaisanterie laisse véritablement à désirer, son rôle ne consiste pas seulement à opposer une résistance, elle a aussi une fonction positive d'un autre type. Extérieurement, la politique de la dérision semble se moquer de tout sans trop causer de dommages, mais il suffit qu'elle réussisse à circuler largement dans la population pour avoir une fonction corrosive immense et que, vis-à-vis de la corrosion omniprésente des fondements de la dictature, elle soit la confirmation des aspirations populaires et de la tendance générale. Quand les fondements d'un régime social sont pourris dans l'opinion, la politique de la dérision fournit un terreau social fertile à une « révolution de velours ».

Ensuite, la politique de la dérision, en marquant la difficulté qu'a le régime dictatorial à maintenir sa légitimité, peut considérablement atténuer la tension et la haine au sein de la population. En annonçant l'élimination finale du régime dictatorial, elle permet aussi à la population de la prévoir et de s'y préparer intellectuellement, donc d'amoindrir grandement le désarroi créé par le choc brutal de l'effondrement. L'insatisfaction sociale qui ne trouve pas d'exutoire a un caractère explosif extrêmement dangereux. À l'inverse lorsque l'oppression et l'insatisfaction trouvent dans la plaisanterie un certain degré de libération, cela permet à l'évidence d'atténuer la désagrégation de l'ordre inhérente aux périodes de grandes transformations sociales.

Aussi, quelle que soit la soudaineté de l'effondrement total de la dictature post-totalitaire, la population qui est habituée à la politique de la dérision ne risquera pas de plonger dans la perplexité pour avoir été prise au dépourvu et risquera moins de profiter de l'occasion pour se livrer à la vengeance politique violente. Autrement dit, la subversion corrosive qu'opère la politique de la dérision, confrontée à la fois à l'existence d'un ordre social répressif et à des événements empêchant le cercle vicieux où un mal en remplace un autre, sert à amortir le choc en vainquant la dureté par la douceur et, du même coup, contribue à faire baisser grandement le coût global à payer pour renverser le vieux régime. Sous la dictature post-totalitaire, la politique de dérision populaire — qu'elle soit publique ou privée — et les ricanements du peuple sont toujours le cauchemar des dictateurs !

Écrit à mon domicile de Pékin,
le 18 septembre 2006.

Publié pour la première fois dans
le numéro d'octobre de *Ren yu renquan*
(« *L'Homme et les droits de l'homme* »).

Traduit par Hervé Denès

Derrière l'émergence d'une nation

La série documentaire intitulée *L'Émergence des grandes nations* a suscité des débats passionnés dans l'opinion publique. Grâce à la promotion qu'en ont faite les hautes sphères dirigeantes du Parti, elle est devenue l'expression télévisuelle de la récente vague de nationalisme.

La diffusion du documentaire par la CCTV

Si l'on dresse la liste des sujets qui ont suscité un grand intérêt en Chine en 2006, nombreux sont ceux qui se rapportent à ce documentaire. Du 13 au 24 novembre, la chaîne de télévision économique CCTV 2 a lancé en grande pompe la diffusion d'une série de douze documentaires intitulée *L'Émergence des grandes nations*. Dans le même temps était publié un livre en huit volumes portant le même titre. Cette série qui traite de l'ascension et du déclin de grandes nations de la scène mondiale est une production transnationale réalisée en trois ans et pour laquelle sept équipes de tournage se sont rendues dans neuf pays (Portugal, Hollande, France, Espagne, Angleterre,

Allemagne, Japon et États-Unis) pour y filmer et y effectuer
des interviews approfondies, dans l'objectif d'analyser le développement de chacun de ces pays sur une période de cinq
cents ans. Le documentaire a été supervisé par un groupe de personnes dont les membres sont des intellectuels aux vues libé-
rales provenant pour la plupart de l'intérieur du système. Ils
ont interviewé plus de cent spécialistes étrangers. Ce projet
peut se voir comme une collaboration entre le monde académique et celui de la télévision parvenant *grosso modo* à s'ex-
tirper du bon vieux modèle de propagande en s'efforçant
coûte que coûte d'atténuer l'esprit idéologique et d'adopter
au contraire un type de narration objectif et neutre pour
présenter l'ascension de neuf grandes nations et fournir une
somme assez riche de connaissances historiques. Cela se voit
tout particulièrement à la place centrale accordée à l'Amérique et à l'Angleterre, ces deux pays démocratiques ayant eu
une grande influence sur le cours de l'histoire, mais également
à l'approbation donnée à ces systèmes de modernisation nés
en Occident que sont la liberté du commerce, l'économie de
marché et le gouvernement constitutionnel démocratique.

   Selon les termes très directs des producteurs, le
moteur initial de cet intérêt pour le monde extérieur provient
des hautes sphères du Parti. Le 24 novembre 2003, le bureau
politique du Parti a organisé, avec le soutien de son dirigeant
au sommet Hu Jintao, la Neuvième Étude collective sur le
thème de « L'étude de l'histoire du développement des plus
grandes nations depuis le XVe siècle ». Deux systèmes experts
chinois y ont rendu compte de façon systématique de l'his-

toire de l'ascension et de la chute de neuf pays. Ren Xue'an, producteur en chef du documentaire, se souvient : « Un matin de la fin novembre 2003, alors que je me rendais à mon bureau, j'ai entendu une nouvelle à la radio. Le Bureau politique central allait lancer une étude collective sur l'histoire du développement de neuf grandes puissances depuis le xvᵉ siècle. Dans le brouhaha étouffant du troisième périphérique de Pékin, j'entendais soudainement l'appel d'une histoire vaste et enfouie, et cette idée n'eut de cesse de m'enthousiasmer depuis. »

D'après les informations publiées dans les médias étrangers, à la suite de cette session d'étude, la direction centrale a fait circuler les documents de la réunion à tous les échelons du Parti et a exigé des cadres qu'ils étudient ce moment d'histoire. De son côté, la télévision centrale a diffusé cette série de douze documentaires intitulée *L'Émergence des grandes nations* afin que ce thème historique puisse être transmis de l'intérieur du Parti à la société. L'objectif de cette démarche était d'élargir les perspectives mentales des Chinois et de les préparer à une émergence accélérée de la Chine sur la scène internationale.

Les médias étrangers ont estimé qu'il s'agissait d'un signe de préparation des autorités au lancement des réformes politiques. Normalement, une série documentaire présentant ce type de contenu aurait dû être diffusée sur la chaîne CCTV 1 dont l'audience est la plus importante. Les autorités ont pourtant décidé de la diffuser sur la chaîne CCTV 2 dont l'audience est plus restreinte, peut-être pour ne pas provoquer de controverses trop intenses. Mais qu'importe la chaîne de diffusion, ce documentaire est en fin de compte une production réalisée et diffusée par le premier organe de télévision du Parti. Il a brisé le long silence des principaux médias à l'égard des grandes questions d'intérêt général et a inévitablement constitué un prétexte pour la prise de parole au sein d'une société qui avait déjà un ardent désir de participation publique.

Ainsi, dès sa diffusion, ce documentaire a déclenché un déluge de commentaires et de critiques, ce dont on ne pourrait lui faire reproche. Quant à savoir si ce documentaire a traité de façon juste et honnête l'histoire de l'ascension et de la chute des nations, c'est une question très débattue. Qu'il s'agisse des opinions des internautes ou des jugements des spécialistes, des médias nationaux ou étrangers, les commentaires sont partagés entre éloges et critiques.

Les autocongratulations des équipes de tournage et des spécialistes du système ayant participé à la réalisation du documentaire avaient un caractère superficiel. Dans une interview accordée au *Quotidien de la jeunesse*, le producteur en chef, Mai Tianshu, affirmait : « Ce documentaire se concentre sur la réalité historique et peu sur le jugement de valeur, si bien que l'histoire qu'il relate est quelque peu différente de celle qui figure dans les manuels auxquels nous sommes habitués. Cela a créé une ambiance de nervosité et d'excitation. Les gens se demandaient constamment s'il n'y avait pas quelque chose derrière tout cela. Je pense que c'est le signe d'une fragilité psychologique de notre société. Si nous pensons que, dans une société aussi vaste, des changements de grande ampleur apparaissent à cause d'un documentaire, cela démontre l'existence d'un mépris et d'un manque de considération pour notre société. » Il expose ensuite les trois grandes valeurs du documentaire : 1° faire comprendre au public ce qu'est la « rationalité historique » ; 2° appeler haut et fort à l'esprit de compromis qui manque à l'histoire de Chine ; 3° affirmer le rôle pivot du pouvoir central dans l'ascension d'une nation. Apparemment, Mai Tianshu exprime ici une ligne de pensée dans laquelle l'ascension d'une nation se fait par la voie de l'autoritarisme.

La nouvelle gauche a de son côté violemment critiqué le documentaire en affirmant qu'il s'agissait d'une simple réplique de *L'Élégie du fleuve*, faisant la part belle aux points de vue très en vogue élaborés par la droite ces vingt dernières années. Le documentaire sacraliserait le processus d'expansion américain, et il faudrait rester « vigilant sur une nouvelle vague d'endiguement stratégique de la Chine par des forces ennemies comme les États-Unis »... Les néogauchistes qui ont appris le marxisme à l'occidentale n'ont vraiment pas évolué. L'encre occidentale n'a pas réussi à diluer le lait de loup qu'ils ont dans le ventre. Ils continuent à tout politiser selon la ligne politique centrale et à postillonner à grands jets à propos de la lutte des classes (voir le site Wuyouzhixiang-Utopia).

Les commentaires des intellectuels libéraux étaient plutôt équilibrés. Il y a eu certaines approbations ainsi que des critiques acerbes. À cet égard, le commentaire du célèbre historien de l'université Sun Yat-sen Yuan Weishi est assez représentatif. Il affirme que « le documentaire fait une description objective de l'histoire, et opère une sélection de matériaux assez appropriée. À travers la narration de ces faits historiques, il répond généralement de façon claire à la question de savoir pourquoi une nation émerge et pourquoi elle décline. Tout cela est d'une grande utilité pour aider les Chinois à comprendre le processus de modernisation du monde ». Mais il relève dans un même temps les trois grandes tares du documentaire, en particulier sa tendance virulente à reprendre le concept « d'enrichissement du pays et de renforcement de l'armée » : « L'enrichissement du pays et le renforcement de l'armée sont les objectifs à long terme de beaucoup de nations. Il faut cependant parvenir à un enrichissement du pays et à un enrichissement du peuple, puis accumuler une culture institutionnelle appropriée. Si la sûreté du système fait défaut, s'il n'y a pas de développement sérieux et appliqué dans les domaines de l'économie, des sciences et des technologies, la route peut s'avérer tortueuse et pleine de dangers, et il n'est pas rare qu'elle conduise un peuple à la pauvreté ou un pays à être envahi et pillé de toute part. » Le point qui suscite le plus grand mécontentement chez Yuan Weishi concerne la dernière partie du documentaire : « Le dernier volet intitulé "Le grand chemin de la pensée" doit exposer l'essentiel des facteurs d'émergence d'une grande nation. Pourtant, il évite de traiter de l'importance du système démocratique, de la constitutionnalité, de la protection du droit à la propriété et du droit à la liberté, qui sont les facteurs clés de la stabilité d'un pays sur le long terme, et qui ont justement été évincés de ce documentaire » (voir *Commentaires sur Sohu*, 12 décembre 2006). M. Dang Guoying, de l'Académie des sciences sociales, ajoute : « *L'Émergence des grandes nations* ne mentionne la démocratie que douze fois, principalement pour des questions d'étymologie. La réelle signification du gouvernement démocratique n'est jamais sérieusement évoquée. »

De mon point de vue, quelles que soient les intentions que nourrissaient les autorités lorsqu'elles ont autorisé sa diffusion, *L'Émergence des grandes nations* a joué un rôle considérable dans l'éveil des consciences, ne serait-ce que par le pouvoir de la diffusion télévisuelle en elle-même. Ainsi, un internaute s'exclamait : « Un très bon documentaire. On peine à croire qu'il s'agisse d'un travail de la télévision centrale. Incroyable ! J'espère seulement qu'il ne sera pas interdit parce que je trouve son contenu aux antipodes de ce qu'est le système actuel en Chine. Il insiste sur l'équité, les droits de l'homme, la démocratie, la légalité, l'économie de marché... »

Ce documentaire des autorités centrales a suscité de vifs débats dans l'opinion publique. Avec la promotion qu'en a faite le Parti à l'attention de la société, ce documentaire est devenu l'expression télévisuelle de la récente vague de nationalisme qui va croissant. On peut dire qu'alors que le patriotisme devient le politiquement correct absolu et que Hu Jintao lance son slogan d'émergence pacifique, il est inévitable que ce documentaire captive l'attention générale. Ainsi, à la date du 12 décembre 2006, le moteur de recherche Baidu affichait soudainement 1,82 million d'entrées pour les mots « émergence des grandes nations », Google en affichait près de 3 millions.

La diplomatie des grands mandarins

L'ascension de la Chine est réellement exceptionnelle. La Chine possède la première réserve de changes au monde (en atteignant les dix milliards de dollars). Sa force militaire se développe substantiellement, ses hauts dirigeants du Parti répandent leur argent dans le monde entier et ses touristes dépensent sans compter. Les produits chinois sont omniprésents. La Chine affiche le plus grand nombre de téléphones portables au monde et la vitesse de croissance de sa population d'internautes est la plus élevée... C'est ainsi qu'avec la fin de l'ère Jiang Zemin et les succès des jeux Olympiques et de l'entrée de la Chine sur la scène internationale, la diplomatie de la discrétion sur ses propres forces et du profil bas préconisée sous l'ère Deng Xiaoping a été progressivement remplacée par une diplomatie de grande puissance. Cette diplomatie permet également la résurrection de l'attitude traditionnelle chinoise de domination absolue. À l'époque, lorsque Jiang Zemin faisait ses petits numéros dans le monde entier, il ne cachait déjà plus son ardent désir personnel de faire partie des grands dirigeants de ce monde. Le pouvoir de Jiang a développé avec toute sa capacité les forces militaires et a piloté l'Organisation de coopération de Shanghai, dont les pays membres ont été qualifiés de « pays malfaisants » par les États-Unis... Son objectif n'est pas dirigé contre Taïwan. Il s'agit plutôt de vouloir remplacer la Russie pour devenir le meneur de l'opposition à l'Amérique.

Hu Jintao[1] était au pouvoir depuis moins de trois ans lorsqu'il a redéveloppé intensément la diplomatie de grande puissance de l'ère Jiang Zemin. L'attitude à l'égard de Taïwan, du Japon et des États-Unis s'est durcie. À l'égard de Taïwan, il fit passer la loi antisécession, qui est une autorisation à la guerre ; à l'égard du Japon, le gouvernement a non seulement

---

1 Voir *infra*, page 235, note 2. [N.d.É.]

orchestré la plus grande hystérie antijaponaise depuis la réforme et l'ouverture, mais il a également interrompu les visites au niveau des chefs d'État des deux pays pendant cinq ans ; à l'égard des États-Unis, parce que sa première visite a rencontré de grands obstacles, Hu Jintao s'est attaché à rassembler les pays antiaméricains — des pays néfastes, comme la Corée du Nord et l'Iran, à une Russie de plus en plus autocratique, de Cuba au Venezuela, tous sont devenus des alliés du pouvoir de Hu Jintao. Hu Jintao et Poutine ont publié une déclaration d'alliance qui, sans le dire, mettait en garde les États-Unis. La Chine et la Russie ont tenu des exercices militaires conjoints de grande ampleur et ont bien fait comprendre aux États-Unis leur signification. Dans le même temps, Hu, Wen et les autres dirigeants ont commencé à étendre leur diplomatie par l'argent à l'Amérique latine, au Moyen-Orient, à l'Afrique et à l'Asie. En 2006 s'est tenu le Forum de Pékin sino-africain. On avait l'impression que la Chine revenait à la diplomatie tiers-mondiste de l'époque de Mao. Hu Jintao est allé jusqu'à dépenser de fortes sommes pour faire venir quarante-huit chefs d'État africains et se faire entourer d'eux comme une étoile et sa constellation.

La manipulation de l'opinion des élites, des médias et des « jeunes en colère »

À propos de l'orientation de l'opinion publique, les élites et les néogauchistes au service du pouvoir n'ont de cesse de stimuler le sentiment d'arrogance nationaliste. Ils parlent de

« grand retour imminent du peuple chinois », de « XXIᵉ siècle chinois » et affirment que « la Chine va remplacer les États-Unis dans cinquante ans en tant que première puissance mondiale »... Voilà de bien grandes paroles éhontées qui proviennent des médias officiels et sortent de la bouche d'élites en tout genre. Beaucoup d'économistes renommés disent que l'économie chinoise pourrait dépasser en volume celle du Japon entre 2015 et 2020. Certains en arrivent même à la conclusion suivante : si l'on compte en termes de pouvoir d'achat par habitant, la production économique globale de la Chine pourrait dépasser celle des États-Unis dans vingt ans et devenir la première économie mondiale (Hu Angang). Les estimations les plus conservatrices évoquent un dépassement des États-Unis en 2050 (Lin Yifu).

Cette fièvre antiaméricaine, antijaponaise, anti-indépendance de Taïwan baigne souvent dans une ambiance belliqueuse. Dès qu'apparaissent des confrontations avec ces trois protagonistes, des appels au combat sont lancés sur le Net et des soi-disant experts rejoignent le grand concert des appels à la guerre. Des experts militaires brandissent la menace d'une guerre entre la Chine et les États-Unis. Des experts diplomatiques affirment qu'il est temps d'abandonner profil bas et discrétion, si bien qu'un général de l'armée communiste a pu prononcer ces paroles inconsidérées : « Si l'Amérique utilise des missiles pour attaquer le sol chinois, je pense que l'on ne peut que contre-attaquer par l'arme nucléaire » ; « les Chinois sont déjà préparés à la destruction de villes à l'est de Xi'an » ; « Bien sûr, l'Amérique doit également se préparer à la possible destruction par la Chine d'une centaine de villes de la côte ouest. »

Lorsque des Chinois, qu'ils soient du continent ou de l'étranger, obtiennent des résultats qui suscitent un intérêt en Occident, tous sont transformés en puissants narcotiques destinés à renforcer l'arrogance nationaliste dans les médias de Chine continentale. Tout particulièrement, les résultats dans le domaine sportif viendront stimuler la dignité nationale des « malades de l'Asie orientale ». Wang Junxia a remporté plusieurs fois de suite le titre sur 10 000 mètres, aux championnats du monde et aux jeux Olympiques, et a remporté le prix Owens qui est le plus grand prix d'athlétisme. Les médias nationaux ont clamé haut et fort que « la vitesse et l'endurance chinoises sont en train de conquérir le monde ». Yao Ming, le pilier central des Houston Rockets de la NBA, a été qualifié de « hauteur chinoise conquérant l'Amérique ». Liu Xiang a obtenu la médaille d'or au 110 mètres haies et a été applaudi par les médias chinois comme étant « la vitesse chinoise dépassant le monde entier ». Le metteur en scène Ang Lee a obtenu pour son film *Brokeback Mountain* l'oscar du meilleur metteur en scène, pour les médias chinois, il était la « fierté de tous les Chinois ». Ils affirmaient qu'« encore une fois, il rend le monde admiratif des metteurs en scène chinois ». On peut voir en tout lieu l'esprit de Ah Q se remémorant la richesse passée. Bon nombre de films sur la prospérité des Han, des Tang et des débuts de la dynastie Qing sont diffusés. Nous y voyons l'empereur Han Wu sur son cheval écrasant les barbares du Nord, Gengis Khan parcourant l'Europe et l'Asie à cheval, Zheng He naviguant avec sa flotte jusqu'à l'océan Indien, Kang Xi et Qian Long qui ont agrandi le territoire chinois. Leurs mérites expansionnistes flattent non seulement la vanité nationaliste des Chinois d'aujourd'hui, mais stimule aussi l'attitude de domination du monde et le désir ancestral d'hégémonie.

Au même moment, l'ascension de la Chine est devenue un sujet à la mode en Occident. « Une Chine forte est en train d'émerger », « Le lion chinois s'est réveillé ». Des phrases de ce type sont sans cesse entendues. Lors de discussions sur la Chine en Occident, l'opinion publique, les politiciens et les élites poussent de grands cris de surprise. Chaque fois que des organisations internationales faisant autorité annoncent une bonne nouvelle sur ce pays, c'est un stimulant fort pour le nationalisme chinois. Les Chinois se voient eux-mêmes comme un « grand dragon prenant son envol » et se considèrent réellement comme un « lion qui s'éveille ».

L'autre face de l'ascension de la Chine

De mon point de vue, bien que la puissance de l'État et de l'armée se soit considérablement accrue, la Chine d'aujourd'hui est encore loin de posséder la puissance dure et la puissance douce suffisantes pour pouvoir résister aux pays libres, encore moins dépasser les États-Unis dans vingt ans et devenir la première puissance hégémonique mondiale. Les Occidentaux disent tout le temps que la Chine est une menace. Pour eux-mêmes, il s'agit d'un avertissement. Pour la situation mondiale, ce sont des paroles dangereuses qui effrayent exagérément. Les Chinois sont ivres de cette idée d'ascension de leur pays. Il s'agit du contrecoup de l'extrême complexe d'infériorité qu'ils ressentent. Pour le monde occidental, ces idées sont assez anecdotiques. Mais la réalité indéniable est que le nationalisme est un piège tendu par le pouvoir dictatorial et que le cœur du peuple est pris en otage par cette fièvre nationaliste. Les Chinois progressent vers un aveuglement irrationnel et vers une perte des valeurs universelles. Ils sont en train de cautionner l'hégémonie de la dictature. Cette attitude ignorante et effrayante, consistant à vouloir gouverner le monde entier, est en train de ressusciter et elle conduit la Chine au bord du gouffre. Une partie des Chinois ont déjà perdu le minimum de raison et commencent à croire à l'illusion fabriquée par le pouvoir dictatorial, si bien que nos compatriotes sont enivrés par ces légendes factices. Ils ne veulent voir que le côté de la prospérité et de l'ascension et refusent de considérer celui de la détérioration et de la décadence. Ils ne souhaitent entendre que les louanges des pays occidentaux et refusent d'entendre leurs critiques. Ils refusent de voir en face les deux goulots d'étranglement du développement que sont l'épuisement du système et des ressources. Ils ne veulent pas accepter non plus la réalité des écarts considérables de puissance dure et de puissance douce entre la Chine et les grands pays de ce monde.

La croissance économique soutenue par une réforme bancale, qui fait payer un prix global très élevé à la Chine, peut difficilement être comparée au processus d'émergence des autres pays. Si les produits chinois sont bon marché, cela provient d'une absence de droit pour les ouvriers, d'ateliers de misère et de sang, mais aussi du gaspillage énergétique et de la destruction de l'environnement occasionnés par un système de croissance primitif. Derrière les grandes commandes coûteuses effectuées par le Parti, surtout des commandes d'armes de pointe russes, se cache un monopole absolu du pouvoir dictatorial sur les ressources du peuple et la dépense à volonté de ses richesses. Derrière les touristes chinois inondant le monde de leur argent se trouvent la privatisation de la richesse et du pouvoir, ainsi que la corruption du système qui crée une opposition entre riches et pauvres. Derrière l'apparence de roc de la stabilité sociale, il y a les conflits de plus en plus fréquents entre le pouvoir, d'un côté, le peuple et le mouvement continu de défense des droits du peuple, de l'autre.

Le plus déprimant, c'est que l'arrogance nationaliste va de pair avec un manque de conscience nationale des valeurs civilisées, avec une forme d'éthique primitive de la jungle, une attitude de maître et d'esclave. Face aux puissants, nous nous faisons esclaves, face aux faibles, nous nous comportons en maîtres. Dans le dénuement, nous nourrissons des complexes d'infériorité extrêmes et l'on est déjà content d'avoir le statut assuré de l'esclave. Lorsque la richesse arrive, l'arrogance nous aveugle sur l'existence d'autrui et l'on garde à tout moment cette allure de maître régnant sur le monde. Cette forme de conscience nationaliste est difficile à transformer en ascension d'hommes civilisés possédant indépendance et dignité. Les gens ne peuvent qu'accepter d'absorber l'endoctrinement, les mensonges et les menaces des gouvernants, comme des enfants cajolés et dupés par un adulte. Ils n'ont pas leur indépendance d'esprit, ni leur dignité, ni leur personnalité. Ils ne peuvent marcher seuls ni réfléchir indépendamment, car les gouvernants usent de petites faveurs et de petits avantages pour les soudoyer. Ils les menacent par le fouet et les divertissent avec danses et chansons. Ils utilisent le mensonge pour empoisonner les âmes de nos compatriotes.

Dans l'histoire de l'humanité, les grandes nations qui ont émergé par la dictature, comme la France de Napoléon, l'Allemagne d'Hitler, le Japon de l'empereur céleste Meiji, l'URSS de Staline, sont toutes tombées, non sans provoquer de grandes catastrophes pour la civilisation humaine. Par opposition, l'ascension de la Grande-Bretagne et des États-Unis est totalement différente. Ces deux nations ont été établies sur un système constitutionnel libéral qui permet d'éviter le grand chaos des ascensions et des chutes, et l'arrivée des catastrophes internes et des menaces externes. Elles peuvent être considérées comme de grandes nations ayant connu des gouvernements stables et une paix durable. Si l'on peut dire que ce n'est qu'à la fin de sa période colonialiste que l'Empire britannique est revenu dans la catégorie des pays normaux, les États-Unis eux sont différents dans leur ascension de tout autre pays de l'ère coloniale. Leur position de leader au XXᵉ siècle ne dépend pas de l'occupation et du pillage de terres colonisées et se fonde sur le soutien au mouvement anticolonialiste et sur le fait que le pays a été en première ligne du mouvement pour la liberté et la démocratie.

L'émergence actuelle de la Chine ne doit pas suivre le chemin de la dictature comme l'Allemagne, le Japon et l'URSS, mais celui d'une ascension démocratique de style anglais ou américain. Dans la Chine d'aujourd'hui, en raison du désaccord entre le gouvernement et le peuple sur la façon de parvenir à l'émergence, par la dictature ou par la liberté, l'avenir

est plein d'incertitudes. Le développement rapide de l'économie de marché et l'éveil généralisé au droit à la propriété
privée alimentent chez le peuple une grande force pour
s'orienter de manière spontanée vers la liberté. Mais la protection du système dictatorial et de ses privilèges par le pouvoir
officiel, ainsi que son insistance à poursuivre une réforme
bancale constituent pour la Chine le plus grand obstacle sur
la voie de la liberté. Peu importe que l'économie chinoise
continue de croître ni jusqu'à quand, peu importe que les
grandes villes chinoises ressemblent aux villes modernes
internationales et que la classe des riches et des puissants
profite de la vie luxueuse moderne. Si la Chine reste une
nation soumise à la dictature du parti unique, elle ne pourra
émerger comme un État mûr.

C'est pourquoi les grands pays doivent se rendre
compte qu'aujourd'hui la lutte entre le Parti communiste
chinois et le monde libre n'a plus grand-chose à voir avec celle
qui opposait le monde libre et l'URSS. Le Parti communiste
chinois n'insiste plus sur l'idéologie ni sur la force militaire.
Au contraire, il s'efforce de développer l'économie et d'abandonner l'idéologie pour lier de nouvelles amitiés. Sur le plan
économique, il effectue sa réforme de marché et fait de grands
efforts pour s'intégrer dans le processus de mondialisation.
Mais, sur le plan politique, il s'en tient fermement à son système de dictature et use de toutes ses forces pour empêcher
l'évolution pacifique prônée par l'Occident. En réalité, le pouvoir communiste, dont la bourse est bien remplie, fait de la
diplomatie par l'argent dans le monde entier. La Chine est
déjà devenue une machine à fournir du sang frais à d'autres

pays dictatoriaux. Elle utilise les intérêts commerciaux pour diviser l'alliance occidentale et son vaste marché pour séduire ou menacer les grands capitaux occidentaux. Face à la rapide émergence de la puissance économique de ce grand pays dictatorial, si son ascension ne connaît pas de fortes contraintes extérieures, si l'on continue à prôner l'apaisement, on prend le risque de voir se répéter les accidents de l'histoire, dont les résultats seront une catastrophe non seulement pour les Chinois mais aussi pour le développement de la liberté et de la démocratie à l'échelle de la planète. Ainsi, pour contenir les effets négatifs sur la civilisation mondiale de l'ascension d'une dictature, les pays libres doivent aider le plus grand pays dictatorial à se transformer en un État libre et démocratique.

Écrit à mon domicile de Pékin,
le 17 décembre 2006.

Publié pour la première fois
en janvier 2007 dans *Ren yu renquan*
(« *L'Homme et les droits de l'homme* »).

Traduit par Jérôme Bonnin

Derrière le miracle économique chinois

La Chine continentale a connu après le massacre du 4 Juin des changements autrement plus importants que ceux des années 1980. La motivation principale du pari économique des hauts dirigeants chinois vient de la volonté de Deng Xiaoping de récupérer son prestige personnel et la légitimité du pouvoir politique brusquement perdus après le massacre du 4 Juin. Deng a alors misé sur la rédemption par l'économie pour préserver la stabilité politique, d'où son slogan : « Le développement est une raison absolue. »

La morosité ambiante a donc été brisée du jour au lendemain par le recours à l'économie. Les changements qui ont suivi ont eu pour force motrice les profits exorbitants des clans influents que l'on commençait à apercevoir au cours des années 1980. C'est cette avidité des puissants qui a stimulé l'appétit de richesse chez un grand nombre, qui a engendré ce rêve d'argent généralisé et qui a, en retour, impulsé un développement d'une rapidité anormale. Ces 9 % de croissance annuels peuvent être qualifiés de « miracle économique ».

Particularités chinoises

Le développement de l'économie chinoise dépend de la marchandisation (c'est-à-dire du passage à l'économie de marché) et de la privatisation. Toutefois, la marchandisation chinoise ne s'appuie pas sur le respect des lois mais sur le pouvoir. Le pouvoir est devenu le principal moyen pour obtenir des biens et, derrière la répartition des capitaux, se cache une répartition des pouvoirs. La privatisation à la chinoise n'est pas une privatisation fondée sur le respect des lois et sur la vertu, mais une privatisation de grands bandits.

L'ouverture progressive à la propriété foncière s'est faite au profit des puissants. Le contrôle des marchés financiers par le gouvernement est devenu un paradis oriental pour l'enrichissement vertigineux des puissants. La nouvelle donne économique a ouvert de nouveaux horizons pour l'enrichissement des puissants et a favorisé l'apparition de jeunes richards entièrement dépendants du pouvoir. Dans le même temps, au cours du processus de réforme des entreprises d'État, « ceux qui tenaient la louche se sont partagé le contenu de la grande marmite » et de trop grandes parts de capitaux d'État sont arrivées dans les poches d'une minorité de gens influents. De plus, ces entreprises de type monopolistique et générant de grands profits se trouvent sous la coupe de quelques clans haut placés.

La vitesse d'accroissement des revenus financiers du régime communiste surpasse de loin non seulement celle du PIB national mais aussi celle des revenus du peuple. Les mandarins sont devenus si riches et arrogants qu'ils répandent leur argent dans le monde entier.

En même temps, la rapidité avec laquelle les puissants accumulent leur richesse personnelle a de quoi faire pâlir les capitalistes des vieux pays capitalistes, et ce conte de fées où l'on devient riche du jour au lendemain s'étend à tous les clans des puissants du Parti communiste.

Un prix très élevé

Le développement à la chinoise s'est fait au mépris des droits de l'individu et du bien public, et la classe qui en a surtout profité est celle des officiels haut placés. Le commun des mortels, lui, n'a reçu que les miettes et les restes.

Le corollaire de tout cela, c'est la conception aberrante des droits de l'homme pour le Parti communiste, dans laquelle le droit à la survie est placé au premier rang de ces droits. Cette conception est destinée à servir la stabilité politique et les intérêts des puissants. Le Parti n'a pas eu de scrupules à mobiliser tous les moyens à sa disposition pour maintenir la stabilité de son pouvoir.

L'effondrement de l'orthodoxie idéologique a engendré un régime d'un opportunisme et d'un pragmatisme extrêmes, qui ne recule devant aucune action pourvu qu'elle lui permette de protéger ses privilèges despotiques et de s'approprier davantage de richesses.

Analyse stratégique

La stratégie de pouvoir du despotisme ploutocratique peut se diviser en cinq aspects liés entre eux :

1º Le nationalisme sert de nouveau lien idéologique. Les slogans de la « diplomatie de grande puissance » et de « l'émergence d'une grande puissance » sont intimement liés à l'antiaméricanisme, à l'antijaponisme et à l'anti-indépendance de Taïwan. Dans le même temps, on amène toute la société à retourner vers l'époque impériale en faisant en sorte que les thèmes de l'« âge d'or » et du « grand monarque » deviennent les thèmes principaux de la culture populaire.

Le développement économique survenu après une période de grand chaos est présenté comme un « repos salutaire ». La promesse d'une « petite prospérité » future revient à « savoir se contenter de n'avoir ni froid ni faim ». Le concept de société harmonieuse est une reproduction du traditionnel « paix et prospérité ». Les « Huit honneurs et huit hontes » font écho à la tradition confucéenne.

2º On avance à grand pas vers un capitalisme primitif pour lequel « aller de l'avant, c'est aller vers l'argent ». Avec les incitations du Parti à s'enrichir, les intérêts globaux de ce dernier deviennent des intérêts de factions. Les intérêts nationaux dans leur ensemble sont divisés en intérêts de groupes privilégiés, et les intérêts de ces groupes se quantifient en dernier ressort en intérêts de clans puissants et même de personnes.

Le Parti n'a plus de tabou à parler de profits et ne rechigne plus à apparaître comme un représentant du grand capital. La logique du profit a remplacé la mobilisation idéologique et est devenue le ciment de l'intégration sociale, un moyen d'évaluer la loyauté et la dévotion des officiels du Parti, le critère d'efficacité de l'administration et de la gestion du pays. Le type de corruption que représente la privatisation du bien public est devenu un cancer pour le Parti communiste. Le plus grand projet politique de la clique actuelle au sein du Parti, c'est l'argent parce qu'il n'y a que l'argent qui puisse garantir la stabilité du pouvoir et des intérêts des puissants. Il n'y a que l'argent pour pacifier les grandes métropoles et soudoyer les élites et il n'y a que lui pour satisfaire la soif de richesse et apaiser la rébellion des masses défavorisées. Sur le plan diplomatique, ce n'est qu'en ayant de l'argent que l'on peut négocier avec les pays occidentaux et acheter les petits pays voyous dans le but d'obtenir leur soutien politique.

3° On laisse libre cours à la consommation matérielle extravagante et aux frivolités culturelles. D'un côté, on assiste à un déchaînement continu de consommation, à des prix de plus en plus exorbitants, de voitures et de montres de marques, de villas luxueuses, à l'origine d'une vigoureuse culture de consommation. De l'autre, une culture de masse médiocre, enveloppée dans une prospérité et des valeurs esthétiques et morales illusoires, se transforme en entreprises hautement rentables qui dominent le marché de la culture. La dérision et la légèreté de leurs productions coopèrent tacitement avec les cris stridents de la propagande officielle pour produire un hédonisme délibérément entretenu par le régime dictatorial, qui diffuse vices insensés, insensibilité et barbarie.

4° On interdit absolument toute dissidence politique, avec une sévérité accrue envers ces défis que constituent les tentatives d'organisation au sein du peuple. Dans ce contexte de répression par le Parti de l'organisation autonome de la société, un individu peut obtenir son espace privé personnel en quittant le Parti et son unité de travail, mais il ne pourra jamais participer dans l'espace public à la construction d'une société d'organisations autonomes. Il redeviendra en revanche une particule atomique dispersée, dans l'impossibilité totale de mobiliser une quelconque force organisationnelle, et, *a fortiori*, de rivaliser avec un parti politique et un pouvoir d'État hautement structurés.

5° On accorde des avantages pour acheter l'élite intellectuelle. Après le mouvement du 4 Juin, dans lequel les intellectuels avaient joué un très grand rôle, on a commencé par les terroriser avec un terrible bain de sang, puis le pouvoir les a soudoyés en leur donnant des avantages, si bien que les cercles intellectuels sont devenus des cercles de cyniques préférant penser avec leur derrière qu'avec leur tête. Au plus profond d'eux-mêmes, ils refusent peut-être l'idéologie du pouvoir actuel et peuvent même aller jusqu'à le mépriser. Mais l'attrait pour des avantages concrets, couplé aux risques que fait peser sur eux la terreur politique, les contraint à rester dépendants du pouvoir actuel, à le reconnaître et à l'approuver publiquement, à se rapprocher activement du pouvoir et de l'argent, à ne pas laisser passer la moindre occasion de se hisser dans les cercles du pouvoir et d'arrondir leur capital. Ils n'ont plus aucune honte à endosser le costume d'idéologues du pouvoir et de l'argent. Cette alliance d'intérêts entre les intellectuels, le pouvoir et le capital forme une nouvelle Sainte Trinité et permet aux élites intellectuelles d'entrer rapidement dans le cercle des gens fortunés.

Le coût pour la société

C'est pourquoi, en dépit de leur apparente ampleur et profondeur, les grands changements qui ont eu lieu dans le domaine économique en Chine sont dans leur essence bancals et superficiels. Ils se caractérisent principalement par une expansion en termes de capacité, mais pas par une élévation en termes de qualité. La qualité globale de la vie sociale et de la nature humaine ne s'est pas améliorée à la suite du développement économique accéléré. Le niveau de la moralité, la vitalité de la pensée, la sollicitude à l'égard de la société et la participation à la chose publique sont tous très loin du niveau où ils étaient au cours des années 1980. La Chine avance à grands pas vers le pire des capitalismes népotiques. Les puissants se partagent sans scrupule les biens du Parti issus de prétendue transformation des biens de l'État. Nos élites font sans vergogne l'apologie du pouvoir et du grand capital.

La faction éclairée du Parti, les cercles intellectuels ouverts, la jeunesse passionnée, les associations économiques non officielles en quête de morale et de justice, et tous les dissidents issus de la société qui ont fait avancer ensemble la réalité de la réforme politique et de la morale dans les années

1980, tout cela a aujourd'hui disparu et a cédé la place aux tenants d'une réforme économique univoque motivée par de purs intérêts économiques.

Derrière ce miracle économique se cache un miracle de corruption systémique, un miracle d'injustice sociale, de faillite morale et de liquidation de l'avenir. Ce miracle économique est un miracle au coût exorbitant aussi bien pour l'économie que pour les droits de l'homme. Et son coût global pour la société est bien difficile à évaluer.

Site internet de la BBC, 11 novembre 2008.

Traduit par Jérôme Bonnin

Hong Kong, dix ans après la rétrocession

Le dixième anniversaire de la rétrocession de Hong Kong est un moment de gloire pour le régime de Pékin, et un moment de tristesse pour les Hongkongais. Le jour de l'anniversaire, Hu Jintao se rendra à Hong Kong en maître, pour recevoir les hommages des Hongkongais favorables à Pékin et étaler son pouvoir despotique à la face du monde, tandis que les habitants qui n'ont cessé de se battre pour la démocratie depuis dix ans l'accueilleront, en ce 1er juillet, par une manifestation revendiquant la « double élection au suffrage universel direct[1] », exprimant une fois de plus leurs revendications politiques en face du maître de Zhongnanhai[2].

Comme chacun sait, la prospérité de Hong Kong vient de la liberté et de l'État de droit légués par le gouvernement britannique, tandis que, bien que la formule « un pays, deux systèmes[3] » fonctionne encore, le pouvoir de Pékin n'a cessé

---

1   Élection du chef de l'exécutif (équivalent du chef de l'État) et de l'Assemblée législative (équivalent du Parlement). [Les notes sont du traducteur.]
2   Le Kremlin chinois.
3   La déclaration conjointe sino-britannique de 1984 assure qu'après le 1er juillet

de ronger les libertés de Hong Kong, le meilleur exemple en étant la liberté de la presse. Sous la double pression du soudoiement et de la menace politique, l'autocensure s'est considérablement développée dans les médias de la Région administrative spéciale (RAS). Bien que, depuis quelques années, il soit permis de « voyager librement », la liberté de voyage accordée par le pouvoir despotique n'est qu'une semi-liberté qui se limite au tourisme et au shopping, et est accordée en fonction de critères politiques. Une frontière artificielle sépare les deux parties d'un même pays : les Hongkongais favorables à Pékin peuvent librement entrer et sortir du continent, tandis que les démocrates et les membres des médias critiques ne peuvent y entrer. Certains Hongkongais inscrits sur la liste noire, tels les démocrates Szeto Wah[1], Martin Lee[2] et les animateurs des revues critiques les plus connues, se sont même vu révoquer leur certificat de retour au pays[3]. On voit ainsi un exemple de la cruauté du PCC.

1997 Hong Kong deviendra une « Région administrative spéciale » de la République populaire de Chine, qui conservera son système capitaliste, tout en étant réintégrée dans la Chine socialiste, d'où la formule « Un pays, deux systèmes ».

[1]   Ancien dirigeant du parti démocrate, Szeto Wah (1931-2011) était président de l'Alliance pour le soutien au mouvement patriotique pour la démocratie, qui organise chaque année la veillée du 4 Juin en mémoire du massacre de Tian'anmen.

[2]   Fondateur et longtemps président du parti démocrate, il a pris sa retraite en 2008.

[3]   La Chine populaire n'a jamais reconnu que les habitants de la colonie de Hong Kong étaient des étrangers. S'ils veulent se rendre sur le continent, Pékin leur délivre, de même qu'aux Taïwanais et aux Macanais, des « certificats de retour au pays » (*huixiang zheng*) qu'ils présentent à la frontière au lieu de leur passeport.

L'amadouement ne peut empêcher la manifestation du 1er juillet

Je ne nie pas qu'au cours des dix-huit années qui se sont écoulées depuis le 4 Juin [1989], le taux de croissance économique durablement élevé a garanti la stabilité du pouvoir du PC, ni que ce pouvoir, qui a goûté aux fruits de la réforme boiteuse, a tout naturellement étendu à Hong Kong le soudoiement, cette arme magique. Dans le but de calmer le mécontentement politique des habitants, Pékin a effectivement fait des efforts importants pour favoriser par tous les moyens le redressement de l'économie de Hong Kong. Prenons, par exemple, la liberté de voyager : bien que cette décision soit empreinte de discrimination politique, ses effets objectifs sont positifs ; elle a représenté une ouverture de la liberté d'aller et de venir pour les habitants du continent, a apporté des bénéfices indéniables, et a fourni de nouvelles occasions de développer les échanges entre les peuples des deux territoires. Notamment, les habitants du continent, qui vivent sous un système de contrôle de l'opinion, peuvent utiliser la liberté d'expression qui règne à Hong Kong pour avoir accès à des informations fiables. D'une part, le fanatisme avec lequel les habitants du continent qui ont obtenu le privilège de voyager librement se précipitent vers Hong Kong fait que les hôtels n'arrivent pas à suivre. De plus, quand ils vont y faire du shopping, les richards du continent dépensent des centaines de milliers, voire des dizaines de millions de dollars[1], ce qui ravit les commerçants hongkongais. D'autre part, depuis l'ouverture des voyages, les revues et les livres interdits, notamment ceux qui démasquent les coulisses du pouvoir chinois, sont devenus un produit d'appel pour les gens du continent; les manifestations, les cortèges, les rassemblements sont aussi devenus un spectacle auquel assistent les gens du continent, et certains se rendent même à dessein à Hong Kong autour du 4 Juin ou du 1ᵉʳ Juillet[2], pour aller à la veillée du 4 juin de Victoria Park, ou pour participer à la manifestation du 1ᵉʳ juillet, afin de goûter à la liberté de Hong Kong et de prendre la mesure de l'opinion du peuple de la RAS. Ce rôle d'éclaireur et de briseur de tabou est bien plus important que l'intérêt économique.

De fait, le pouvoir de Pékin aimerait bien se débarrasser de la formule « Un pays, deux systèmes »; depuis le premier jour qu'il a récupéré Hong Kong, il n'a cessé d'utiliser le soudoiement et la pression politique pour essayer de lui imposer sa volonté.

Le premier pas a été la nomination d'un chef de l'exécutif obéissant, le second a consisté à forcer ce chef de l'exécutif, Tung Chee-Hwa, à adopter l'article 23[3]. Mais, là, Pékin connaît bien mal les Hongkongais. Il croit ce que lui racontent les célébrités qui lèchent les bottes des puissants, et pense que c'est une cité économique, que les Hongkongais sont pour la

---

1   Un dollar de Hong Kong vaut 10 centimes d'euro.
2   Le 1ᵉʳ Juillet, date de rétrocession de Hong Kong à la Chine, est une sorte de fête nationale pour la RAS.
3   Il s'agit de l'article 23 de la Loi fondamentale, mini-Constitution de la RAS, qui condamne la subversion.

plupart des animaux économiques, et que, pourvu qu'on leur offre sans cesse de l'argent et des honneurs, on peut les faire tenir tranquilles sur le plan politique. Lorsque le 29 juin 2003, à la veille du 1er Juillet, le Premier ministre Wen Jiabao s'est rendu en visite à Hong Kong, il a non seulement apporté le grand cadeau économique du CEPA[1], mais il a aussi fait de grands efforts pour se montrer proche du peuple. Tout cela afin d'acheter la soumission des Hongkongais à la volonté de Pékin au moyen du *soft power*[2] d'un bienfaiteur, et de réduire l'ampleur de la manifestation du 1er Juillet.

Pourtant, une fois encore, Pékin a fait un mauvais calcul; il n'aurait jamais cru que la volonté des Hongkongais de défendre leurs libertés fût à ce point solide, que leur courage politique et leur force de résistance fussent aussi importants. La ferveur grandiose de la manifestation du 1er Juillet contre l'article 23, qui fit descendre cinq cent mille personnes dans la rue, montra à Wen Jiabao que la noblesse et la morale des Hongkongais ordinaires allaient bien au-delà du culte de l'argent, montrant au monde entier le véritable éclat de la perle de l'Orient. Comparés aux *tycoons* [magnats] qui vendent leur conscience au pouvoir tyrannique de Pékin, les Hongkongais ordinaires sont les véritables riches en termes de sagesse politique et de morale; tandis que les *tycoons* sont depuis longtemps devenus des mendiants de l'esprit, des pots de fleurs (fantoches) caressés par le PC pour gagner de l'argent.

---

1   Chinese Economic Partnership Agreement, qui supprime une grande partie des droits de douane et des interdictions professionnelles entre Hong Kong et le continent.
2   Voir *infra*, page 179, note 1.

La manifestation du 1er Juillet, qui a surpris le monde entier, a mis le chef de l'exécutif, cet homme de paille, dans une situation difficile et, plus encore, elle a décontenancé le pouvoir de Pékin. Afin d'apaiser la colère des Hongkongais contre l'article 23, le gouvernement Hu-Wen[1] a été contraint d'adopter une attitude pragmatique devant la volonté populaire. Quand le gouvernement de Tung Chee-Hwa a été contraint de mettre l'article 23 de côté, les hauts cadres de toutes sortes ont clamé leur respect de la décision du gouvernement de Hong Kong. Mais il est bien clair qu'ils ne s'y sont pas résolus de leur plein gré : ils y ont été contraints par leur promesse de mettre en œuvre la formule « Un pays, deux systèmes », ce qui leur a causé une « amertume » indicible.

Le patriotisme, gourdin des canailles

En même temps, une autre tactique de domination du PC consiste à écraser les gens avec le grand chapeau du « patriotisme »; d'une part, on prône le patriotisme despotique selon lequel « on ne peut aimer Hong Kong que si l'on aime la patrie », et d'autre part on fait brandir le drapeau du patriotisme par les personnalités et les médias prochinois, en stigmatisant les démocrates par la voix et la plume, en allant jusqu'à recourir à des attaques personnelles totalement barbares, à l'humiliation personnelle et à des jugements moraux.

---

1   Hu (Jintao), président de la République, et Wen (Jiabao), Premier ministre. Voir aussi *infra*, page 235, notes 2 et 3.

Quand le patriotisme fait cause commune avec les insultes, la torture, l'injure, il ne peut s'agir que d'un « patriotisme voyou ». Le patriotisme n'est pas seulement le dernier refuge des canailles, il est devenu leur gourdin et leur baïonnette. C'est une expédition punitive lancée par le mal contre l'humanité ; cela n'a rien à voir avec le débat public normal.

Le pouvoir de Pékin, tout en reconnaissant que la majorité des manifestants aimait la patrie et Hong Kong, a accusé une petite poignée de personnes de s'opposer à la Chine et de faire régner le désordre dans la RAS, impliquant que la grande majorité était manipulée par un tout petit nombre. Cette manière de qualifier la manifestation du 1ᵉʳ Juillet me rappelle la manière dont, il y a dix-sept ans, le PC qualifiait le mouvement de 1989 : la grande majorité des étudiants qui y avaient participé était des patriotes, et c'étaient des « mains noires[1] » qui, en coulisse, avaient provoqué les « troubles » et les « émeutes ». En fait, cette manière de régner par ce patriotisme aux deux visages n'est qu'une tactique de domination à laquelle recourt souvent le pouvoir de Pékin. Le discours de la vice-présidente de la Conférence politique consultative du peuple chinois, Liu Yandong, sur la manifestation du 1ᵉʳ Juillet a clairement démasqué les mobiles de cette tactique : « Unir la majorité et isoler la petite poignée. »

Toutefois, tant les pressions politiques que les appâts économiques sont typiques du système despotique : c'est tantôt l'arrogance suprême d'un despote décrépit et brouillon,

---

1 Après son arrestation en juin 1989, Liu Xiaobo fut précisément accusé d'être l'une de ces « mains noires ».

tantôt la proximité aimable avec le peuple d'un despote éclairé. La première se manifeste comme l'humiliation donneuse de leçon infligée par certains cadres du PC aux Hongkongais, le meilleur exemple en étant l'admonestation des journalistes de Hong Kong par Jiang Zemin ; la seconde par les actions et les paroles enjôleuses de certains cadres dirigeants du Parti, à l'instar de Wen Jiabao qui, lors de sa première visite à Hong Kong, a fait de son mieux pour se montrer proche du peuple.

L'arrogance déployée par Wu Bangguo

Aujourd'hui, s'appuyant sur une croissance économique durable, les politiciens pékinois, enivrés par le mythe de l'« émergence d'une puissance », essaient à nouveau d'imposer leur volonté despotique à Hong Kong. À la veille du dixième anniversaire de la rétrocession, le pouvoir de Pékin déploie une arrogance sans précédent. Lors d'une conférence sur une décennie d'application de la Loi fondamentale, le président de l'Assemblée populaire nationale chinoise a proclamé publiquement : « Le haut degré d'autonomie de la Région administrative spéciale de Hong Kong est fondé sur le pouvoir dévolu par le Centre. La Chine est un pays à un système. Le haut degré d'autonomie de la Région administrative spéciale de Hong Kong ne lui est pas intrinsèque, mais lui est accordé par le Centre. Hong Kong ne dispose que du pouvoir que le Centre lui concède. Selon l'article 20 de la Loi fondamentale, il n'y a aucun prétendu pouvoir résiduel défini clairement comme dévolu par le Centre. En ce sens, la Loi fondamentale est une loi de dévolution. »

Cette proclamation de Wu Bangguo a été observée de près par la société hongkongaise et par la communauté internationale car, si elle était vraiment appliquée, cela signifierait la mort de la formule « Un pays, deux systèmes ». C'est pourquoi l'ancien Premier ministre britannique Margaret Thatcher et l'ancien gouverneur Chris Patten[1] ont critiqué publiquement la manière dont Pékin retarde le processus de démocratisation. Et les personnalités représentatives du mouvement démocratique de Hong Kong, comme Anson Chan[2], Szeto Wah, Martin Lee, Albert Ho[3], etc., ont toutes critiqué ce discours. Même le grand journaliste Lam Hong-chek a publié dans les pages du *Hong Kong Economic Journal* une libre opinion affirmant que les déclarations de Wu Bangguo sur la Loi fondamentale montraient que Hong Kong devait passer de deux systèmes à un pays, et que le cadeau du dixième anniversaire de Pékin était « je suis le maître et tu es la maison ».

En même temps, visant le discours de Wu Bangguo, les démocrates hongkongais ont pris des mesures à l'avance, et les députés du camp démocratique ont lancé un mouvement de longue haleine pour obtenir le « double suffrage universel » en 2012. Le parti démocrate a organisé une conférence pour

---

1 Président du parti conservateur, Chris Patten a été le dernier gouverneur de Hong Kong (1992-1997).
2 Dernière chef de l'administration (*Chief Secretary*) sous Chris Patten, elle a conservé ses fonctions pendant quelques années après la rétrocession.
3 Avocat, Albert Ho est aujourd'hui président du parti démocrate.

délibérer des progrès de la démocratisation, le Civil Rights Front s'est remis à préparer une manifestation pour le 1er Juillet afin de faire entendre à Hu Jintao, venu participer aux cérémonies du dixième anniversaire, la voix véritable des Hongkongais ; les sondages montrent également que la majorité des habitants approuve le double suffrage universel, et que leur confiance dans le gouvernement de Pékin baisse.

Moi qui vis encore sous la dictature continentale, je suis très ému par la veillée qui, chaque 4 Juin, brille de l'autre côté du Fleuve parfumé, et, depuis 2003, je suis encore plus excité par les manifestations du 1er Juillet en faveur du double suffrage universel. À mes yeux, la flamme des bougies qui n'a cessé de briller pendant ces dix-huit ans représente l'éclat le plus aveuglant de la perle de l'Orient ; car elle est l'image de la conscience des Hongkongais qui chérissent la liberté, défendent la justice et résistent à la politique de violence.

Le souvenir de la grande manifestation du 1er juillet 2003 rappelle qu'en réalisant, pour eux-mêmes et pour tous ceux qui se battent pour la liberté, le miracle politique du retrait de l'article 23, les Hongkongais ont témoigné de la victoire de la volonté populaire et de la défaite du gouvernement fantoche et de la politique du PC. C'est la résultante du système, du courant mondial et de l'opinion populaire qui a permis de déployer une force bien plus considérable que la volonté des despotes : le système libéral est le plus grand capital dont disposent les Hongkongais pour défendre la liberté, l'opinion populaire est la plus grande force de résistance au système despotique, le courant des événements mondiaux est le plus grand soutien des Hongkongais.

À long terme, le meilleur moyen pour les Hongkongais de résister à la continentalisation et de protéger leurs libertés consiste à faire avancer la démocratisation par des efforts concertés, notamment par l'élection du chef de l'exécutif au suffrage universel ; et, par toutes sortes de moyens, à œuvrer indirectement à la réforme politique du continent. Défendre le système libéral de Hong Kong n'est pas la mission sacrée des seuls Hongkongais, mais aussi celle des habitants du continent ; faire avancer la réforme politique du continent n'est pas la mission sacrée des seuls continentaux, mais aussi celle des Hongkongais. Car tous deux sont des parties inaliénables de la cause de la liberté de la Chine. Ce n'est que si le continent jouit de la liberté que les Hongkongais pourront garantir la leur.

Écrit le 18 juin 2007,
à mon domicile de Pékin.

Traduit par Jean-Philippe Béja

Hier chien sans maître, aujourd'hui chien de garde

Les Chinois ont l'habitude de sauter d'un raz-de-marée national à l'autre : ils ont connu une brusque élévation de l'économie, qui s'est transformée en une vague culturelle ; ils ont commencé par saupoudrer de l'argent partout dans le monde avant de projeter leur *soft power*[1]. En Chine même se sont succédé les « fièvres » : il y a d'abord eu la « passion littéraire pour les classiques », puis la « folie des cérémonies confucianistes », et aussi la « mode des études confucéennes ». L'émission de télévision *Tribune des Cent Écoles*[2] a engendré des « fièvres de lectures de Confucius[3] », censées réinstaurer une orthodoxie confucéenne bien chinoise. À l'étranger, le pouvoir central a investi massivement pour instaurer partout des « instituts Confucius » dans le but de projeter son *soft power* vers l'extérieur. En laissant s'exprimer une sorte de

---

1 Le *soft power* est un concept lancé par Joseph Nye pour distinguer l'influence diplomatique, culturelle dont dispose un pays de sa puissance militaire et économique. [*Les notes sont de la traductrice.*]

2 Allusion aux philosophes et écoles de pensée qui rivalisaient pendant la période des Printemps et des Automnes (de 722 à 481 avant J.-C.).

3 Confucius serait né en 551 et mort en 479 avant J.-C. Ses enseignements ont été rassemblés et rédigés de façon posthume par ses disciples.

mentalité nationale, réprimée depuis cent ans, on a permis au grand sage Confucius de relier par un fil invisible l'intérieur et l'extérieur de la Chine, en attisant toujours plus la « fièvre de Confucius ».

Derrière ce contexte exalté, je n'ai pas discerné la renaissance d'une culture antique, mais bien la résurrection d'une tradition de vénération devant les sages, qui représente une partie du nationalisme extrême, dont les fonctionnaires en place ont fait leur idée directrice. En effet, depuis la répression du mouvement démocratique de 1989, les cadres au pouvoir poursuivent une politique hostile à la libéralisation et à une transition pacifique vers un système démocratique. De plus, ils orchestrent et attisent un patriotisme qui est déjà devenu un des piliers de l'idéologie du pouvoir politique du Parti communiste. Cette ferveur entre en résonance avec la déferlante du nationalisme attisé par le tumulte créé autour d'un « monde prospère de petite aisance » mis en avant par les fonctionnaires. Prenez l'exemple de la conclusion du *Guide des grandes cérémonies culturelles internationales organisées en l'honneur de Confucius à Qufu en 2005* : « La petite prospérité a commencé à éclore, la grande unité est dans nos rêves. Nous nous réjouissons de cette époque aisée et le pays jouit du prestige de sa force. » Ne s'agit-il pas là d'un refrain typique qui rassemble l'orchestre des chants nationalistes et les sons mélodieux du bien-être ambiant ?

Depuis un an, les éloges grandiloquents de la culture traditionnelle répandus par l'émission nationale *Tribune des Cent Écoles* ont ouvert les vannes de la « frénésie Yu Dan[1] » à

---

1   Véritable phénomène de mode, Yu Dan, née en 1965 à Pékin, est professeur

l'échelle nationale. D'un côté les télévisions et les médias ont réussi à faire de Confucius un produit commercial à la mode (pour reprendre l'expression de Lu Xun, ils ont fabriqué du « Confucius moderne »), de la même façon qu'ils avaient fait de Mao Zedong il y a quelques années un gadget commercial à la mode. Les livres en tous genres concernant Confucius sont devenus des produits à fort rendement dans les rayons de librairie. De la même façon, les cours portant sur les « sciences et arts chinois » et les « textes canoniques » sont parmi les plus rentables. Pour illustrer ce phénomène, sachez que les droits d'inscription aux cours de « sciences et arts chinois » de l'université Qinghua de Pékin coûtent 26 000 yuans par personne, 38 000 yuans à l'université Fudan à Shanghai, et que les cours réservés aux enfants pour l'étude des textes classiques atteignent des pics astronomiques. Par ailleurs, lorsque Yu Dan discourt sur Confucius, elle utilise un langage de colporteur, dans lequel elle mélange les citations des grands anciens et des paroles de chansons à la mode. Sa lecture de Confucius est à la fois superficielle et fantaisiste, et correspond au besoin de transformer la « fièvre de restauration du confucianisme » en un vulgaire stupéfiant spirituel. D'après les explications de Yu Dan dans son ouvrage intitulé *Ce que m'ont appris les « Analectes[1] »*, la quintessence de la pensée de Confucius devrait permettre à tous de vivre confortablement dans un

---

de média à l'Université normale de Pékin et l'auteur d'un ouvrage traduit en français : *Le Bonheur selon Confucius, petit manuel de sagesse universelle* (Belfond, 2009).

[1]   Le grand classique des entretiens de Confucius, le *Lunyu*, porte des titres divers en français, tels que *Analectes* ou *Entretiens*. Nous avons choisi *Analectes*.

environnement cynique quels que soient les aléas de la vie :
il suffit de ne pas ruminer ses malheurs, de faire contre mauvaise fortune bon cœur, et chacun pourra se satisfaire de son
sort et vivre heureux.

Juste au moment où la fièvre des lecteurs de Confucius
continuait à monter, un professeur de l'université de Pékin,
M. Li Ling, a publié son ouvrage, *Ma lecture des « Analectes »* :
le chien sans maître, qui s'appuie sur une étude textuelle du
sage Confucius pour le réduire à un stade originel « désen-
chanté ».

Dans sa préface, l'auteur décrit son attitude en tant
que lecteur des *Analectes* :

« J'ai écrit ce livre en n'utilisant que mon regard personnel. Je ne me suis pas inscrit dans la longue lignée des
commentateurs, et je ne me suis pas préoccupé de savoir ce
qu'avait dit le sage nº 2 ou le sage nº 3, ni de ce qu'avaient
pensé les grands ou les petits maîtres. Tout ce qui me préoccupe, pardonnez-moi, c'est de retourner au texte original. En
lisant les *Analectes,* je me suis plongé dans les classiques des
origines. Si l'on veut connaître la pensée de Confucius, il faut
retourner aux écrits fondamentaux. Toutes mes hypothèses
sont fondées sur les déclarations de Confucius en personne. Il
ne m'intéresse pas de hurler avec les intellectuels, ni de flatter
la vanité des masses. Quand on lit les écrits de Confucius, il ne
faut ni l'exalter ni le rejeter, mais on peut, pour parler juste, le
considérer comme un don Quichotte. »

C'est en s'appuyant sur ce genre d'attitude pragmatique qui n'encense pas le sage et ne tente pas de flatter le
public que Li Ning est parvenu à rompre une tradition deux

fois millénaire qui entourait Confucius du respect dû aux grands saints. Il dit :

« Dans ce livre, j'ai voulu informer mes lecteurs du fait que Confucius n'est pas du tout un saint. Ce Confucius qui a été béatifié par les empereurs, une dynastie après l'autre, n'est pas le vrai Confucius ; ce n'est qu'un Confucius reconstitué. Le vrai Confucius, le Confucius de chair et d'os, n'était ni un saint ni un prince, et il n'a certainement jamais été un "saint sous les dehors d'un prince". Certes Confucius n'était pas un saint, car il fut un simple humain, de condition modeste, mais, si l'on s'en tient aux critères de noblesse de l'Antiquité (le véritable homme de bien), il compte parmi ceux qui sortent du rang. Il aimait étudier les classiques et s'y intéressait passionnément ; il étudiait inlassablement et il enseignait avec un zèle infatigable. Il a su transmettre la littérature antique et a appris à ses contemporains la façon de lire les textes classiques. C'était un homme qui possédait à la fois la morale et la culture, mais qui est resté sans le moindre pouvoir, tout en osant critiquer les puissants de son époque. Il fit de très nombreux voyages, en se faisant du souci pour ceux qui étaient au pouvoir et en tentant par tous les moyens de leur faire quitter leurs mauvaises habitudes pour retrouver la rectitude. Il avait le comportement et la chaleur d'un ancien lettré et rêvait de ressusciter le gouvernement du duc de Zhou[1] et de ramener à la population la tranquillité du pays. Effaré et impatient, il partit vivre sous les ponts, les lèvres brûlées et la bouche

---

[1]   Pour Confucius, la dynastie des Zhou (XIe au IIIe siècle avant J.-C.) produisit un véritable âge d'or de la Chine.

sèche, comme un chien errant sans domicile. Voilà son vrai portrait ! »

La compréhension des textes des *Analectes* par Li Ning dépasse de loin le niveau superficiel et relâché de Yu Dan, autant pour l'étude des textes anciens que pour la traduction en langue moderne. Plus important encore, en tant qu'intellectuel de notre époque, Li Ning manifeste à l'égard de l'intellectuel Confucius, qui vécut il y a plus de deux mille ans, l'empathie et la chaleur de celui qui a connu les mêmes sentiments. Lorsqu'il dit : Confucius ne se définit que comme un chien sans maître, c'est parce que « Confucius avait perdu tout espoir en son propre pays, il a connu la douleur de vivre en vain par monts et par vaux au milieu d'étrangers, mais n'a rien obtenu de tous les nobliaux qu'il a partout sollicités, et a finalement dû se résigner à retourner dans son pays natal. Il a passé ses dernières années dans le chagrin. Il a pleuré toutes les larmes de son corps à la mort de son fils et à cause du manque de reconnaissance de la licorne. Il a aussi regretté la mort de Hui et la disparition de You[1]. Bien qu'il soit décédé sous son propre toit, il n'avait en fait aucun foyer. Que ses idées aient été justes ou non, j'ai vu dans son histoire le destin des intellectuels ».

Quoi qu'il en soit, la théorie du « chien sans maître » de Li Ling a fait l'effet d'une bombe en plein cœur de la mode confucéenne et de la rage d'études classiques. Il a réussi à faire bouillir d'indignation tous les apologistes du confucianisme,

---

1   Hui et You étaient deux disciples proches de Confucius. Confucius estimait que l'animal mythique, la licorne, était un symbole du pouvoir et regrettait, à ce titre, que certains puissent ignorer ce qu'était une licorne.

la salive gaspillée pour l'attaquer a débordé de partout, et certains sont allés jusqu'à l'insulter dans un élan de colère humiliée. D'aucuns lui ont reproché de se comporter comme « un jeune en colère », d'autres voient dans ses propos une théorie de la « fin du monde », certains, qui n'avaient même pas lu le livre de Li Ling, ont dit que c'était « un tas d'ordures ». Et tout cela pourquoi ? Juste parce que Li Ling avait intitulé son étude des *Analectes* : « Le chien sans maître ». Tout cela illustre bien à quel point le degré de vénération portée à Confucius par ses nouveaux disciples a atteint un sommet où le Grand Sage est devenu intouchable. Notre seule chance c'est que ces confucéens des temps modernes ne détiennent pas de bien grand pouvoir politique, sinon nous serions déjà revenus à l'époque où « chaque phrase contient la vérité, une phrase vaut dix mille phrases[1] » !

Li Ling est un historien sérieux et il n'a pas étudié les *Analectes* comme s'il s'agissait d'une Vie des Saints, mais comme on étudie l'histoire. Le Confucius qu'il a réussi à faire émerger de ces recherches n'est pas un saint, mais un intellectuel qui ne trouve à se caser nulle part. Exactement comme son mentor l'avait dit lui-même : « Je considère les *Analectes* comme un sujet de recherches, et non comme un outil de culte. » En fait, l'hypothèse du « chien sans maître » émise par Li Ling ne fait que restituer l'état originel dans lequel se trouvaient les intellectuels épouvantés par la période des Printemps et des Automnes et qui ne trouvaient pas où utiliser

---

[1] C'est ainsi que l'on évoquait les maximes de Mao Zedong rassemblées dans le *Petit Livre rouge* durant la Révolution culturelle.

leurs talents. Li Ling explique son titre de « Chien sans maître » comme un chien errant et ajoute : « Tout homme qui abrite en lui un idéal et qui n'arrive pas à trouver son havre spirituel dans le monde actuel est un chien errant. » Mais, d'après moi, même l'évaluation de Confucius comme quelqu'un qui aurait « perdu son havre spirituel » est encore une forme de flagornerie. En fait, si Confucius a erré parmi les royaumes combattants, ce n'était pas pour se trouver un havre spirituel, mais pour dénicher enfin un pays dont le pouvoir accepterait de l'employer. Il espérait de tout son cœur pouvoir devenir un « conseiller du prince », mais n'y est jamais parvenu, et c'est ainsi qu'il est devenu ce « chien sans maître » qui n'a jamais réussi à trouver un pouvoir auquel s'attacher. S'il avait pu, à l'époque, trouver un monarque susceptible de l'utiliser, il aurait eu tôt fait de devenir le « chien de garde » du souverain en question.

En fait, ce n'est pas Li Ling qui a inventé l'expression « chien sans maître », mais c'est plutôt le jugement des anciens sur Confucius, et Confucius reconnaissait lui-même cette appellation. Confucius a couru le monde pour briguer un poste et a mené une vie errante pendant quatre décennies sans rien obtenir. Il a dit avec exaspération, dans un moment de grand désespoir : « Mon enseignement est terminé. Je n'ai pas trouvé un seul point de chute dans ce vaste monde. »

Cela explique pourquoi les générations postérieures ont pu porter sur lui l'appréciation de quelqu'un qui avait « l'air abattu comme un chien errant ». Pourtant, ses apologistes continuent à estimer que, si Confucius s'est lui-même considéré comme un « chien errant », c'est parce que le saint homme voulait laisser ses dernières recommandations, qui comprenaient, dans un langage profond et subtil, toutes sortes d'enseignement sur la façon de diriger les hommes et le pays. Mais lorsque Li Ling traite Confucius de « chien errant », alors on est dans un cas de haute trahison, et on a affaire à des « ordures » indignes d'être parcourues. Il y a même quelques « confucéens indignés » qui sont allés jusqu'à s'écrier : « Le professeur Li Ling a perdu la boule ! »

Quel que soit le degré de mépris avec lequel les adorateurs actuels du Grand Sage traitent le « chien sans maître » de Li Ling, moi j'estime que le Confucius que Li Ling nous a donné à voir, et surtout dans son excellente introduction rédigée dans un style sobre, dépasse de loin ce que Jiang Qing[1] et d'autres néoconfucéens ont pu dire sur Confucius. D'ailleurs un certain nombre de chercheurs connus ont exprimé leur haute appréciation du *Chien sans maître*.

M. Wu Si[2], historien, a écrit dans sa critique : « La possibilité de l'humanisme — à propos de *"Ma lecture des 'Analectes' : le chien sans maître"* de Li Ling » : « Je trouve que Li Ling a réussi un bon travail. Par la suite, quelle que soit la façon dont nous construirons la culture, il faudra toujours se référer à une édition fiable et solide. Je trouve que l'édition de Li Ling est déjà bien supérieure à celle de Zhu Xi[3]. »

---

1   Jiang Qing a construit une espèce de couvent confucéen à Guiyang (Guizhou). Il est considéré comme le représentant de la branche la plus conservatrice du confucianisme politique.

2   Wu Si, historien libéral, rédacteur en chef de la revue *Yanhuang chunqiu*, spécialisée dans l'histoire contemporaine et la publication de mémoires.

3   Zhu Xi (1130-1200), lettré de la dynastie des Song, est considéré comme l'un des plus importants commentateurs de la pensée de Confucius. Il est aussi l'un des piliers du néoconfucianisme.

M. Qian Liqun, professeur de littérature à l'université de Pékin, a écrit dans son article « Comment traiter de la tradition qui relie Confucius à Lu Xun — une lecture du *"Ma lecture des 'Analectes' : le chien sans maître"* de Li Ling » : « J'estime que l'attitude et la méthode de recherches de Li Ling qui consistent à prendre son sujet *"de cœur à cœur"*, sa façon de poser un *"regard d'égal à égal"* sur son personnage font partie de ses grandes spécificités et représentent sa contribution à notre connaissance. Sa découverte d'un Confucius qui serait un *"chien errant"* vient de cette empathie... En lisant cette expression, j'ai ressenti de l'humour chez Li Ling mais, plus encore, j'y ai trouvé une sorte de conviction bien ancrée, une tristesse cachée. »

M. Liu Mengxi, directeur du Centre de recherches sur la culture chinoise et sur l'art chinois, a loué dans un entretien le caractère sérieux des recherches de Li Ling dans son interprétation des *Analectes*, la qualité de ses démonstrations, sa façon de démystifier son sujet, ainsi que son esprit critique.

Le professeur Qin Hui, de l'université de Qinghua, a écrit dans son article « Comment les *Analectes* sont-elles devenues un classique ? » (*Nanfang zhoumo* du 12 juillet 2007) : « De nos jours, certains veulent quasiment porter les *Analectes* au niveau d'une Bible confucéenne, exactement comme, à l'époque, on avait dit du mince *Petit Livre rouge* de Mao Zedong que c'était le *"sommet"* du marxisme. Aujourd'hui, la "fièvre des *Analectes*" sert-elle à propager ou à ridiculiser les confucéens, de même que la "fièvre des maximes du président Mao" avait-elle servi le marxisme à l'époque, ou non ? »

Dans notre Chine, riche d'une longue tradition de respect à ses sages, Confucius reste, dans les yeux de ses apologistes d'hier et d'aujourd'hui, un sage qu'il est difficile de mettre en doute. Ce fut un maître à penser pour les souverains des dynasties successives, ce fut le « chef spirituel » de tous ceux qui portèrent les valeurs confucéennes à leur apogée, ce fut le « maître souverain de la propagation de la culture, dont la grandeur atteint la sainteté », c'est le dieu de tous ceux qui le considèrent comme le « pape » des « églises » confucéennes, et actuellement il est considéré par les néoconfucéens comme l'étalon de la culture chinoise. Pour eux, chaque phrase prononcée par Confucius est à la fois une maxime pour gouverner le pays et éveiller le monde ; son enseignement guide aussi les pratiquants vers le perfectionnement de soi. Selon une maxime particulièrement excessive d'autrefois, « il suffit de connaître la moitié des *Analectes* pour diriger l'empire ». Et on entend souvent dire : « voici cinq mille ans que la pensée de Confucius domine le pays, et cela durera encore cinq mille ans », sans parler de cette sentence : « Celui qui n'a pas étudié Confucius ne peut pas être considéré comme un homme. » Les confucéens contemporains n'hésitent pas à inventer des nouvelles sensationnelles et colportent de fausses informations, comme celle-ci qui concerne des Occidentaux qui auraient organisé une réunion à Paris, en 1988, au cours de laquelle soixante-quinze lauréats du prix Nobel venus de différents pays du monde auraient décerné à Confucius le titre de meilleur penseur de l'humanité.

Face à l'exaltation de ces adorateurs du Grand Sage, j'ai envie de dire, comme aux néoconfucéens, quelques phrases

bien vulgaires : Si, à vos yeux, Confucius est un saint, cela
revient à dire que, s'il émet un pet, ça pèse une tonne, ça fleure
la rose ! Les adorateurs de saints ont tellement perdu le sens
de la mesure qu'ils ne distinguent plus la différence entre
un parler courant et un langage subtil : ils prennent chaque
phrase ordinaire des *Analectes* comme paroles d'Évangile. Par
exemple, les premières phrases des *Analectes* annoncent :
« Étudier et parfois mettre en pratique, n'est-ce pas un grand
bonheur ? Lorsque des amis arrivent de loin, n'est-ce pas
une grande joie ? » Qu'est-ce que vous allez chercher de subtil
dans ce genre de banalité ? Quand je pense qu'on a gaspillé
tant d'intelligence à annoter et expliquer ça durant deux
mille ans, et qu'on en est encore là aujourd'hui !!! Je songe à
Zhou Zuoren[1] qui a dit dans ses *Notes sur les « Analectes »* :
« L'essentiel de ce que nous apprennent les *Analectes* c'est la
façon de se conduire dans le monde... Cela peut être proposé
en exemple à nos descendants, mais cela ne peut pas être pris
comme un enseignement immuable et encore moins servir
de science politique pour gouverner le monde. » Le penseur
allemand Hegel estime aussi que les *Analectes* ne sont qu'un
énoncé de raisonnements de bon sens, et rien d'autre.

   Si l'on peut dire que le destin de Confucius durant
la période des Printemps et des Automnes est comparable à
celui d'un chien errant qui n'aurait même pas été remarqué
par les puissants, alors c'est, après le règne de l'empereur
Han Wudi[2] et sur décision impériale, que le confucianisme

----

1   Zhou Zuoren (1885-1967), frère du grand écrivain Lu Xun (1881-1936), fut un
     grand essayiste et un fin lettré.
2   Han Wudi régna de 141 à 87 avant J.-C. C'est sous son règne, et avec l'assis-

fut désigné comme la seule pensée officielle. Le Vieux Kong le Cadet se transforma en Confucius, tandis que les restes du défunt chien errant se transformaient en « chien de garde » destiné à protéger le système dictatorial du pouvoir impérial. Comme le confucianisme servait le gouvernement impérial, la position des « chiens de garde » confucéens pouvait être considérée comme plutôt stable, et c'est ainsi qu'ils restèrent en poste pendant deux mille ans ! Mais, dès que l'idole des lettrés fut portée aux nues par l'administration en place, et qu'elle devint même une idole couverte de feuilles d'or siégeant au cœur des appartements et des temples impériaux, les savants chinois et leur pensée se trouvèrent jetés en enfer, n'étant plus considérés que comme des esclaves asservis au pouvoir. Cela évoque les paroles indignées que Sima Qian[1] prononça après que Han Wudi l'eut émasculé : « Pauvre de moi ! Mes ancêtres n'étaient pas versés dans les arts de l'astrologie et ils n'avaient pas reçu de notice écrite de l'empereur qui leur aurait servi d'amulette protectrice. Je connais la littérature, l'histoire, les étoiles et ce qui les rapproche des principes du calendrier, mais l'empereur ne me respecte pas. Il me traite comme il traite ses animaux, et les gens vulgaires me méprisent. »

Il fallut attendre l'entrée des canonnières occidentales qui forcèrent l'ouverture des portes de la Chine pour que le

---

tance de son conseiller Dong Zhongshu (179-104 environ), que s'amorce l'officialisation de la tradition lettrée sur la base de la canonisation des textes de l'Antiquité et de la formalisation des cultes impériaux.

1   Pour avoir soutenu un général vaincu, le grand historien Sima Qian subit, en 98 avant J.-C., le châtiment de la castration, sur ordre de Han Wudi.

système traditionnel et son idéologie commencent à se fissurer puis à s'écrouler. C'est la révolution de 1911 qui mit fin au régime impérial et les confucéens qui servaient l'idéologie de la dictature impériale perdirent leur soutien à l'intérieur du système. Ils perdirent alors leur statut de « chiens de garde » pour redevenir des « chiens sans maître ». Même s'il y eut l'épisode de la restauration de l'empire par Yuan Shikai et le cirque des grandes cérémonies à Confucius, cela ne représenta guère plus qu'une farce éphémère, car la ruine du système impérial et de l'idéologie qui le soutenait était déjà devenue inévitable.

À mon avis, la perte de tout soutien au sein du pouvoir est le plus grand malheur qui ait pu arriver aux confucéens traditionnels, obligeant les chiens de garde à se transformer en chiens errants. D'un autre côté, dans le processus de transformation des lettrés d'antan en intellectuels modernes, les gens cultivés ont aussi dû changer de statut, passant de chiens de garde à chiens sans maître, et c'est en fait un grand bienfait pour les intellectuels chinois. En effet, les intellectuels qui ne dépendent plus du soutien d'un pouvoir dictatorial, que ce soit voulu ou subi, ont pu développer plus facilement un sens critique bien à eux. Ce qui est dommage, c'est que le destin des « chiens errants » intellectuels chinois n'a pu durer qu'un demi-siècle car, avec l'accession au pouvoir du Parti communiste, les intellectuels chinois n'ont même plus eu la possibilité de survivre en tant que « chiens errants ». La plupart sont devenus des chiens qui se noient sur lesquels on s'acharne en jetant des pierres, et seule une minorité d'entre eux eurent le bonheur de devenir les « chiens de garde » du gouvernement de Mao Zedong. Par exemple, Guo Moruo, qui osait critiquer Tchang Kaï-chek à l'époque du gouvernement nationaliste, est devenu un béni-oui-oui de Mao Zedong après 1949.

Le destin de Confucius dans la Chine d'aujourd'hui n'est vraiment pas facile ! Il a dû subir deux attaques destinées à « abattre la maison Confucius », la première durant le mouvement du 4 mai 1919, la seconde durant la campagne *pilin-pikong*[1] sous Mao Zedong. Depuis le 4 juin 1989, un courant de pensée antiradical a émergé dans les milieux intellectuels chinois, qui a mis les deux mouvements (du 4 mai et de Mao Zedong), hostiles à la tradition, dans le même sac. Cela a marginalisé encore un peu plus la révolution progressiste sans que personne remarque la différence fondamentale entre les deux attaques contre la « maison de Confucius ».

Tout d'abord, il faut dire que les causes de ces deux mouvements sont tout à fait différentes. Celui du 4 Mai est un mouvement culturel qui émanait de la base et qui était tout à fait spontané ; ceux qui l'ont lancé appartenaient tous à la classe des nouveaux intellectuels issus des couches populaires. Ils avaient été influencés par l'Occident, ses nouveaux concepts, ses nouvelles valeurs et ses nouvelles méthodes, et ils avaient tenté d'analyser les causes de l'arriération de la Chine à l'aune de ces références. Ils ne se satisfaisaient ni de la version proposée par les occidentalistes, selon lesquels l'équipement chinois n'était pas à la hauteur des défis contem-

---

1   La campagne *pilin-pikong* (« Critiquons Lin Biao, critiquons Confucius ») est l'une des dernières grandes campagnes idéologiques de la Révolution culturelle.

porains, ni de la thèse des réformistes qui estimaient que le système n'était pas au point, car ils voulaient mettre l'accent sur les aspects culturels du retard pris par la Chine. Le mouvement *pilin-pikong*, quant à lui, lancé durant la Révolution culturelle, fut orchestré d'en haut par un pouvoir totalitaire. Non seulement celui qui l'a déclenché, Mao Zedong, détenait le pouvoir absolu, mais la pensée-maozedong, érigée en pensée unique, avait pris la place de toute autre forme de pensée, qu'elle soit d'origine chinoise ou étrangère.

De plus, la nature de ces deux mouvements anti-Confucius était radicalement différente. La révolution de la nouvelle culture lancée par la génération d'intellectuels du 4 Mai ne visait pas la personnalité de Confucius, qui vécut durant une période historique antérieure à celle de l'empire de Qin Shi Huangdi, durant laquelle « cent écoles de pensée » pouvaient rivaliser. Elle s'attaquait à la pensée officielle confucéenne érigée en dogme par Han Wudi et elle voulait renverser la tradition des « chiens de garde » au service d'un pouvoir impérial dictatorial, alors que le mouvement lancé par Mao Zedong contre Confucius n'avait aucune exigence culturelle ni de motivation pour remplacer l'ancien par du nouveau. Il s'agissait seulement de répondre au besoin de garder le pouvoir politique. Il fit de la lutte anti-Confucius un outil de lutte politique au sein du Parti pour décrédibiliser complètement Lin Biao, et aussi pour mettre en garde le « plus grand confucéen au sein du parti », Zhou Enlai.

Autrement dit, les deux mouvements ont des différences de nature : la différence qui existe entre des intellectuels d'un style nouveau, aux mains nues, et un Qin Shi

Huangdi contemporain détenant le pouvoir absolu, la différence qui existe entre un mouvement culturel spontané et un mouvement politique orchestré par le pouvoir, la différence qui sépare ceux qui cherchaient une voie de sortie pour la vieille Chine de celui qui voulait consolider un pouvoir absolu et museler toute forme d'opposition.

Voilà pourquoi, jusqu'à aujourd'hui, je soutiens toujours ceux qui se sont levés spontanément pour « renverser la boutique de Confucius » le 4 mai 1919, mais je suis fermement opposé à ceux qui, durant la Révolution culturelle, ont voulu faire d'un mouvement politique une tentative de renverser Confucius.

Dans son article intitulé « Le Confucius de l'époque contemporaine », Lu Xun a dit de Confucius qu'il était un saint des temps modernes, tout en critiquant la tradition béatifiante de la Chine impériale. Il a dit : « La position de Confucius en Chine a été gonflée par les tenants du pouvoir, c'est le grand sage de ceux qui détiennent le pouvoir ou de ceux qui voudraient le détenir. En fait, tout cela ne concerne en rien les gens ordinaires. » Mais moi je considère que l'on peut dire que la tradition chinoise de vénération à l'égard du sage peut être considérée comme la plus magnifique fabrication culturelle mensongère. Des générations de souverains et les lettrés à leur service y ont participé ensemble. Le Confucius qui fut sanctifié par les dynasties impériales et les confucéens ne ressemble plus depuis longtemps au véritable Confucius, et on peut l'appeler le plus grand produit frelaté jamais inventé.

En fait, si l'on lit attentivement les écrits des auteurs

antérieurs à la fondation de l'Empire chinois[1], on découvre
que le Confucius qui est respecté comme un sage était à
l'époque considéré comme un faiseur de discours moralisa-
teurs médiocre. Si on le compare à Zhuangzi[2], Confucius n'a
pas son charisme mystérieux, dû à la délicatesse de son style,
sa légèreté et son pouvoir d'abstraction, ni la liberté de ton et
l'ampleur de ses écrits. Confucius n'a pas les connaissances
philosophiques qui pourraient l'élever au-dessus du vulgaire,
ni de talent littéraire exceptionnel, il a encore moins une
conscience claire de la tragédie humaine. Si l'on compare
Confucius à Mencius[3], Confucius n'a pas son style viril, il n'atteint pas les mêmes dimensions magnifiques, et il n'a pas son
recul paisible. Il manque encore plus d'amour-propre vis-à-vis
des puissants, et il n'a pas la même compassion à l'égard des
petites gens, qui lui ferait mettre « le peuple en premier par
ordre d'importance, la société en second, et les dirigeants en
retrait ». Comparé à Han Feizi[4], Confucius est hypocrite et
mesquin ; il n'est pas aussi direct, et son style n'a ni le mordant
ni le côté satirique de celui de Han Feizi. Si on le compare à
Mozi[5], Confucius ne suit pas les canons moraux d'un populisme idéaliste et égalitaire, et il ne maîtrise pas la logique for-

---

1   L'empire fut fondé en 221 avant J.-C. par Qin Shi Huangdi.
2   Zhuangzi, grand maître taoïste de l'Antiquité, aurait vécu au IVe siècle avant
     J.-C.
3   Mencius (Mengzi) aurait vécu de 372 à 289 avant J.-C.
4   Han Feizi, qui fut obligé de se suicider en 233 avant J.-C., sur ordre de Qin Shi
     Huangdi, a été son conseiller le plus abouti, car sa pensée, qui est une syn-
     thèse des penseurs légistes qui l'avaient devancé, resta l'outil théorique le
     plus efficace des empereurs jusqu'en 1911.
5   Mozi vécut durant la seconde moitié du Ve siècle avant J.-C. Il prône l'entraide
     et le dévouement au bien commun.

melle à l'occidentale. Dans tout ce que profère Confucius, il manque d'une vaste intelligence et ne peut faire que le petit malin. Il est extrêmement utilitariste, diplomate et manque de finesse esthétique, ainsi que de profondeur théorique. Il n'a ni noblesse de caractère ni largeur d'esprit. Il a commencé par chercher partout à se faire employer, et ce n'est qu'après son échec qu'il s'est mis à enseigner la morale. Le plaisir qu'il prenait à enseigner, et la façon qu'il avait d'« enseigner sans jamais se lasser » soulignent justement les aspects orgueilleux et superficiels de son caractère. Ses méthodes pour s'impliquer intelligemment dans le monde « en s'y plongeant quand tout est prospère et en se retirant quand le trouble s'installe » ont toutes les caractéristiques d'un opportunisme irresponsable. Ce qui me désole, c'est que ce Confucius, qui est le plus pragmatique, le plus adapté à soigner ses relations, qui assume le moins ses responsabilités tout en prenant la misère du monde sur ses épaules, est devenu le modèle et le Grand Sage de la nation chinoise depuis des milliers d'années. Chaque nation mérite ses saints, et lorsqu'on a des sages d'un certain style, on fabrique une nation de ce même style. Le caractère servile des Chinois prend sa source à ce breuvage, et ce genre d'héritage culturel se perpétue jusqu'à ce jour.

Le véritable sens de la lecture des *Analectes* par Li Ling est d'abord de souligner l'origine du nationalisme extrémiste de la Chine actuelle. Bien qu'il s'agisse d'un ouvrage scientifique dont le but était de retrouver le « véritable Confucius », d'enlever les couches que les confucéens ont accumulées au cours des dynasties sur un Confucius illusoire, il y avait aussi une préoccupation d'une brûlante actualité qui remet en question toutes les « fièvres d'études classiques » et de « grand respect à Confucius ». Par ce biais il met en doute la prétendue « émergence de la Chine ». Pour Li Ling, Confucius n'est qu'un « chien errant » qui ne trouvait pas son havre spirituel dans le monde réel, et il critique les confucéens contemporains qui considèrent Confucius comme le Messie. Comme Li Ling le dit lui-même : « Je ne trouve aucun intérêt à planter le drapeau de Confucius partout sur la face du monde, car il n'a pas su sauver la Chine, et il ne sauvera pas le monde. »

Li Ling estime que, dans l'histoire, ces intellectuels gonflés d'idéologies utopistes n'avaient qu'un seul devoir : rester une force critique indépendante du pouvoir ; s'ils devaient un jour s'emparer du pouvoir, ils deviendraient un danger, voire un véritable fléau. Li Ling dit : « Les intellectuels sont éduqués et ils voient clairement les choses, du coup ils sont plus tyranniques que qui que ce soit. S'ils ont un couteau à la main, les premières victimes seront leurs congénères. En effet, les intellectuels chinois sont tous excessifs, ils pensent d'eux-mêmes qu'ils sont les plus savants, les plus moraux, les plus désirables. » Ils disent d'eux-mêmes qu'ils « sont les premiers à se soucier des malheurs du pays, les derniers à profiter de ses bonheurs », qu'ils sont prêts à se jeter au feu et dans l'eau pour sauver les simples citoyens, et qu'ils établiront un paradis sur terre. Zhang Zai, un confucéen de la dynastie des Song, a écrit ces quatre sentences : « Fixer son cœur sur le Ciel et la Terre, donner sa vie pour le peuple, poursuivre la cause des sages d'antan en les étudiant sans cesse, ouvrir la paix pour les générations à venir. » Cela reste la devise de nombreux intellectuels chinois jusqu'à ce jour, ce qui prouve que la tradi-

tion présomptueuse des bureaucrates et des lettrés de Chine
reste toujours bien enracinée.

C'est justement à cause de cela que Li Ling met en
garde les intellectuels chinois contemporains en leur demandant de tirer les leçons de l'histoire, de garder la distance envers
le pouvoir, de renoncer à leur désir de devenir les « conseillers
du prince », de rejeter la coutume qui consiste à politiser les
classiques de l'Antiquité et à les transformer en concepts idéologiques. Il leur suggère de s'attacher à leur indépendance de
chercheurs, de penseurs et de savants, afin de stimuler leur
créativité intellectuelle. Comme le dit Li Ling dans la conclusion de sa préface : « Pour lire les *Analectes*, il faut garder un
état d'esprit serein et s'écarter de toute politisation, de toute
moralisation, de toute religiosité. Il n'y pas d'autre but que
de retrouver le véritable Confucius, surtout dans ce monde
où tout fiche le camp » ! Sinon, les intellectuels d'aujourd'hui
n'auront pas d'autre choix que de reprendre le même chemin
que celui de leurs prédécesseurs pour devenir les chiens
courants de leurs propriétaires. Les seules différences qu'il y
aura entre eux, c'est que, lorsque personne n'acceptera de les
prendre en considération, ils seront des chiens sans maîtres, et
quand quelqu'un les regardera d'un œil favorable, ils devien-
dront comme des chiens de garde primés dans un concours.

Pour moi, le plus grand drame de la culture chinoise, ce
n'est pas le moment où Qin Shi Huangdi a « jeté les lettrés
dans une fosse et brûlé les livres », mais le choix de Han Wudi
de « supprimer le pluralisme des idées pour ne plus révérer
que le confucianisme ». Après les réformes de la doctrine
confucéenne par Dong Zhongshu, le processus impérial qui

consiste à accéder et à se maintenir au pouvoir par la violence est décrit comme une incarnation du schéma divin, selon lequel « le Ciel ne change pas, les dogmes ne changent pas non plus », ce qui établit le fondement ontologique de la légitimité du système impérial. Cela a apporté les preuves cosmologiques de la pérennité de ce système dans les sociétés humaines, et cela a dissimulé, à l'aide d'un pardessus moelleux que serait un gouvernement humaniste, la violence à l'état brut des gouvernants. Les souverains ont bien vu l'utilité de ce pardessus comme instrument de persuasion. Ils ont peu à peu consolidé l'idéologie mandarinale du respect dû au seul Grand Sage, qui est devenue l'orthodoxie confucéenne et qui a permis aux lettrés en place de se procurer une vie tranquille et la sécurité matérielle. C'est ainsi qu'est née la grande tradition des « bons esclaves ». Mao Zedong avait donné d'eux une excellente définition : « S'il n'y avait plus de peau, d'où viendraient les poils ? »

La responsabilité principale des intellectuels chinois d'aujourd'hui n'est pas de s'accrocher à une tradition qui maintient un pouvoir dictatorial par la maîtrise du respect dû à un seul sage, mais de se libérer de la position de celui qui dépend du pouvoir qui l'emploie, afin de perpétrer la nouvelle tradition innovée le 4 mai 1919 de « liberté de penser, dignité de l'indépendance ».

Écrit le 18 août 2007 chez moi à Pékin.

Traduit par Marie Holzman

La propriété d'État de la terre est l'arme absolue permettant les expulsions et les démolitions forcées

Même si la Loi sur les droits réels récemment promulguée établit certaines conditions à la réquisition des terrains, par exemple le versement d'une indemnité en cas de démolition, ainsi que la garantie de relogement pour la personne expulsée, le maintien du régime de la propriété publique de la terre reste un des éléments centraux de cette loi. Cette Loi sur les droits réels stipule en effet que pour des besoins d'intérêt public, selon le champ d'application et la procédure fixés par la loi, on pourra saisir les terres et les unités[1], les habitations individuelles et autres biens immobiliers qui relèvent de la propriété collective.

Les clauses de la Loi sur les droits réels protégeant égalitairement la propriété publique et la propriété privée ont donc été largement approuvées alors que les règles fixant le droit de propriété de la terre ont été largement critiquées. Ainsi, en réponse aux fréquents conflits aigus entre l'administration et les citoyens causés par les démolitions et les déménagements

---

1   Unité : terme désignant les entités administratives. [*Les notes sont du traducteur.*]

forcés, de nombreux universitaires spécialisés ont réclamé une réforme rapide du régime foncier en vigueur. C'est ainsi que M. Mou Yushi, célèbre économiste, a pu déclarer : « La Loi sur les droits réels ne permet pas de régler le problème des saisies illégales de terres qui se multiplient en Chine ; seule la privatisation de la terre pourra le régler efficacement. »

À vrai dire, depuis quelques années, les conflits nés des démolitions et des expulsions au nom de l'« intérêt public » sont de plus en plus nombreux. Dans le même temps, les modes de résistance de la population ne cessent également de se radicaliser ; les cas de citoyens blessés ou tués à l'occasion de démolitions forcées sont loin de constituer des phénomènes isolés ; les nombreux cas de suicide ne sont pas non plus le fait du hasard. Dans les situations de désespoir que crée l'absence de tout recours possible, la résistance prend les formes les plus extrêmes, comme l'immolation par le feu de plaignants sur la place Tian'anmen. C'est aussi la raison majeure pour laquelle l'affaire des « acharnés[1] » de Chongqing, qui refusaient obstinément de déménager, a capté l'attention de l'opinion chinoise.

Dans le processus de saisie de terres et de démolitions forcées, la cause principale de la tristesse, du désarroi et du désespoir des faibles qui tentent de défendre leurs droits face aux groupes puissants de marchands et de bureaucrates complices n'est pas la seule misère matérielle, mais c'est le déni de leurs droits qu'impose ce régime inique. Cela explique qu'ils finissent par payer de leur vie les appels lancés pour le respect

---

1   *Dingzihu* : litt. « famille clou », néologisme désignant les familles qui refusent obstinément de quitter leur logement.

de ces droits. Ainsi, dans de nombreux cas d'immolation, des hommes ont constaté l'inhumanité des autorités et la rapacité du capital. Toutefois, la cause primordiale de la facilité avec laquelle s'exercent cette inhumanité et cette rapacité, de la sauvagerie des expulsions, du faible montant des indemnités versées et de l'impossibilité de porter plainte ou de l'inefficacité des plaintes, c'est l'écart immense entre le pouvoir de l'administration et celui des citoyens. À savoir, l'absence grave du droit de propriété privée, du droit de commercer équitablement, du droit de porter plainte, du droit de bénéficier d'un jugement impartial et même du droit à la protection de la personne. Les tragédies des expulsions à répétition et les affaires sanglantes de résistance qui se terminent par des suicides, même s'il s'agit de catastrophes en matière de droits humains, causées par le despotisme du pouvoir bureaucratique, sont aussi des modes de résistance désespérée face aux spoliations forcées. Ce qui est flagrant, c'est précisément l'absence de droits humains fondamentaux, la grave iniquité de la société et le déchaînement de la corruption chez les puissants.

La réforme de la Chine communiste a commencé par la fixation de quotas de production pour les familles. La décentralisation du pouvoir est devenue le véritable moteur de la réforme économique. À partir de l'instauration du droit d'usage de la terre donné aux paysans au tout début de la décentralisation jusqu'à son extension au droit d'usage des terrains urbains mis en œuvre lors de la flambée immobilière, pour finir par la marchandisation des logements, la décentralisation du droit d'usage des terrains s'est étendue à tout le pays et ce commerce du droit d'usage s'est développé sous des formes multiples. Il ne fait aucun doute qu'il s'est agi d'un processus de décentralisation du pouvoir par les instances bureaucratiques communistes et d'un processus de marchandisation et de privatisation du système économique. Toutefois, du fait que la propriété foncière reste monopolisée par le pouvoir politique, il s'agit au mieux d'une « privatisation bâclée » où l'administration conserve le pouvoir de décision sur ce qui peut ou ne peut pas etre privatisé et où les bénéfices faramineux de la promotion immobilière sont généralement privatisés par les puissants. Le secteur de l'immobilier est donc devenu une zone sinistrée par la corruption.

En termes de droit de propriété, la terre en Chine reste « propriété d'État »; en tant qu'individus dispersés, les petites gens ne disposent en fait que du droit d'usage des terrains que leur loue l'État et ne peuvent pas posséder le moindre bien foncier. Pour les paysans soumis au régime de la responsabilité, les revenus correspondent au profit créé par le travail de la terre et non à un profit que le droit de propriété foncier permettrait de négocier librement; le profit né du négoce de la terre tombe principalement dans la poche des groupes de marchands bureaucrates. Les gens du peuple des villes soumis à la marchandisation des logements ne font qu'acheter le droit d'habiter temporairement sur une petite parcelle en déboursant de l'argent; la relation entre l'État et l'individu demeure en réalité une relation entre propriétaire et locataire. Face aux expulsions à grande échelle qui marquent l'ouverture des villes, le désir subjectif de la population n'a donc aucune possibilité de s'opposer à la volonté des groupes puissants et les masses démunies des expulsés n'ont aucun moyen d'obtenir des indemnités équitables.

En Chine, si l'on peut dire qu'avant 1949 les maîtres de la terre étaient une couche de propriétaires en nombre limité (les propriétaires fonciers) et que les locataires de terres ne représentaient qu'une partie de la population (les fermiers), la nationalisation totale d'après 1949 élimina tous les propriétaires fonciers qui furent remplacés par le « droit de propriété foncière moyen » et l'« appropriation du pouvoir ». C'est-à-dire que le maître de la terre est devenu le pouvoir communiste au nom de l'État. Ce fut désormais le seul patron de la terre en Chine. La nation de l'époque de Mao Zedong s'en trouva réduite à une masse de serfs cultivant le « territoire national ». Quant à la population de l'époque de l'après-Mao, elle n'est au mieux qu'une masse de locataires jouissant d'un droit d'usage des terres louées, qui ne peuvent continuer à y habiter que si le propriétaire foncier le leur permet. Si le propriétaire foncier ne les autorise pas à rester, c'est l'expulsion sans négociation. En ce sens, le pouvoir communiste s'est emparé par la force de la totalité du droit de propriété privé et, en termes de sauvagerie et d'abomination, a dépassé de loin tous les pouvoirs politiques antérieurs à 1949.

La notion de « territoire national » a véritablement conféré une « légitimité » aux expulsions forcées

Le Règlement sur la gestion des expulsions de logements urbains, promulgué par le Conseil d'État communiste chinois,

ainsi que les règles correspondantes des gouvernements
locaux des divers échelons ont totalement transformé le
régime de la propriété d'État de la terre en source de légitimité,
conférant ainsi aux organismes gouvernementaux un pouvoir
dictatorial en matière d'expulsions arbitraires à grande échelle
et aux promoteurs le pouvoir de fixer les prix unilatéralement en cas d'expulsion. En revanche, ce qui ressortit au droit
inique d'expulser dont jouissent les divers gouvernements
locaux, c'est le vide en matière de droit de propriété foncier :
un déséquilibre entre le droit d'usage accordé aux individus et le
droit de propriété conféré au pouvoir politique. Car les actions
des gouvernements qui expulsent par la force les occupants
de leurs logements privés ont lieu comme il se doit sur les
« terres propriété d'État ». La « propriété foncière d'État »
fournit donc bien l'arme absolue permettant les expulsions
forcées.

Cette prétendue « légitimité » est un droit perverti par
excellence : du fait de la marchandisation des logements, le
gouvernement a cédé la compensation du droit d'usage des
« terres d'État » à des personnes privées, ce qui revient à la
signature d'un contrat entre ces personnes privées et l'État, ce
contrat ayant lui-même un pouvoir de contrainte légal. Ainsi,
l'État, qui cède le droit d'usage contre un profit en argent,
sans avoir la moindre raison d'arguer du titre de propriétaire,
intervient de force dans la transaction entre promoteur et
habitant.

Plus important encore, depuis l'Antiquité, la terre a
toujours été le bien le plus précieux. Dans la Chine actuelle, la
terre et son droit d'usage sont le fondement de la sécurité des

paysans; le droit de posséder son logement est le droit de propriété le plus important pour les gens des villes qui économisent toute leur vie pour y accéder. La propriété d'État de la terre n'implique absolument pas la légitimité pour le gouvernement de pouvoir procéder à des expulsions forcées. Le droit d'usage dont jouissent les citoyens est un droit légitime qui interdit toute expulsion forcée. C'est pourquoi l'« ouverture » de la terre dans les campagnes et les expulsions des citadins de leur logement sont avant tout un problème de droit de propriété, et c'est seulement en deuxième lieu un problème d'indemnité. Or le droit de propriété privé est un des droits humains les plus fondamentaux; expulser par la force, c'est priver le citoyen de ce droit humain de base. C'est la raison pour laquelle des représentants de toutes les couches de la société ont pu contester le Règlement sur la gestion des expulsions de logements urbains promulgué par le Conseil d'État, ainsi que les règles sur les expulsions édictées par les divers gouvernements locaux. Il ne s'agit pas seulement d'une contestation d'universitaires spécialisés, c'est aussi une contestation exprimée par de simples citoyens. Ainsi, le 31 août 2003, six habitants de Pékin ont présenté un mémoire à la commission de travail juridique du comité permanent de l'Assemblée nationale, considérant que la Méthode de gestion des expulsions de logements de la municipalité de Pékin et le Règlement sur la gestion des expulsions de logements urbains du Conseil d'État contrevenaient gravement aux articles 13 et 39 de la Constitution et aux articles 3, 4, 5, 6 et 71 des Règles générales du droit civil.

Sans droit de propriété total, il n'y a pas de droit de transaction équitable

Le caractère libre et équitable d'échanges commerciaux harmonieux réside dans le fait que les conditions préalables sont fondées sur un régime de protection totale du droit de propriété privé, qui mette les deux parties sur un pied d'égalité au regard du droit. Dans la situation de « privatisation bâclée » qui règne sur le continent chinois, le droit dont jouissent les deux parties est gravement déséquilibré et ne permet pas l'exercice d'un échange commercial libre et égalitaire ; il s'agit seulement d'un accaparement non libre et inéquitable. Or la fixation unilatérale du prix en cas d'expulsion et l'achat et la vente forcés sont devenus monnaie courante.

Sous le régime foncier en vigueur en Chine, quand une transaction a lieu strictement entre personnes privées, un droit d'usage incomplet peut encore constituer la condition préalable, mais quand la transaction a lieu entre une personne privée et l'État, ou un groupe puissant ayant partie liée à l'administration, celui-ci jouit d'un droit de propriété absolu. Le simple citoyen, lui, ne jouit que d'un droit d'usage incomplet, ce qui revient à ce qu'il n'ait aucune garantie véritable de son droit de propriété et qu'il soit condamné à accepter une transaction inéquitable de caractère forcé. Or les transactions inégalitaires et les manœuvres opaques ne peuvent qu'aggraver la corruption des fonctionnaires, nuire à l'autorité et à la considération du gouvernement et affaiblir sa capacité d'exercer ses fonctions de gestion.

Sur le continent chinois, qu'il s'agisse de terrains urbains ou de terres rurales, dès qu'on entre dans le cadre d'un plan de développement étatique (planification urbaine, développement commercial, infrastructures telles que chemins de fer, ponts, aéroports, réserves d'eau, etc.), les terrains privés en termes de droit d'usage se transforment automatiquement en terrains publics en termes de droit de propriété. Les individus jouissant d'un droit d'usage foncier perdent leur droit de décider librement et celui d'opérer une transaction volontaire ; ils doivent se soumettre à l'accaparement forcé de l'État. Dans tous les cas de restructuration avec expulsion de grande ampleur contrôlés par des institutions étatiques de toutes régions et de tous échelons, il s'agit donc entièrement de transactions forcées unilatérales. Les simples citoyens doivent accepter des contrats de vente, des critères d'indemnisation, des dates limites d'expulsion et des lieux d'installation fixés unilatéralement ; ils sont obligés de vendre même contre leur gré, sinon ils risquent de subir des mesures coercitives sauvages. De même, lorsque le pouvoir politique désire punir un riche individu privé, il suffit de prononcer la phrase « évasion de biens d'État » pour transformer en un instant des biens familiaux valant des centaines de millions de yuans, accumulés par un particulier pendant des années, en une bulle de savon. Dans ces cas de spoliation, si les riches particuliers voient seulement leur fortune dilapidée, cela signifie que les fonctionnaires ont fait preuve d'indulgence à leur égard ; dans la majorité des cas, les riches punis par l'État doivent payer le prix de leur liberté individuelle d'un séjour en prison.

Les transactions inéquitables imposées aux propriétaires de leur logement par l'État, voire les expulsions forcées où l'on « n'hésite pas à utiliser des procédés criminels », sont monnaie courante. Les transactions inéquitables de ce type vont même jusqu'à enfreindre les articles 3, 4 et 7 de la Loi sur les contrats de la République populaire de Chine, ainsi que l'article 226 du Code pénal de la République populaire de Chine. Ces textes de loi stipulent en effet qu'une transaction forcée est une action criminelle. En particulier, les transactions forcées où l'on a recours à la violence et à la menace sont passibles d'une sanction pénale sévère.

Pourtant, grâce au pouvoir absolu du régime dictatorial et à l'arme absolue que constitue la « propriété d'État de la terre », quelles que soient les raisons suffisantes invoquées par les habitants, ils n'ont aucun moyen d'arrêter les bulldozers des démolisseurs.

Ni droit à l'information, ni droit de consentement, ni droit d'intenter une action en justice, ni droit de bénéficier d'un jugement équitable, ni garantie de disposer de sa personne...

Dans la phase d'élaboration du programme de développement foncier, les organes étatiques des différents échelons du pouvoir communiste n'ont fait aucun cas du droit à l'information et des intérêts fondamentaux des citoyens, ils n'ont pas demandé l'avis de la population, ils n'ont procédé à aucune enquête publique, en particulier ils n'ont tenu aucun compte de l'avis des résidents expulsés. Il s'agit là de mesures opaques perpétrées sous le signe de la brutalité du pouvoir monopoleur, d'abus de pouvoir de supérieurs hiérarchiques et de corruption des transactions mêlant argent et pouvoir, même si dans les procédures de promotion foncière établies par le gouvernement central on utilise à la rigueur de prétendus « argumentations de spécialistes » et « appels d'offres publics ».

Dans la phase de mise en œuvre de la promotion foncière, on a principalement utilisé la promotion forcée, sans tenir aucun compte de la situation concrète, des désirs subjectifs et des intérêts des habitants du lieu. Les conflits entre les fonctionnaires alliés à des personnages puissants qui procèdent à ces expulsions forcées et les habitants se soldent dans la plupart des cas par la victoire des premiers et la défaite des seconds. Les citoyens lésés n'ont aucun lieu où se plaindre, et, même s'ils trouvent à qui s'adresser, leur démarche aboutit très difficilement. Car le « régime de la propriété d'État de la terre » n'est rien d'autre que l'arme absolue au service des expulsions forcées. La « prise en considération de l'ensemble de la situation et de l'intérêt général de la société » n'est que le principal prétexte utilisé pour procéder à des expulsions forcées. En réalité, tout cela n'est qu'une vaste entreprise de protection des intérêts du pouvoir politique et de ses puissants affidés.

Le pouvoir politique du Parti communiste et ses organes associés non seulement établissent de manière opaque les programmes de développement et interviennent illégalement dans des transactions commerciales à l'écart desquelles ils devraient se tenir, mais, en intervenant, ils jouent le rôle de soutien et de protecteur des promoteurs immobiliers. Ils commencent ainsi par faciliter les ventes et les achats forcés, approuver tacitement et même encourager le recours aux moyens d'intimidation et aux méthodes mafieuses de harcèlement et de violence utilisés par les promoteurs — par exemple, dans les cas les moins graves, couper l'eau et l'électricité, dans les cas les plus graves, envoyer la police procéder à des arrestations, voire ne pas hésiter à recruter des hommes de main (pour soit tabasser le propriétaire, soit provoquer un incendie et détruire des biens, soit kidnapper la personne en pleine nuit)... Puis, une fois que le détenteur du droit d'usage du terrain a subi des dommages sur sa personne et sur ses biens et qu'il porte plainte auprès des organismes gouvernementaux, et alors que cette victime est en droit d'obtenir une protection et que l'agresseur devrait être condamné, le Bureau des démolitions et relogements, le Bureau des plaintes et visites et jusqu'à la police, le parquet et la justice, presque tous se rangent du côté du promoteur. Face aux actes de violence illégaux de toutes sortes perpétrés à l'occasion d'expulsions forcées, le Bureau des démolitions et relogements prend la défense du promoteur, le Bureau des plaintes et visites fait le mort, la police fait comme si elle n'avait rien vu, le parquet ne cherche pas à se renseigner, le tribunal soit ne veut pas entendre la plainte, soit rend un jugement défavorable à la victime. Devant ce déni de leurs droits humains fondamentaux, devant l'impossibilité de s'exprimer et le blocage des voies de recours, les expulsés victimes de dommages toujours plus graves ont le plus grand mal à obtenir une protection équitable de la part de l'administration ou de la justice. De ce fait, les pétitions et protestations de foules dans la rue deviennent le moyen courant des citoyens de défendre leurs droits ; les protestations par immolation auxquelles recourent les extrémistes deviennent le moyen ultime des faibles de se faire entendre.

Ainsi, le *Zhongguo jingji shibao* [*China Economic Times*] a relaté que dans la nuit du 19 septembre 2004, alors que la famille d'un certain Dagang, domiciliée au pont de Chang-chun, dans le quartier de Haidian, à Pékin, menacée d'expulsion, s'était couchée tôt, elle fut brusquement réveillée par l'irruption dans la maison de cinq ou six malabars qui enfoncèrent leur porte. Armés de lampes de poche et de bâtons de plus d'un mètre de long, ils ligotèrent tous les membres de la famille de Dagang, leur bandèrent les yeux, les bâillonnèrent et les jetèrent hors de la maison comme un tas d'ordures. Ensuite, dans la nuit noire, on entendit des bruits sourds pendant une quarantaine de minutes tandis que la maison de Dagang était rasée à coups de pelleteuse. Or, à ce jour, ce crime est demeuré impuni.

Autre exemple : l'avocat shanghaien Deng Enchong, spécialisé dans la défense des expulsés, a intenté plus d'une centaine de procès pour défendre leurs intérêts. Dénonçant la recherche de profits par des moyens délictueux de parvenus semblables à Zhou Zhengyi[1] et d'instances administratives et judiciaires, Deng Enchong est devenu pour cette raison la bête

---

1   Un temps le plus riche magnat de Shanghai, condamné à seize ans de prison en 2007 pour diverses malversations.

noire des puissants de Shanghai et a fait l'objet de persécutions répétées — menaces, harcèlement, surveillance et
retrait de sa licence. Pourtant, au moment où les affaires de
corruption de Zhou Zhengyi éclataient au grand jour, le méri-
tant Deng Enchong qui avait dénoncé ses activités illégales
était condamné sans preuve à trois ans de prison pour divulga-
tion de secrets.

   L'extension continuelle du pouvoir de l'administration entraîne une restriction des droits individuels
chaque jour plus grave et contribue inexorablement à ce
qu'une minorité de puissants réalise des profits exorbitants,
tandis que les intérêts de la très grande majorité des gens sont
gravement lésés. Les réquisitions de terres agricoles et les
saisies de biens de gens à qui l'on interdit de vivre en paix, les
difficultés judiciaires contre lesquelles il n'y a pas de recours
ou dont les recours restent sans effet contraignent les
simples citoyens qui se retrouvent dans une impasse à faire
valoir leur droit de propriété sur leurs biens privés par le biais
d'une résistance spontanée. Les paysans s'adressent aux
bureaux des plaintes, manifestent et même assiègent les
locaux administratifs des districts et villages. Les citadins
portent plainte, défilent et, poussés au désespoir, absorbent
du poison et s'immolent par le feu. Les gens du peuple qui
cherchent à jouir des avantages qui leur sont dus et qui ne
veulent pas se faire exploiter par les puissants sont amenés à
participer à des mouvements spontanés pour la défense de
leurs droits et, grâce au renforcement progressif de la pression
populaire, finissent par contraindre l'administration à leur
restituer leurs droits.

La misère au sens moderne n'est pas un simple manque de ressources ni une insuffisance d'approvisionnement ; il s'agit plutôt d'une misère en termes de pouvoir, c'est-à-dire une grave iniquité dans le partage du pouvoir. Un régime dont le pouvoir de base repose sur la spoliation des masses par l'application d'un « droit perverti » ne peut pas éliminer la misère moderne. Cette misère du pouvoir des citoyens constitue la racine de ce système cupide de spoliations et d'absence inique de scrupules, et ne peut que causer un conflit toujours plus aigu entre l'administration et le peuple. Si l'État veut atténuer et résoudre les problèmes, se contenter d'interdictions et de faveurs décrétées à la dernière minute sera sans effet. La seule tâche urgente serait de rectifier l'asymétrie criante qui existe entre le pouvoir de l'État et le pouvoir des citoyens. Concernant la réforme du droit de propriété, ce n'est qu'une fois qu'on aura « rendu la terre au peuple » qu'on pourra vraiment « rendre la propriété au peuple ». C'est pourquoi le processus de gouvernement par la loi qu'est la privatisation en Chine, l'inscription dans la Constitution de la garantie de la propriété privée et l'adoption d'une Loi sur les droits réels ne sont qu'un début ; dans l'avenir, il faudra franchir la barrière, en supprimant la propriété d'État de la terre.

Écrit à mon domicile de Pékin,
le 7 avril 2007.

Publié dans *Guancha*
(« *L'Observateur* ») à la même date.

Traduit par Hervé Denès

Les condamnations pour écrits et le secours de l'opinion publique

La Chine est un grand pays où il y a toujours eu pléthore de condamnations pour écrits. Depuis le jour où le premier empereur, Qin Shi Huang, fit « brûler les livres et enterrer vivants les lettrés » jusqu'au mouvement antidroitiers et à la Révolution culturelle orchestrés par Mao Zedong, les condamnations pour écrits n'ont jamais cessé tout au long de l'histoire du pays et les victimes ont été innombrables. Même si la Chine actuelle est entrée dans sa trentième année de « réforme et d'ouverture », on dénombre toujours dans les prisons pas moins de quatre-vingts journalistes et internautes. Le pire, c'est qu'à l'approche des jeux Olympiques de Pékin les médias chinois ne se font pas l'écho de ces condamnations, alors même qu'elles sont de plus en plus fréquentes à frapper ces mêmes médias.

Les condamnations pour écrits manigancées par des chefs de district

L'« *affaire du poème de Pengshui* »

En août 2006, Qin Zhongfei, employé du bureau du personnel du comité de l'éducation du district de Pengshui de la municipalité de Chongqing, pour la seule raison d'avoir envoyé un texto sur son téléphone portable reflétant la situation à Pengshui et critiquant les autorités du district, intitulé « "Printemps au parc de la Qin[1]", Pengshui », fut jeté en prison sur ordre du secrétaire du comité du Parti du district, Lan Qinghua, et du chef de district, Zhou Wei, sous l'inculpation de « médisances mensongères à l'encontre de dirigeants du district ». Par la suite, grâce à la pression de l'opinion et à l'aide conjointe de la justice, Qin Zhongfei fut libéré et toucha même une indemnité de 2125,7 yuans de l'État.

L'« *affaire du texte de Jishan* »

En avril 2007, trois cadres techniques du district de Jishan, dans le Shanxi, Nan Huirong, Xie Zhijing et Yang Qinyu, adressèrent un texte rédigé à partir de documents concernant le secrétaire du Parti du district, Li Runshan, à trente-sept organismes de la région. Le texte exprimait leurs griefs concernant la situation à Jishan et contenait bon nombre

---

1 Titre d'un poème d'époque Song par lequel on désigna ensuite un genre poétique. [*Les notes sont du traducteur.*]

de critiques à l'égard de Li Runshan. Dix jours plus tard, les trois hommes étaient arrêtés par la police, accusés du « crime de médisances mensongères ». Le comité du Parti du district réunit une assemblée de mise en garde de plus de cinq cents cadres techniques et obligea Nan Huirong et ses coinculpés, menottés, à faire leur autocritique et à avouer leur crime.

L'« *affaire de la chanson de Danzhou* »

En juillet 2007, parce qu'ils étaient opposés à la décision du gouvernement municipal de Danzhou de déménager le lycée de l'établissement secondaire n° 2 de Nada à l'école Dongpo du lycée de Hainan, deux enseignants du lycée n° 2 de Nada, du nom de Li et Liu, publièrent un texte sur Internet, sous la forme d'une chanson de montagnard écrite en dialecte de Danzhou. La police locale, arguant d'une « suspicion d'attaque personnelle contre un dirigeant de la municipalité et de calomnie attentant à son honneur », infligea aux deux enseignants quinze jours de rétention administrative.

L'« *affaire du message sur Gaotang* [1] »

En décembre 2000, les citoyens Dong Wei, Wang Zifeng et Hu Dongchen, auteurs d'un message sur le site « Gaotang ba » du forum « Baidu tieba » parlant de la politique locale [du district de Gaotang], furent arrêtés sous l'inculpation de « suspicion d'outrages et de calomnies contre le secré-

------

[1]   « Gaotang ba », nom d'un forum sur Internet.

taire en exercice du comité du Parti du district de Gaotang, Sun Lanyu ». Par la suite, sous la pression de l'opinion et grâce à l'aide de la justice, les autorités de Gaotang décidèrent, le 21 janvier 2007, d'annuler l'ordre d'arrestation frappant les prévenus et de les libérer. Ces derniers intentèrent une action en justice pour demander réparation. Chacun obtint plus de 1 700 yuans d'indemnités de l'État.

L'« *affaire du texte de Mengzhou* »

En décembre 2007, six paysans de Mengzhou, au Henan, voulant dénoncer un problème économique concernant la distillerie de leur village, firent imprimer une petite brochure intitulée « Appel à la justice », qui critiquait divers fonctionnaires de la municipalité de Mengzhou, dont le vice-maire, et l'ex-directeur adjoint du Département de travail du front uni. Les six paysans n'obtinrent pas justice ; ils furent au contraire condamnés par le tribunal local à six mois d'emprisonnement pour « calomnies ». Qui plus est, par deux fois, les six paysans furent promenés dans les rues, exposés à la vindicte publique.

L'*affaire Zhu Wenna*

Le 1er janvier 2008, la revue *Faren* (« *Personne morale* »), gérée par la rédaction du *Quotidien juridique*, publia un rapport rédigé par Zhu Wenna, qui parlait de Zhang Zhiguo, secrétaire du comité du Parti du district de Xifeng, de la municipalité de Tieling, dans la province du Liaoning. Le 4 janvier, la police de ce district se présenta à la revue *Faren* pour arrêter Zhu Wenna, déclarant qu'elle était soupçonnée de « calomnies ». Sous la pression de l'opinion, la police annula l'ordre d'arrestation et présenta des excuses. Le 4 février 2008, le secrétaire du Parti du district, Zhang Zhiguo, reçut l'ordre d'endosser la faute et de donner sa démission. Il dut en outre adresser aux comités du Parti de la municipalité de Fengling un rapport d'enquête approfondi. Le comité du Parti considéra que, dans « l'affaire de l'arrestation et du transfert à la capitale de la journaliste Zhu Wenna », le secrétaire du comité du Parti, Zhang Zhiguo, qui avait approuvé l'intervention de la police, l'ouverture d'un dossier et l'arrestation de la journaliste, avait fait preuve d'un manque de conscience juridique et avait eu dans cette affaire en tant que dirigeant une responsabilité directe indéniable.

Ces cas d'arrestations pour des écrits procèdent de la barbarie d'un régime dictatorial et de la dégradation actuelle de la fonction mandarinale.

Tout d'abord, le régime dictatorial chinois perdure depuis plusieurs milliers d'années sans avoir subi de transformation fondamentale jusqu'à aujourd'hui. Sous la dictature antique, le pouvoir impérial qui « considérait le pays comme sa propriété personnelle » ne tolérait pas d'être défié par quiconque. Il y eut cependant quelques rares empereurs éclairés pour supprimer les lois instituant le « crime pour des paroles ». (Ainsi l'empereur Wen[1] des Han abrogea le « crime de calomnie et médisance ».) Sous l'actuelle dictature qui « considère le pays comme la propriété du Parti », le pouvoir dudit

_____
[1]   180-157 avant notre ère.

Parti tolère encore moins une quelconque dissidence politique. À l'époque de Mao Zedong, la calamité que représentent les condamnations pour écrits atteignit son paroxysme.
Même si la réforme dure maintenant depuis trente ans, le système du « Parti avant tout » n'a pas changé d'un pouce. Depuis
le comité central jusqu'à l'échelon local, le « grand patron » de
chaque organisme reste le secrétaire du comité du Parti.
Comme l'énonce le dicton populaire : « Le secrétaire fait un
signe de la main, l'Assemblée nationale vote à main levée, le
gouvernement prend les choses en main et la cons. pol.[1]
applaudit des deux mains. » Les fonctionnaires locaux de tous
échelons sont devenus de plus en plus barbares et de plus en
plus tyranniques. En recherchant le plus grand profit personnel, les bureaucrates ont instauré un véritable privilège, le
« coiffisme[2] », lequel a dérivé vers un mode de gouvernement
fait de corruption ordinaire et de gaspillage des ressources
matérielles et humaines, ce qui a forcément entraîné la loi
du silence, le « bouche-cousisme » bien connu. « Procurer le
bonheur partout[3] » est devenu « faire la loi partout » et « nuire
partout ». De nombreuses personnes qui avaient dévoilé la
corruption des fonctionnaires locaux ont été incarcérées et,
même si les bureaucrates corrompus qu'ils avaient dénoncés
ont par la suite été démis de leurs fonctions, les gens du peuple
qui s'attaquent à la corruption sont rarement bien traités.
    Ensuite, en Chine, où l'on « considère le pays comme

---

1   Conférence consultative politique du peuple chinois : assemblée consultative
    pseudo-démocratique sans aucun pouvoir de décision.
2   Mot formé à partir de la coiffe traditionnelle des mandarins chinois.
3   Devise mandarinale.

la propriété du Parti », où il n'y a rien au-dessus du pouvoir du Parti, la presse n'est pas libre, la justice n'est pas indépendante, la promulgation et l'exécution des lois obéissent à la volonté du parti unique et pour son seul profit. La fonction primordiale de la police et des autres organes de répression est de sauvegarder les outils du pouvoir politique dictatorial. Même si la Constitution chinoise stipule explicitement que les citoyens jouissent de la « liberté de parole », pour maintenir le système du pouvoir suprême du Parti, le PCC n'hésite pas à violer ouvertement la Constitution et à inscrire un « crime d'incitation à la subversion du pouvoir d'État » (art. 105) dans le code pénal, qui donne un fondement juridique à la condamnation pour écrits. C'est pourquoi, critiquer le PCC et ses bureaucrates petits et grands est toujours un acte à haut risque et pourquoi aussi, dans les prisons chinoises, les prisonniers de conscience n'ont jamais manqué. Dans la réalité politique, la loi et les organes de la dictature ne visent qu'à préserver les outils de l'« autocratie des chefs ». Même s'il s'agit d'un simple secrétaire du comité du Parti du « septième échelon mandarinal », sur le territoire d'un *mou*[1] et des poussières qu'il administre, c'est un « empereur » qui masque le ciel d'une main. Et quiconque osera mécontenter cet « empereur » a des chances de se retrouver entre quatre murs.

Enfin, depuis le début de la réforme, l'avortement des idéaux communistes et l'incitation à faire passer le profit avant tout ont fini par transformer le PCC de parti révolutionnaire en parti du profit. Les cercles du pouvoir sont chaque

---

1   Un quinzième d'hectare.

jour plus corrompus, l'administration est de pire en pire. Non seulement les fonctionnaires et les hommes d'affaires s'entendent comme larrons en foire, mais ils s'associent à des gangsters. Il en résulte que la conduite des fonctionnaires chinois ressemble de plus en plus à celle de chefs mafieux, ils ne tolèrent ni la moindre critique ni la moindre dissidence. Soit ils utilisent les organes de la dictature pour vous trancher la gorge, soit ils recourent aux procédés mafieux pour vous faire taire.

Le secours efficace du contrôle de l'opinion dans les affaires peu sensibles de condamnations pour écrits

Depuis dix-huit ans que le 4 Juin est passé, les divers échelons du Parti ont prononcé un très grand nombre de condamnations pour écrits. Les victimes sont pour la plupart des dissidents politiques et des défenseurs des droits. Sous le régime qui règne en Chine, dans la mesure où ce type de condamnation présente un degré de sensibilité politique très élevé, les écrits visés sont obligatoirement soumis à une censure totale dans les médias du continent. Comme il est impossible de les rendre publics, il ne faut pas compter sur le secours de l'opinion. L'extrême minorité des défenseurs des droits qui ont bénéficié d'une libération anticipée le doit en grande partie à la pression exercée par les grands pays occidentaux. Désormais, la « diplomatie des otages » est devenue une tactique établie du pouvoir communiste chinois pour faire face à la pression internationale. Les condamnations pour écrits, toujours aussi fréquentes, font ressortir la part obscure du continent chinois. Mais cela ne signifie absolument pas qu'il faille en tirer le jugement pessimiste que « tout est d'une extrême noirceur ». Car la Chine d'aujourd'hui n'est plus la dictature absolue qu'elle était du temps de Mao Zedong. Nous sommes désormais dans une époque d'autocratie post-totalitaire où les valeurs sont chaque jour plus diverses et où des voix nombreuses font peu à peu entendre une grande clameur. Nos concitoyens ont une conscience de leur pouvoir de plus en plus nette. La société civile connaît un certain développement ; l'espace de l'opinion publique ne cesse de s'élargir ; l'influence de la population se fait sentir par vagues successives ; la soif de la population pour une expression publique a atteint le degré où elle profite de chaque faille pour se manifester et, dès que l'occasion s'en présente, elle jaillit au grand jour. Surtout depuis qu'existe cet outil commode qu'est Internet. Ce réseau s'est transformé en une tribune où se diffuse l'information et où s'exprime la volonté populaire. Il est devenu aussi le premier facteur de la formation d'une opinion publique.

Après le 4 Juin, l'aversion de la population à l'égard des condamnations pour écrits est devenue progressivement un consensus majoritaire. La poussée en faveur de la liberté d'expression s'est étendue des milieux cultivés et du monde de la presse à toutes les couches de la société et elle est de plus en plus courante et de plus en plus vigoureuse. Les malversations commises par les petits potentats locaux ont justement fourni aux gens qui blâment les condamnations pour écrits des occasions de s'exprimer et des brèches où s'engouffrer. Car, dans les condamnations pour écrits fabriquées par les bureaucrates locaux de rang inférieur, les victimes n'appartiennent pas aux « forces hostiles » (dissidents politiques ou défenseurs des droits) définies par le pouvoir mais sont de petits fonctionnaires de base, des journalistes ordinaires et de simples citoyens. Ce que visent les opinions critiques qu'ils émettent, ce ne sont pas non plus le régime communiste ni ses dirigeants de haut rang, ce sont les « petits potentats » et leur politique locale. Par conséquent, le caractère sensible sur le plan politique de ces condamnations pour écrits a grandement diminué. La forte soif d'expression de la population a donc pu franchir le goulot d'étranglement à cause duquel « les faits connus de tous à l'extérieur restent ignorés à l'intérieur » et permis que les condamnations pour des écrits et les inculpations pour des paroles soient connues de l'opinion publique et que ces condamnations entrent dans un processus de désensibilisation progressive dans les médias.

Depuis quelques années, le développement rapide d'Internet a fourni aux Chinois du continent un excellent espace où s'exprimer. D'une part, Internet a modifié la situation interdisant aux citoyens l'accès à une information réelle objective. Si les masses n'ont pas la possibilité d'obtenir des informations vraies dans les médias traditionnels, elles peuvent se renseigner sur Internet. Grâce à la Toile, les internautes se procurent très facilement les informations que ne leur fournissent pas les autres moyens de communication. Internet est aussi la tribune la plus commode possible ouverte aux masses populaires désireuses d'émettre une opinion. Cette tribune a supprimé la situation où les élites monopolisaient le discours public et a permis à ce discours d'être de plus en plus populaire. Il n'y a pas un seul des grands événements politiques, économiques et culturels qui se sont produits en Chine depuis quelques années qui n'ait fait l'objet de commentaires de la part de la population.

C'est pourquoi le vif intérêt de la population à l'égard des condamnations pour écrits a pu susciter un mouvement d'opinion sur Internet et donner lieu dans les publications du continent à de longs articles et à des critiques de la politique actuelle. Le *Nanfang dushi bao* [*Villes du Sud*], le *Nanfang zhoubao* [*L'hebdo du Sud*], le *Zhongguo qingnian bao* [*Jeunesse chinoise*] et autres publications qui ont jusqu'ici fait preuve d'ouverture ont publié des comptes rendus et des articles suivis, amenant le réseau Xinhua, porte-parole officiel du Parti, à exprimer lui aussi des commentaires suivis sur la question des condamnations pour écrits. Par exemple, le commentaire du célèbre Wang Ping, « Pourquoi les personnages principaux responsables de "condamnations pour écrits" sont-ils toujours des secrétaires du comité du Parti de district ? », est devenu pendant un temps l'article célèbre dont tous les grands sites se disputaient la publication. En recherchant sur Baidu[1] les différents cas de condamnations pour écrits provoquées par des secrétaires de district, on obtient un nombre d'entrées qui dépasse 100 000. Le seul article « Pourquoi les personnages principaux responsables de "condamnations pour

---

[1]   Le Google chinois.

écrits" sont-ils toujours des secrétaires du comité du Parti de district ? » atteint 5 580 entrées.

Quelle que soit la nature de la condamnation pour écrits, il suffit qu'elle soit rendue publique par les médias chinois pour qu'elle éveille automatiquement un vif intérêt de l'opinion qui joue, du même coup, un certain rôle de secours. Bien que ce secours de l'opinion ne produise pas encore un résultat totalement satisfaisant pour les victimes et qu'il n'y ait aucun moyen de poursuivre les persécuteurs en justice, cela permet au moins d'obtenir un résultat passable. À savoir : faire libérer les victimes de prison, voire leur permettre de toucher des dommages et intérêts de l'État, et susciter la crainte de l'opinion chez les persécuteurs, les obliger à annuler leur décision et à présenter des excuses, et même pousser les cadres des échelons supérieurs à agir et à infliger une sanction administrative au fonctionnaire en question. Nous avons vu, par exemple, que les victimes de l'« affaire du poème de Pengshui » et de l'« affaire du message sur Gaotang » sortirent de prison et touchèrent une indemnité ; quant à l'instigateur de l'affaire Zhu Wenna, le secrétaire du comité du Parti du district de Xifeng, Zhang Zhiguo, il fut obligé de quitter son poste.

Dans la Chine actuelle, même si le contrôle de l'opinion par les autorités est tantôt souple, tantôt rigide, les efforts de la population pour obtenir la liberté d'expression sont constants et ne cessent même de grandir. Ainsi, dans les années 90 du siècle dernier, à chaque pétition lancée à propos d'une condamnation pour écrits, le nombre de signataires allait d'une dizaine à plusieurs dizaines de personnes. Internet a permis que le nombre de signataires de ce genre de pétition passe de quelques dizaines à plusieurs centaines, voire plusieurs milliers. Par exemple, la pétition lancée pour venir en aide aux victimes dans l'« affaire du *Nandu*[1] » recueillit plus de trois mille signatures rien que dans le milieu de la presse. C'est sous la forte pression de l'opinion tant en Chine qu'à l'étranger que deux des quatre personnes arrêtées dans cette affaire, Deng Haiyan et Cheng Yizhong, furent libérées en août 2004, « faute de preuves » selon les autorités. Quant à Li Minying et Yu Huafeng, leur condamnation fut d'abord commuée, puis leur peine réduite. Li Minying bénéficia d'une libération anticipée le 12 février 2007 et Yu Huafeng sortit le 8 février 2008.

S'opposer aux condamnations pour écrits, c'est lutter directement pour la liberté d'expression. Non seulement cela constitue une part importante du mouvement pour la défense de ce droit à la parole, mais c'est le premier outil pour la défense des droits dans d'autres domaines. La défense du droit d'exprimer une opinion est devenue la condition préalable à la défense des droits de toutes sortes. Autrement dit, presque tous les défenseurs des droits doivent se servir d'Internet pour faire appel à l'opinion publique en Chine et à l'étranger. Qu'il s'agisse de défendre les droits en général ou de viser une malversation particulière, il suffit d'encourager la formation d'une opinion publique dans le pays pour que cela contribue à l'éveil d'un pouvoir et à la création du secours qu'apporte l'opinion. Les expériences de défense des droits de ces der-

---

[1] Affaire du *Nanfang dushi bao*, dont quatre journalistes furent condamnés à de lourdes peines en 2004.

nières années démontrent que, pour que la défense de droits obtienne le moindre résultat passable, les premières brèches à creuser sont d'obtenir le droit à la visibilité, le droit à l'information, le droit à la parole et la liberté de la presse. Même si, dans la Chine actuelle, le droit à la parole reste contrôlé, l'opinion populaire et les médias éclairés ont la possibilité de jouer un rôle certain pour venir au secours des condamnés et permettre d'obtenir des résultats acceptables dans les affaires de droits humains ayant éveillé un grand intérêt au sein de l'opinion chinoise et étrangère. Il y eut même des affaires de condamnations pour écrits hautement sensibles sur le plan politique qui avaient été censurées — comme l'affaire Liu Di, l'affaire Du Daowu, l'affaire Sun Dawu, l'affaire Bing Dian, etc. — dans lesquelles les défenseurs des droits obtinrent des résultats limités en matière de secours apporté aux victimes.

Même si les autorités mettent tout en œuvre pour contrôler Internet, n'ont cessé de promulguer des lois et règlements à cet effet, ont investi des sommes faramineuses pour construire une « grande muraille » électronique, ont recruté une immense armée chargée de la surveillance du réseau et s'emploient à orienter l'opinion et à utiliser des « nègres » pour écrire sur la Toile, le développement autonome de sites indépendants et d'une population d'internautes reste difficile à contrôler, d'autant que les cercles intellectuels libéraux utilisent à plein ce moyen de communication. Les divers domaines des sciences humaines ont tous un site d'orientation libérale non officiel ou semi-officiel. Et il y a même des sites gérés par les médias officiels, comme « La tribune des grandes puissances » (*Qiangguo luntai*), « La tribune de la

Chine nouvelle » (*Xinhua luntai*), « La jeunesse chinoise en ligne » (*Zhongqing zaixian*), etc., etc., qui se montrent fort critiques à l'égard du régime et des décisions prises dans les hautes sphères et qui constituent une société civile de la Toile relativement objective.

Dans le même temps, la censure du PC ne réussit pas à bloquer les médias étrangers et les logiciels permettant de briser la censure développés à l'étranger sont utilisés par un nombre toujours plus grand de personnes en Chine. Grâce à Internet, qui permet de relier les pays du monde entier, l'intervention de l'opinion internationale dans les affaires publiques chinoises est de plus en plus profonde et son influence de plus en plus large. Les médias étrangers fournissent aux internautes chinois des informations diversifiées comme jamais dans le passé et toutes les opinions, y compris de gens avec qui nous sommes en désaccord, arrivent en Chine grâce à des sites étrangers.

La croissance du nombre d'internautes a aussi permis à certains bureaucrates relativement éclairés d'utiliser la Toile pour exprimer leur solidarité. Par exemple, lors de la catastrophe causée par les fortes chutes de neige en 2008, la gare du Guangdong, où étaient entassées plusieurs centaines de milliers de personnes, devint un sujet brûlant dans les médias. Afin d'apaiser les sentiments des nombreuses personnes bloquées, le 3 février 2008, le nouveau secrétaire du comité du Parti de la province du Guangdong, Wang Yang, et le gouverneur de la province, Huang Huahua, publièrent sur le site « Réseau n° 1 » une « Lettre adressée aux amis internautes du Guangdong ». Cette lettre non seulement utilisait le jargon familier des internautes, mais donnait acte, d'une manière assez rare, des faits et dires critiques des internautes à l'égard des autorités. Cette lettre disait entre autres : de nombreux amis internautes ont manifesté « leur savoir, leurs idées, leur enthousiasme, leur ardeur »; face à la catastrophe causée récemment par la pluie, la neige, la glace et le gel, comme on en voit rarement, de nombreux internautes ont fait d'excellentes remarques et propositions, « qui ont fourni une base importante à nos prises de décision »; « concernant les sujets qui nous préoccupent tous, nous voulons avec tout le monde "apporter de l'eau au moulin[1]". En ce qui concerne les insuffisances de notre travail et de nos décisions, nous invitons chacun à "ajouter sa brique[2]" ».

Même si, dans ce pays où l'information est opaque, il est très difficile d'évaluer l'influence quantitative de l'opinion publique sur les décisions des autorités, l'intervention des gens dans les affaires publiques grâce à Internet s'étend très rapidement et exerce une influence sur tous les aspects de la société, sur les personnages publics et même sur l'action gouvernementale. Pour la seule année 2007, il y eut de nombreux mouvements d'opinion parmi lesquels la « Très Célèbre Maison irréductible[3] », la « Grotte des briques noires », l'« Affaire Nie Shuwu », l'« Affaire du poème de Pengshui », le « Meurtre commis par la police urbaine », la « Proposition de

---

1   Jargon des internautes chinois signifiant « donner son opinion ».
2   Autre formule empruntée au jargon des internautes.
3   Maison dont le propriétaire refusa de déménager pendant des mois parce qu'il jugeait l'indemnité d'éviction insuffisante, et qui finit par être isolée au milieu d'un immense trou creusé par les excavatrices des promoteurs.

supprimer la rééducation par le travail », l'« Affaire de Xifeng », etc., au point que l'année 2007 a pu être baptisée « Première année des affaires publiques » ou « Année de l'opinion publique ».

Dans la Chine actuelle, la présence simultanée d'un contrôle de l'opinion imposé par le pouvoir dictatorial et d'un espace d'expression toujours plus étendu, dont la base est la diversification de la société, explique que l'irruption et l'action sous la forme de justiciers qui défient ouvertement le pouvoir sont extrêmement rares ; mais agir avec réalisme sans se payer de mots est devenu l'attitude dominante des individus dans la société civile. La connaissance générale du libéralisme et la capacité d'agir concrètement que ces individus possèdent font merveille pour mener une lutte de résistance et assurer sa protection personnelle avec ingéniosité et un grand sens tactique. La situation étant figée et interdisant provisoirement de modifier l'environnement général, ils doivent se soucier de modifier leur environnement proche. Même si, sur le plan de la morale, certains moyens ne semblent pas très radicaux, ils constituent malgré tout un élément organique pour obtenir la liberté d'expression. L'intervention inlassable des internautes, qui ne cessent de briser le contrôle de l'opinion par les autorités et d'étendre l'espace offert à l'expression publique, est en train de gagner mètre par mètre cet espace. Ce mouvement de la société civile représente le plus grand espoir pour la liberté d'expression en Chine.

Aujourd'hui, même si, par rapport à l'époque de Mao et même par rapport aux années 1990, les résultats obtenus dans le règlement des diverses affaires de droits humains évoquées plus haut commencent à montrer que le rôle de la pression de l'opinion ne cesse de croître, l'écart reste immense avec ce qu'on pourrait souhaiter en termes de garantie institutionnelle et de défense des droits humains. Le secours apporté par les défenseurs des droits de la société civile conserve un caractère spontané, hors système, dispersé, voire à l'occasion qualifié d'illégal par le pouvoir dictatorial, mais l'époque de la rapacité des bureaucrates et du silence de la population appartient désormais à un passé révolu. Le plus exact serait de dire que nous sommes dans une époque où coexistent lumière et obscurité, résistance et répression. L'obscurité du pouvoir bureaucratique ne peut plus totalement masquer la lumière de la résistance populaire. Chaque fois que le peuple et la bureaucratie s'affrontent — qu'il s'agisse d'un affrontement individuel ou collectif — apparaissent de plus en plus clairement la force spontanée de la lumière et de la résistance et la faiblesse intrinsèque de l'obscurité et de la répression.

Article paru dans le numéro de mars 2008
de *Ren yu renquan*
(« *L'Homme et les droits de l'homme* »).

Traduit par Hervé Denès

Pas de liberté pour les Chinois, pas d'autonomie pour les Tibétains

Depuis les incidents qui ont débuté le 10 mars [2008] au Tibet¹, cette région est demeurée le centre de l'attention internationale. Si le pouvoir politique de Hu Jintao² et de Wen Jiabao³ n'apporte pas une réponse acceptable à la question tibétaine, la résistance tibétaine et la condamnation par la

---

1   À quelques mois des jeux Olympiques des émeutes éclatent à Lhassa qui sont violemment réprimées par les autorités chinoises dès le 14 mars. *[Les notes sont de la traductrice.]*
2   Né en 1942 dans l'Anhui. Secrétaire générale du Parti communiste chinois depuis 2002 et président de la République populaire de Chine depuis mars 2003, réélu en mars 2008 par l'Assemblée nationale populaire pour un mandat de cinq ans, son dauphin présumé est Xi Jinping. Né en 1953, ancien gouverneur du Fujian, chef du Parti du Zhejiang puis de Shanghai, Xi Jinping appartient avec Li Kejiang à la cinquième génération politique. Tous deux sont entrés en octobre 2007 au secrétariat permanent du comité central et sont donnés comme dauphins respectifs du président et du Premier ministre. La première génération de dirigeants communistes a été dirigée par Mao Zedong de 1949 à 1976. La deuxième par Deng Xiaoping de 1978 à 1993, la troisième par Jiang Zemin de 1993 à 2003, et la quatrième est actuellement dirigée par Hu Jintao.
3   Né en 1942 dans le Shandong, membre du Parti communiste chinois depuis 1965. En 2002, il est élu au Comité permanent du bureau politique au cours du 16ᵉ congrès du PCC et Premier ministre à la 10ᵉ Assemblée nationale populaire en mars 2003. Son mandat se termine également en 2012 et Li Kejiang — né en 1955, longtemps secrétaire général de la Ligue de la jeunesse, chef du Parti du Liaoning — apparaît comme son successeur.

communauté internationale dureront jusqu'à la fin des jeux Olympiques qui se dérouleront à Pékin, et ces Jeux risquent de rester dans l'histoire olympique pour leur très faible degré de reconnaissance mondiale. D'ailleurs les obstacles que la flamme olympique rencontre en ce moment tout au long de son parcours à travers le monde en est une preuve éloquente.

Certes, il est vrai que le Parti communiste chinois peut réprimer par la force la résistance tibétaine et se servir du sentiment de supériorité des Han pour obtenir la reconnaissance de la majeure partie de l'opinion publique. La présentation décontextualisée et tronquée des troubles survenus à Lhassa le 14 mars 2008, l'amplification unilatérale de certaines erreurs des médias occidentaux, la mobilisation de l'opinion publique avec le slogan « Contre l'indépendantisme, pour la défense de la flamme olympique », et surtout la censure sévère de l'information ainsi que la propagande unilatérale permettront au Parti communiste chinois de transformer avec succès la crise tibétaine en une vague de nationalisme exacerbé. Les dirigeants du Parti ont réussi à faire du combat politique de la liberté et de la dictature un combat entre les ethnies han et tibétaine. Mais le Parti communiste chinois ne parviendra pas à effacer la révolte tibétaine hors des frontières chinoises, pas plus qu'à obtenir l'approbation de la communauté internationale et encore moins à apporter une solution structurelle au problème tibétain, tout comme il ne parviendra pas à gommer la crise profonde dont souffre la Chine aujourd'hui. C'est pourquoi, si le Parti communiste a marqué des points à l'intérieur du pays, ce n'est rien d'autre qu'un pis-aller à la vue courte, qui n'a pour effet provisoire que de préserver le système dictatoriale et non d'apporter à cette Chine pluri-ethnique[1] une paix durable et une stabilité politique.

Selon l'opinion publique internationale, avant cette crise tibétaine, les émissaires du dalaï-lama[2] et leurs homologues pékinois avaient déjà entamé par six fois le dialogue[3]; que la crise tibétaine éclate précisément l'année où les jeux Olympiques se déroulent en Chine, cela équivaut à jouer les « trouble-fête » dans la politique de MM. Hu Jintao et Wen Jiabao; ces incidents feront de l'ombre au faste inédit de la « grande *party* internationale », et aggraveront immanquablement la méfiance et la haine de Pékin à l'égard de Dharamsala, renvoyant ainsi la résolution de la question tibétaine aux calendes grecques.

Selon moi, la crise tibétaine et la crise chinoise sont les manifestations différentes d'un même problème, et le conflit entre la grande unification et le « haut degré d'autonomie » est en réalité celui de la dictature et de la liberté. Le point

1 Nationalité au sens où la Constitution de la République populaire de Chine définit cette dernière comme « un état unifié composé de cinquante-six nationalités ».

2 Tenzin Gyatso, né en 1935, quatorzième dalaï-lama, est intronisé à Lhassa en 1940. Alors qu'il n'a que seize ans, il devient en 1950 chef de l'État du gouvernement. En 1959, il est obligé de fuir en Inde où il établit à Dharamsala le gouvernement tibétain en exil. Il a toujours recherché une solution pacifique pour résoudre le conflit avec les autorités chinoises, certain que la voie de la non-violence est la seule possible. En 1988, dans un discours au Parlement européen à Strasbourg, il annonce qu'il ne revendique plus l'indépendance du Tibet et réclame simplement une réelle autonomie de toutes les zones tibétaines à l'intérieur de la République populaire de Chine, dans le cadre de la Constitution chinoise. Il a reçu le prix Nobel de la paix en 1989.

3 Entre 2002 et 2007, des représentants chinois et tibétains se sont rencontrés à sept reprises (et non six comme le mentionne Liu Xiaobo), sans qu'aucune ébauche de solution ne soit trouvée.

d'orgue que connaît aujourd'hui la crise tibétaine n'est en rien l'exacerbation du conflit et de la haine entre Han et Tibétains, mais un conflit entre deux systèmes malheureusement occulté par un conflit ethnique. Étant donné la réalité du système chinois actuel et la tactique de gouvernance de MM. Hu Jintao et Wen Jiabao, même si cette nouvelle crise ne s'était pas produite, le Parti communiste chinois n'aurait jamais accepté la voie du milieu demandée par le dalaï-lama, à savoir : « ne plus se mettre en quête de l'indépendance et n'exiger désormais que l'autonomie ». Si MM. Hu Jintao et Wen Jiabao acceptaient ce « haut degré d'autonomie » proposé par le dalaï-lama, cela impliquerait que le gouvernement du comité central céderait la gouvernance aux Tibétains, ce qui reviendrait à accorder à une région du territoire chinois un statut de « Un pays, deux systèmes[1] » comme c'est le cas à Hong Kong; ce que MM. Hu Jintao et Wen Jiabao peuvent difficilement accepter.

Car la question du Tibet n'a rien à voir ni avec Hong Kong ni avec Taïwan.

Il y a plus d'un siècle que Taïwan a cessé d'appartenir à la Chine. Et, depuis que les communistes chinois ont pris le pouvoir en 1949, jamais ils n'ont gouverné Taïwan. Taïwan se trouve sous l'administration du Guomindang[2] qui non

---

1　*Yiguoliangzhi* est une formule énoncée par Deng Xiaoping en 1997 à propos de la rétrocession de Hong Kong. Système de deux régimes (économique et politique) dans une seule nation adopté pour le rattachement de Hong Kong à la Chine en 1997. « Un État, deux systèmes » : principe que le gouvernement de la République populaire de Chine souhaite voir appliquer à Taïwan.

2　Parti nationaliste fondé en 1948 sous le nom de Comité révolutionnaire

seulement possède une armée et une diplomatie indépendante, mais qui avait également un représentant permanent auprès des Nations unies jusqu'en 1979, année de l'établissement des relations diplomatiques entre la Chine et les États-Unis. Aujourd'hui, Taïwan a réussi la transformation de son système politique. Taïwan possède un système démocratique qui reconnaît les droits fondamentaux de chacun et qui, chaque jour, s'améliore avec un président désormais élu au suffrage direct par vingt-trois millions de Taïwanais. Pékin n'a pas les moyens de mettre la main sur la politique intérieure, la diplomatie et les affaires militaires de Taïwan.

Quant à Hong Kong, le pouvoir a toujours été entre les mains du gouvernement hongkongais et la rétrocession en 1997 à la mère patrie fut uniquement une rétrocession du point de vue de sa souveraineté. Car le pouvoir indépendant de ce principe de « Un pays, deux systèmes » appliqué à Hong Kong garantit que les systèmes économique, politique et judiciaire restent sous le contrôle du gouvernement sino-britannique. Même si, depuis la rétrocession en 1997, le chef de l'exécutif a besoin de l'approbation de Pékin, cette fonction est occupée par un Hongkongais et ce territoire au statut de « région administrative spéciale » dispose d'un gouvernement indépendant qui gère les affaires administratives de Hong Kong. D'ailleurs, à la différence de la Chine continentale, Hong Kong possède un vrai statut d'économie de marché, une justice indépendante et la liberté de la presse.

---

du Guomindang — *Guomindang geming weiyuanhui* —, l'un des huit partis démocratiques, sous la direction du PCC, et constitutionnellement reconnu.

D'une certaine manière, avant 1959, la gouvernance
du Tibet, qui était encore en partie entre les mains du dalaï-
lama et du gouvernement du *kashag* [Conseil de ministres],
pouvait en un sens s'apparenter à cette politique du « Un pays,
deux systèmes ». Mais depuis 1959, le Tibet a perdu totalement son propre pouvoir, le quatorzième dalaï-lama est en
exil forcé, le onzième panchen-lama[1] est détenu en résidence
surveillée à Pékin, c'est le Parti communiste chinois qui
détient d'une main de fer le pouvoir politique au Tibet, et les
secrétaires successifs du comité du Parti envoyés au Tibet qui
en sont les exécutants. Depuis, les Tibétains, au même titre
que les Chinois, doivent non seulement se soumettre à la
domination de la dictature du Parti communiste chinois,
mais également subir la situation désastreuse des droits de
l'homme qui est imposée aux Chinois. Et ce particulièrement
durant la Révolution culturelle, où les atrocités commises
contre la culture tibétaine et le peuple tibétain ont été iden-
tiques à celles perpétrées contre les Chinois et la culture
chinoise. Ainsi au Tibet, les « réincarnations vivantes[2] », les
aristocrates, les nobles, les commerçants, les artistes, les
médecins, tous ont été soumis à de violentes critiques

---

1 Après la mort subite en 1989 du dixième panchen-lama, le jeune Gedun
Chökyi Nyima est reconnu officiellement par le dalaï-lama en 1995 comme
étant le onzième panchen-lama. Quelques jours plus tard, cet enfant de
six ans est kidnappé par les autorités chinoises qui, de leur côté, désignent
comme successeur du dixième panchen-lama Gyaltsen Norbu, le fils de
Tibétains membres du Parti communiste chinois. Gedun Chökyi Nyima est
aujourd'hui le plus jeune prisonnier politique du monde.
2 Réincarnation d'un bouddha ou d'un bodhisattva. Ainsi sont « bouddhas
vivants » les grands lamas, les *hutuktus* ou *khoutouktous*. Au Tibet les réincarnations sont celles de maîtres.

publiques, trimbalés de force dans les rues pour faire un exemple, incarcérés et parfois même persécutés jusqu'à la mort, et le dixième panchen-lama a été emprisonné. Quant aux Chinois, les responsables du Parti accusés d'être engagés dans la voie du capitalisme et d'autres personnalités ont subi le même sort.

Depuis la politique de réforme et d'ouverture, les Chinois et les Tibétains ont connu la période porteuse d'espoirs des années 1980, puis la tragédie sanglante de 1989, enfin la répression violente qui a suivi le Printemps de 1989 et le pouvoir de corruption de l'argent. Aujourd'hui, certes, l'économie tant chinoise que tibétaine connaît un essor considérable, le niveau de vie matérielle des uns et des autres a également considérablement augmenté, il n'est plus nécessaire, comme au temps de Mao, de lutter pour survivre, mais les Chinois et les Tibétains restent toujours privés des droits fondamentaux et la privation de liberté infligée au Tibétains est également infligée aux Chinois. Prenons quelques exemples : le dalaï-lama ne peut rentrer dans son pays, les dissidents chinois en exil depuis le 4 juin 1989 ne peuvent, eux non plus, rentrer dans leur pays. Les mesures utilisées par les autorités pour faire face au dalaï-lama sont les mêmes que celles appliquées aux Han qui pratiquent le Falungong[1] ou toute autre religion populaire (par exemple, contraindre les Tibétains à

---

1   Organisation sociale créée par Li Hongzhi en 1992 et qui est interdite en Chine depuis le mois de juillet 1999, après un rassemblement pacifique de dix mille personnes devant *Zhongnanhai*, le siège du gouvernement à Pékin. Cette organisation, qui a remporté un immense succès dans les années 1990 et compte des adeptes dans le monde entier, est réprimée en Chine, certains de ses membres étant arrêtés, emprisonnés, voire torturés.

dénigrer le dalaï-lama, obliger les disciples du Falungong à dénigrer Li Hongzhi).

Le conflit des ethnies han et tibétaine dans cette crise est trompeur et ne représente que la surface du problème; le conflit entre la dictature et la liberté, en revanche, est un problème substantiel profondément enraciné. Les Chinois et les Tibétains doivent affronter de concert le pouvoir totalitaire, la question principale à laquelle les Tibétains doivent faire face étant exactement la même que celle à laquelle doivent faire face les Chinois. Et dans cette crise, lorsque les internautes chinois crachent sur le dalaï-lama, cela cache la vraie réalité de la situation sino-tibétaine, à savoir que nous sommes les uns et les autres « prisonniers » de ce système de dictature. Tant que les Chinois se trouveront prisonniers de cette dictature, les Tibétains ne pourront prétendre obtenir quelque liberté que ce soit. Tant que les Chinois ne parviendront pas à gagner leur autonomie civique à l'intérieur de leurs frontières, les Tibétains, tout comme les autres minorités, ne pourront obtenir une véritable autonomie nationale.

C'est pourquoi la résolution de la question tibétaine passera impérativement par la résolution de la question du système politique chinois. Qu'importe la forme que prendra à l'avenir la résolution de la question tibétaine, la démocratisation de toute la Chine est une condition politique préalable obligatoire. Les pourparlers entre le dalaï-lama et MM. Hu Jintao et Wen Jiabao pourront-ils s'ouvrir, si oui, pourront-ils déboucher sur des résultats concrets, en aucune mesure ils ne sauraient dépendre ni de la situation des relations entre Pékin et Lhassa, ni de la pression diplomatique de la part de la communauté internationale, ils ne dépendront jamais que du processus de réforme de la politique intérieure chinoise. Les négociations entre Pékin et Dharamsala ne débuteront réellement que le jour où la démocratisation de la politique chinoise sera en marche.

En un mot, les Chinois ne jouissent d'aucune liberté, les Tibétains d'aucune autonomie. Le postulat inverse est tout aussi vrai : les Tibétains ne jouissent d'aucune autonomie, les Chinois d'aucune liberté.

Écrit le 10 avril 2008,
à mon domicile de Pékin.

Cet article est paru pour la première fois
le 11 avril 2008, sur le site *Guancha*
(« *L'Observateur* »).

Traduit par Geneviève Imbot-Bichet

Les nouvelles Lumières de l'ère des réformes – l'exemple du Mur de la Démocratie

La commémoration des trente ans de politique de réformes sera sûrement une autoglorification orchestrée par le gouvernement chinois qui s'en appropriera tous les mérites, exhibera face au monde le bulletin de notes de ces réformes et les décrira comme une impulsion du pouvoir du haut vers le bas. Or, selon moi, une telle lecture des réformes est loin de la réalité et manque d'impartialité.

En vérité, depuis trente ans la politique de réformes n'a cessé d'un bout à l'autre de suivre deux logiques aux forces interactives. La première est la logique apparente du Parti et du gouvernement, qui a pris pour jalon la troisième session plénière du comité central issu du onzième congrès du Parti communiste chinois en 1978[1] et le débat relatif au « critère de

---

[1] Cette session tourne définitivement la page de l'économie planifiée et de la politique culturelle maoïste. C'est le retour de Deng Xiaoping et l'expulsion progressive de Hua Guofeng (1921-2008), dauphin désigné par Mao Zedong qui accède au pouvoir en septembre 1976. Lors de cette cession, le Parti communiste met en œuvre sa politique d'ouverture (sur l'étranger, pour acquérir ses savoir-faire) et de réformes (économiques) afin d'appliquer la politique de redressement et de modernisation de la Chine. [*Les notes sont de la traductrice.*]

la vérité[1] » de 1979. La réforme du Parti et du gouvernement est destinée à protéger les intérêts acquis du pouvoir politique et des hommes influents, ce n'est donc qu'une réforme bancale ayant pour seul but une réforme de l'économie et non de la politique, qui privilégie la seule efficience économique au détriment de la justice sociale, qui prend pour seul leitmotiv de « grossir le gâteau » du PIB, bref c'est répondre aux revendications politiques populaires par le massacre du 4 Juin[2], utiliser en une sorte de troc l'appât du gain pour s'assurer l'approbation des Chinois envers le système en vigueur.

La seconde est la logique des couches profondes de la société civile qui veulent une réforme synchronique de l'économie, de la politique et de la culture, et qui souhaitent une

---

1 Débat initié par les réformateurs au sein du Parti en 1978, qui pose la question de savoir s'il faut ou non libérer les esprits et qui marque le début du dégel intellectuel.

2 Le « second printemps de Pékin », ou « mouvement du 4 juin 1989 », éclate après la mort de Hu Yaobang le 15 avril 1989. Le 18 avril, des milliers d'étudiants se rassemblement spontanément sur la place Tian'anmen. Réformateur au sein du Parti, Hu Yaobang est admiré pour le courage dont il a fait preuve à la fin de la Révolution culturelle et pour le rôle qu'il a joué dans les réformes. Lors de ses funérailles, le 22 avril, des slogans apparaissent, dénonçant la corruption, les inégalités sociales, l'absence de liberté, le népotisme en faveur des fils de membres du Parti. Le mouvement étudiant prend de l'ampleur et des pétitions circulent alors réclamant la libération des prisonniers politiques, notamment celle de Wei Jingsheng. Les manifestations et les grèves s'étendent à certains lycées d'autres grandes villes. Les dirigeants au pouvoir sont partagés. Les conservateurs autour de Li Peng, qui a succédé à Hu Yaobang, veulent une mise au pas des contestataires ; les réformistes, dont Zhao Ziyang, souhaitent une solution négociée et pacifique. Mais Deng Xiaoping tranche, il condamne les manifestations et décrète la loi martiale que Zhao Ziyang ne veut pas faire appliquer. Ce dernier est alors limogé et l'armée chinoise évacue la place par la force le 4 juin. C'est la répression sanglante du massacre de Tian'anmen.

réforme équilibrée et juste de la société, de la privatisation et des marchés. La toute première réforme est partie des couches sociales rurales les plus basses ; elle est dictée par un besoin de survie, chacun luttant pour manger et se vêtir ; les élections des comités de village ont aussi été rendues possibles par l'autonomie des paysans consécutive à l'effondrement du système des communes populaires. Dans les villes, les aspirations fortes de la société civile à être mieux informée, son désir de créer de la richesse et de défendre ses avantages ont stimulé son intérêt pour les marchés, lui ont fait prendre conscience de ses droits, et ont suscité des revendications populaires spontanées en faveur de la liberté individuelle et de la justice sociale. Aussi bien la mise en marche de la réforme économique et le développement de la liberté individuelle, l'appel à la réforme politique et la transformation des systèmes locaux ne doivent pas être une faveur accordée du haut vers le bas, mais une impulsion engendrée par la société civile du bas vers le haut. C'est vraiment la paupérisation extrême, le désert spirituel absolu et la lutte des classes sans fin qui ont conduit le peuple à prendre conscience du danger du système maoïste, à déclencher le « mouvement du 5 avril[1] » à Pékin, ainsi que le

---

[1] Le 5 avril 1976, à l'occasion de *Qingming*, la Fête des morts traditionnelle, pour rendre hommage à Zhou Enlai (1898-1976), Premier ministre depuis 1949, disparu en janvier de la même année, plus de cent mille personnes réunissant des intellectuels, des ouvriers, des cadres du Parti et des jeunes instruits se rassemblent sur la place Tian'anmen afin de protester contre la politique menée par les dirigeants chinois, contre la Bande des Quatre et contre la Révolution culturelle. La manifestation est réprimée par la force et Deng Xiaoping, tenu pour responsable de cet incident qualifié de « contre-révolutionnaire », est destitué de toutes ses fonctions. Dès son retour au pouvoir en 1978, il réhabilite la manifestation et libère les personnes arrêtées.

« mouvement du Mur de la Démocratie [1] » et à mettre en place le système dit « foyer à production garantie[2] » dans la province de l'Anhui. C'est vraiment la situation désastreuse des droits de l'homme sur une grande échelle à l'époque de Mao qui a donné l'impulsion au mouvement de réhabilitation et incité un grand nombre de plaignants injustement accusés à porter plainte.

Dans ce bulletin de notes qui dresse le bilan des trente ans de la politique de réformes du Parti communiste chinois, le grand débat de 1979 intitulé « Le critère de la vérité » est considéré comme le seul et unique point de départ de la « libéralisation de la pensée[3] ». Même si je ne nie pas son impor-

---

1   Au milieu de l'année 1978, des *dazibao*, « journaux muraux à grands caractères », sont apposés sur un mur au carrefour de Xidan, à quelques centaines de mètres à l'ouest de la place Tian'anmen, exprimant le mécontentement de la population et critiquant l'orientation politique. Ce mouvement populaire et démocratique, qui marque son indépendance d'esprit par rapport à l'idéologie officielle, est désigné également sous le nom de « Printemps de Pékin ». Tout d'abord, ce sont de simples individus qui exposent leurs malheurs subis durant la Révolution culturelle, puis viennent les revendications politiques, enfin apparaît en décembre 1978 le fameux *dazibao* de Wei Jingsheng intitulé « Cinquième modernisation : la démocratie », en réponse à la campagne des « Quatre modernisations » tout juste lancée. Tant qu'il ne s'agit que de dénoncer les méfaits de la Révolution culturelle, Deng Xiaoping ne s'y oppose pas, mais il ne tolère pas les contestataires et, dès mars 1979, la répression se met en marche. Le 29 mars, Wei Jingsheng est arrêté. Après son arrestation, le Mur de la Démocratie est transféré dans un quartier éloigné du centre de Pékin, au parc du temple du Soleil, avant d'être interdit. Avril 1981 marque la fin du Printemps de Pékin. Le Mur de la Démocratie a joué un rôle capital dans le développement du mouvement démocratique.

2   Fixation des quotas de production agricole par exploitation stipulant que chaque exploitation peut garder les surplus de céréales, s'il y en a, mais doit payer une amende si le quota n'est pas atteint.

3   C'est le débat sur « La pratique est l'unique critère de la vérité », en 1978, qui donne son essor à la libéralisation de la pensée et aux thèses pragmatiques de Deng Xiaoping.

tance et sa portée sur l'ouverture des réformes et si j'éprouve de l'admiration pour Hu Yaobang[1] qui, en homme éclairé, a su le provoquer, je crois en revanche que ne prendre en considération que ce seul débat pour origine de « la libéralisation de la pensée » n'est pas conforme à la vérité historique mais plutôt à la volonté du pouvoir qui tente, de toutes les manières, de monopoliser le discours des réformes et d'écraser la mémoire populaire.

En réalité, pour ce qui est du changement de la conception idéologique, bien avant que le gouvernement ne déclenche la campagne de « libéralisation de la pensée », l'affaire Lin Biao[2], qui avait à l'époque scandalisé la Chine et le monde entier, avait déjà suscité au sein du peuple une prise de conscience spontanée. Dans les années 1970, avec les Jeunes instruits[3] qui étaient le pilier de la littérature souterraine,

---

1   Hu Yaobang (1915-1989). Secrétaire général du Parti de 1980 à 1987. À la fin des années 1970, il lance le « débat sur le critère de la vérité » et la « réhabilitation des personnes injustement accusées », préparant le terrain politique et social pour les réformes et l'ouverture. Jugé politiquement trop indulgent envers les partisans de la libéralisation, il est limogé le 1er janvier 1987. Sa mort, le 15 avril 1989, déclenche le mouvement étudiant du second printemps de Pékin qui durera cinquante jours et sera réprimé dans le sang sur ordre de Deng Xiaoping le 4 juin 1989.

2   Le 13 septembre 1971, un avion, dans lequel avait pris place Lin Biao (1907-1971), ministre de la Défense, sa femme, son fils et des proches, s'écrase sur le territoire de la Mongolie. Il n'y a aucun survivant. La version officielle explique qu'un complot visant à renverser Mao vient d'être déjoué. En réalité, Mao voulait depuis le début de l'année 1971 se débarrasser de Lin Biao, son plus proche compagnon d'armes, qu'il soupçonnait de vouloir hâter sa succession pour prendre sa place.

3   Vers la fin des années 1960, des millions de jeunes lycéens urbains sont envoyés à la campagne par Mao pour faire rentrer dans le rang cette jeunesse turbulente sur laquelle il s'était appuyé pour déclencher la Révolution culturelle. La plupart ne reviendront en ville qu'après la fin de la Révolution culturelle.

s'ouvraient les nouvelles Lumières de la société civile, et le mouvement du 5 avril 1976 est précisément le résultat de cet éveil de la société civile. Après la Révolution culturelle, le « mouvement du Mur de la Démocratie, à Xidan » fixe pour la première fois un objectif pour les réformes chinoises en matière de modernisation politique, tout comme les réformes politiques des années 1980 avaient été provoquées par l'éveil de la société civile, ce qui avait permis par la suite cette réaction positive de la part du courant éclairé à l'intérieur même du Parti. En d'autres termes, la force motrice d'une révolution spontanée de la société civile prend ses racines dans la logique humaine d'une aspiration à la liberté et à la justice et, une fois que cette prise de conscience a lieu, il s'avère impossible de faire machine arrière. C'est la transformation de la mentalité au niveau de la société civile qui a incité à la révolution sociale, ce sont les revendications populaires qui ont lancé un défi à la logique gouvernementale, élargissant sans cesse les limites de ses propres ressources et de ses bases sociales.

Appartenant à la première génération d'étudiants qui, après la Révolution culturelle, a été admise à étudier à l'université (1977-1982), nous avions justement une soif extrême, en ce tout début des réformes, de voir bouger les choses, habités que nous étions par un enthousiasme post-Révolution culturelle puisé dans des idées nouvelles, au point que, pour des ventres affamés comme les nôtres, tout pain était bon à prendre. Dans mon souvenir, à la fin des années 1970 et au tout début des années 1980, l'événement culturel dont l'influence a été la plus marquante en ce qui concerne le changement des idées des Chinois, ce n'est en rien le grand débat sur

« le critère de la vérité » lancé par le gouvernement, mais en réalité le bouillonnement d'idées qui déferlaient par vagues successives et incessantes. La chanson de Teresa Teng[1] et les poèmes publiés dans la revue *Aujourd'hui*[2], notamment, ont eu beaucoup plus d'impact sur toute notre génération d'étudiants que « La pratique est le seul critère de la vérité » ou que le courant de la « littérature des cicatrices[3] » très en vogue à l'époque ou celui de la « littérature des réformes[4] ». C'est précisément cette « musique languissante » et « la voix de la rébellion », toutes deux issues de la société civile, qui ont permis à la Chine de passer de l'époque maoïste, occupée de la seule lutte des classes, à une ère de dégel où soufflait le vent printanier de l'humanité — qui ont permis de passer d'un jugement esthétique de « révolutionnarisation » à un jugement esthétique de modernisation.

---

1 De son vrai nom Teng Li-chun ou Deng Lijun (1953-1995), chanteuse taïwanaise très populaire en Asie. Au milieu des années 1980, sa popularité est au sommet, y compris en Chine continentale où ses chansons d'amour, nostalgiques et romantiques, ont fait rêver toute une génération de jeunes Chinois.

2 Revue littéraire non officielle créée en décembre 1978 par Bei Dao, qui en est le rédacteur en chef et qui voyait en elle le moyen de publier les œuvres littéraires clandestines des jeunes écrivains plutôt que d'exprimer leurs idées. Ronéotypée mais aussi affichée sur le Mur de la Démocratie à Xidan, elle est interdite en septembre 1980. Il y eut en tout neuf numéros.

3 Courant littéraire qui voit le jour à la fin des années 1970 et qui dénonce les atrocités et les malheurs de la Révolution culturelle. Il répond à un besoin individuel d'exprimer les douleurs et les souffrances subies qui n'avait pu trouver jusqu'à présent d'exutoire. La nouvelle de Liu Xinwu *Le Professeur principal*, publiée en 1977, inaugure ce courant littéraire. Voir *infra*, page 255, note 1.

4 Thème littéraire très à la mode également dans les années 1980. Les écrivains y expriment leurs préoccupations face aux changements consécutifs à la réforme économique, s'attachant à décrire l'univers des usines mais aussi des campagnes. Jiang Zilong en est l'un des principaux représentants.

À la fin des années 1970, la chanson de Teresa Teng a subjugué toute une génération de jeunes en Chine continentale, réveillant en chacun de mes compatriotes la partie la plus malléable et la plus tendre. Elle chantait dans un murmure une chanson d'amour qui a pulvérisé d'un coup notre volonté révolutionnaire coulée dans le fer. Son chant adoucissait nos cœurs insensibles, façonnés à coups de luttes sans merci, et éveillait en nous le désir et la passion refoulés dans les replis les plus secrets de notre être, libérant ainsi la douceur et la tendresse réprimées depuis si longtemps en chacun de nous.

Bien que le gouvernement ait interdit cette « musique capitaliste décadente », censurant sa diffusion à la radio, et que Li Guyi fût, à plusieurs reprises, obligée de se soumettre à des séances de critiques publiques pour avoir été la première à chanter à la manière de Teresa Teng, en privé et entre nous, nous nous regroupions autour d'une petite radiocassette à laquelle nous avions donné le nom de « brique », pour écouter en boucle cette chanson que nous fredonnions ensuite partout, dans les dortoirs, les couloirs ou les réfectoires de l'université. À l'époque, celui qui possédait cette petite radiocassette fabriquée au Japon se voyait escorter par les copains comme une star.

En même temps, notre génération a été marquée par le baptême du jugement esthétique du cinéma, de la littérature, de la musique et de dessins qui nous arrivaient de l'étranger. À l'époque, c'étaient les films japonais qui étaient le plus en vogue. Nous aimions tout particulièrement regarder *Hunt*[1],

---

1 *Kimi yo funme no kawa o watare*, 1976.

Sandakan n° 8[1], *Kinkanshoku*[2], *Proof of The Man*[3], *L'Écho de la montagne*[4], *Yellow Handkerchief of Happines*[5], ou les séries télévisées telles que *Sugata Sanshiro*[6], *Astro Boy*[7], *Akai Giwaku*[8], *Moero Attack*, *Oshin*, *Ikkyū-san*. Tout le monde en Chine adorait regarder ces séries télévisées japonaises. La chanson principale de *Hunt*, intitulée « Le Chant de Morioka », ou la mélodie de *Proof of The Man* faisaient fureur dans ces années-là. Les célèbres réalisateurs japonais Akira Kurosawa, Kenji Mizoguchi et Yasujiro Ozu eurent d'ailleurs une influence considérable sur les réalisateurs chinois d'avant-garde des années 1980.

La pensée dans l'esprit des Lumières issue du « mouvement du Mur de la Démocratie » marque la prise de conscience spirituelle de toute une génération. Les conséquences en resteront à jamais gravées dans la chair et le sang des étudiants ; son effet dépasse de loin celui des laboratoires d'idées du système ou des intellectuels éclairés. L'éveil esthétique dont témoignent les poèmes publiés dans la revue *Aujourd'hui* est différent de celui des textes du courant de la « littérature des cicatrices ». L'article intitulé « De la liberté d'expression[9] », écrit par Hu Ping, est un éveilleur de pensée

---

1   Réalisé par Kei Kumai en 1974.
2   De Satsuo Yamamoto, 1975.
3   Réalisé par Junya Satô, 1977.
4   *Haruka naru yama no yobigoe*, 1980, réalisé par Yoji Yamada.
5   Yoji Yamada, 1977.
6   Réalisé par Akira Kurosawa (1943).
7   Osamu Tezuka, 1964.
8   *Red Suspicion*, 1975.
9   Article de réflexion de Hu Ping publié dans un numéro spécial de la revue *Terre fertile*, le 5 avril 1979. Né en 1947 à Pékin, Hu Ping — dont le père a été fusillé

bien supérieur à la « libéralisation de la pensée » ; « La cinquième modernisation[1] » prônée par Wei Jingsheng[2], « La déclaration des droits de l'homme en Chine » rédigée par Ren Wanding[3] et « Proposition de réforme du régime politique de 1980 » de Xu Wenli[4] signifient une prise de conscience poli-

---

lors de la campagne de répression des contre-révolutionnaires en 1952 — est envoyé cinq ans à la campagne pour y être rééduqué après ses études secondaires. Les lectures de Rousseau et de Montesquieu l'éveillent à la démocratie. « Acteur du "printemps de Pékin" de 1979, il quitte la Chine en 1987 et se réfugie aux États-Unis où il poursuit sa réflexion sur les mécanismes du totalitarisme chinois » (Hu Ping, *La Pensée manipulée*, traduit par Marie Holzman, L'Aube, 2004). Il est aujourd'hui le rédacteur en chef de la revue mensuelle le *Printemps de Pékin*.

1 Le 5 décembre 1978, ce *dazibao* signé de Wei Jingsheng est affiché sur le Mur de la Démocratie, à Xidan. C'est une réponse aux « Quatre modernisations » lancées par Deng Xiaoping, à savoir la modernisation de l'agriculture, de l'industrie, de la défense nationale, et des sciences et technologies, qui soulève pour la première fois depuis la fondation de la République la question de la démocratie.

2 Né avec la fondation de la République populaire de Chine, ce fils d'un haut dignitaire devient simple ouvrier, électricien au zoo de Pékin, car la Révolution culturelle entrave son entrée à l'université. Fondateur de la revue *Exploration*, il est arrêté le 29 mars 1979, jugé à huis clos le 16 octobre et condamné à quinze ans de prison. Libéré par anticipation en septembre 1993 pour favoriser le choix de Pékin comme ville olympique en 2000, il est de nouveau arrêté en 1994. Il est alors jugé et condamné à quatorze ans de prison. En novembre 1997, il est expulsé vers les États-Unis où il vit désormais. Cf. Marie Holzman et Bernard Debord, *Wei Jingsheng, un Chinois inflexible*, Bleu de Chine, 2005.

3 Affichée sur le Mur de la Démocratie le 5 janvier 1979, signée par sept noms dont Ren Wanding, un ouvrier de Pékin issu d'une famille d'intellectuels, qui dirigeait la revue *Ligue des droits de l'homme* (*Renquan tongmeng*). Il s'agissait d'une déclaration en dix-neuf points prônant le respect des droits de l'homme et la suppression de la dictature.

4 Xu Wenli animait *La Tribune du 5 avril*, une revue en dehors du système qui représentait le courant principal du Mur de la démocratie. Ouvrier, lui aussi est issu d'une famille d'intellectuels. Arrêté en 1981, il est condamné à quinze ans de réclusion et privé de ses droits politiques pour une période de quatre ans. En 1998, il est de nouveau arrêté et condamné à treize ans de réclusion. Il vit désormais aux États-Unis et dirige le Parti démocratique de Chine en exil.

tique au sens moderne du terme qui disqualifie la traditionnelle « politique de réhabilitation ». Imaginez qu'en Chine, au
tout début de l'ère des réformes, il n'y ait eu que des œuvres
très populaires comme la nouvelle « Le Professeur principal[1] »
parue dans la revue *Littérature du Peuple*, et non des œuvres
clandestines comme les poèmes « *Réponse*[2] » et « *Le Firmament* » de Mang Ke[3], publiés dans la revue *Aujourd'hui*, ou
encore le roman de Wan Zhi intitulé *Une nuit de neige et de
pluie* ; s'il n'y avait eu que des expositions de peintures officielles du genre de celle intitulée *Père*[4] qui a fait sensation et
non les expositions rebelles comme celle du groupe Les
Étoiles[5] ; s'il n'y avait eu que des articles du genre « La pratique

---

1   Longue nouvelle de Liu Xinwu parue en novembre 1977, cette œuvre emblé-
    matique a ouvert la voie à un courant appelé la « littérature des cicatrices » et
    donné sa notoriété à l'auteur. Elle décrit le désarroi d'un professeur de collège
    confronté à des élèves déshumanisés. Romancier, essayiste, Liu Xinwu est né
    en 1942. Ancien rédacteur en chef de la revue *Littérature du Peuple*, il a aban-
    donné toute fonction officielle après 1989 pour revenir à la littérature à part
    entière. Romancier de Pékin par excellence, les transformations de la capi-
    tale chinoise qui entraînent depuis une décennie la démolition de quartiers
    entiers plongent Liu Xinwu dans la tristesse. Cf. *La Démone bleue*, Gallimard,
    coll. « Folio », et *Poussière & sueur*, coll. « Folio », deux nouvelles traduites par
    Roger Darrobers.
2   Poème écrit sur la place Tian'anmen lors des manifestations d'avril 1976 en
    hommage au Premier ministre décédé Zhou Enlai.
3   Nom de plume de Jiang Shiwei, né en 1951, poète et cofondateur avec Bei Dao
    de la revue littéraire *Aujourd'hui* qui paraît de façon irrégulière entre 1978 et
    1980. Issu de la littérature clandestine des années 1970.
4   Peinture hyperréaliste de Luo Zhongli réalisée en 1979. Ce portrait d'un
    paysan du Sichuan au visage ridé et buriné, de la dimension des portraits offi-
    ciels du président Mao, fut primé lors de sa première présentation publique
    en décembre 1980. Né en 1948, Luo Zhongli est actuellement président de
    l'Institut des beaux-arts du Sichuan.
5   Une vingtaine d'artistes indépendants, pour la plus part des « Jeunes ins-
    truits », dont le plus connu est désormais Ai Weiwei, né en 1957 (sculp-
    teur, photographe, bloggeur, artiste conceptuel), crée un groupe artistique

est le seul critère de la vérité » publié dans *Le Quotidien du peuple*, et non des écrits comme « La cinquième modernisation » publié dans la revue *Exploration*[1] ou « De la liberté d'expression » publié dans la revue *Terre fertile*[2]... Ce qui revient à dire que s'il n'y avait eu que des campagnes de libéralisation de la pensée orchestrées par les médias gouvernementaux officiels et pas de mouvements dans l'esprit des Lumières suscités par le mouvement du Mur de la Démocratie issu de la société civile, alors l'esprit chinois de l'ère des réformes serait trop pâle pour qu'on s'en souvienne.

Le célèbre penseur libéral Friedrich August von Hayek a déclaré : « Les idées transforment le monde. » Les grands changements sociaux des époques de mutation en sont la

---

d'avant-garde en 1979 appelé « Les Étoiles », *Xing Xing*. Ce groupe d'artistes, non conformistes et contestataires, participe activement au Mur de la Démocratie et leur combat pour la liberté d'expression les lie au mouvement démocratique. Les expositions de leurs œuvres ne sont pas autorisées. Ils défient la censure et exposent en septembre 1979 sur les grilles du musée des Beaux-arts. L'événement connaît un réel succès auprès du grand public.

[1] *Tansuo*, revue fondée et dirigée par Wei Jingsheng en janvier 1979, qui critiquait ouvertement l'omnipotence du Parti communiste et dans laquelle il publie « La cinquième modernisation ». Revue apposée sur le Mur de la démocratie et qui connaîtra cinq numéros, plus un hors-série.

[2] *Wotu* fait partie de ces quelque deux cents publications non officielles qui émanaient de la société civile et qui virent le jour fin 1978 avant de fleurir sur le Mur de la Démocratie, à Xidan. Les plus importantes sont *Exploration*, créée par Wei Jingsheng, *Ligue pour les droits de l'homme en Chine* dont le fondateur est Ren Wanding, *La Tribune du 5 avril* fondée par Xu Wenli et *Printemps de Pékin* de Wang Juntao et Chen Ziming, qui rassemblent autour d'eux des jeunes gens ayant participé au mouvement du 5 avril 1976. *Terre fertile* et *Aujourd'hui* étaient des revues à caractère plutôt littéraire. C'est un numéro spécial de *Terre fertile* qui publie l'article de réflexion de Hu Ping intitulé « De la liberté d'expression ». Tous expriment leur prise de conscience politique de la nécessité d'un mouvement pour la démocratie en Chine.

preuve. Ainsi notamment des idées de l'esprit du siècle des Lumières qui apportèrent un renouveau en jouant le plus souvent un rôle d'avant-garde des transformations attendues. Lorsque les hérésies d'autrefois deviennent des convictions d'aujourd'hui largement partagées, l'apparition d'une nouvelle société n'est pas loin. La transformation de la dictature traditionnelle en démocratie moderne et du totalitarisme en société libre a suivi ce schéma. En Occident, c'est le mouvement des Lumières européen qui a ouvert le processus de modernisation, en Chine, c'est le mouvement du 4 mai 1919[1] qui a ouvert le processus de modernisation. Pour ce qu'il en est des tentatives de transformation du totalitarisme communiste en démocratie libérale, l'ancienne Union soviétique a fait l'expérience du « dégel de l'idéologie » de l'ère Khrouchtchev à la « perestroïka » de l'ère Gorbatchev; de même la réforme de la Chine débute, après la mort de Mao Zedong, avec le mouvement de libéralisation de la pensée ou celui des « nouvelles Lumières ».

Les nouvelles Lumières de la génération du Mur de la Démocratie ont un sens précurseur pour ce qui est des transformations de la société chinoise, ouvrant au moins des brèches à quatre niveaux.

---

1   Suite à la signature du traité de Versailles, en 1919, qui attribue au Japon la partie des territoires du Shandong auparavant sous contrôle de l'Allemagne, quelques milliers d'étudiants se réunissent à Pékin pour manifester devant la porte de la place Tian'anmen, ainsi qu'à Shanghai. Ces manifestations entraînent un sursaut patriotique qui amorce un renouveau à la fois politique, culturel et littéraire marquant un tournant historique de la Chine moderne. Ce vaste mouvement intellectuel considère qu'il est temps de réévaluer les valeurs confucéennes et que la modernisation de la Chine doit passer par les sciences et la démocratie.

1° Le mouvement du Mur de la Démocratie symbolise la première divergence entre les réformes voulues par la société civile et celles préconisées par le pouvoir. La première aspire à une réforme complète de la démocratie en Chine, tandis que le second se contente d'un compromis bancal alliant réforme économique et régime totalitaire. Cette divergence met non seulement très clairement en évidence, aujourd'hui encore, les limites fondamentales de la réforme bancale lancée par Deng Xiaoping, mais montre également sans ambiguïté l'orientation future que devront prendre les transformations sociales en Chine. Deng Xiaoping, désireux de s'emparer du pouvoir et de le garder, recourut à des stratagèmes abjects témoignant d'un opportunisme dépourvu de droiture. D'abord à l'égard de la hiérarchie supérieure : alors qu'il ne détenait pas encore le pouvoir, il écrivit à Hua Guofeng[1], président de l'État-Parti, une lettre lui témoignant toute sa loyauté, mais, lorsqu'il fut au pouvoir, il se débarrassa de l'homme sans la moindre indulgence. Il fit de même à l'égard du peuple : alors qu'il ne détenait pas encore le pouvoir, il profita du mouvement du Mur de la Démocratie pour

---

1   Hua Guofeng (1921-2008), successeur de Mao, devient Premier ministre en 1976 après la mort de Zhou Enlai et le reste jusqu'en 1980. À l'automne 1976, après l'arrestation de la Bande des Quatre, il est à la tête du Parti communiste. [La Bande des Quatre est le nom donné au groupe formé de quatre dirigeants chinois maoïstes, à savoir Jiang Qing, veuve de Mao, Wang Hongwen, Yao Wenyuan et Zhang Chunqiao, arrêtés et démis de leurs fonctions en 1976, peu de temps après la mort de Mao. On les accusait d'être les instigateurs de la Révolution culturelle, les seuls responsables et coupables de cette décennie dramatique à laquelle la Chine voulait tourner le dos.] Hua Guofeng est remplacé par Zhao Ziyang et c'est Hu Yaobang qui lui succède en 1981 au poste de président du PCC.

accorder son soutien à la volonté populaire, mais, dès qu'il fut au pouvoir, il s'empressa d'appliquer une répression sans indulgence; même la désapprobation de Hu Yaobang ne parvint pas à lui faire desserrer sa poigne de fer. Pour contrer les revendications politiques de la génération du mouvement du Mur de la Démocratie, qui ouvraient une brèche dans le modèle des reformes gouvernementales, Deng Xiaoping exigea de « s'en tenir aux quatre principes fondamentaux[1] » et entreprit de réprimer la génération du Mur de la Démocratie. C'est à partir de ce moment-là que son aspect tyrannique se révéla pour la première fois de manière terrifiante.

2° Le mouvement du Mur de la Démocratie a dépassé les limites de l'élite éclairée à l'intérieur même du système (incluant à la fois les élites politiques et les élites intellectuelles), faisant ressortir la divergence entre la société civile indépendante et les élites assujetties. Lorsque la génération du Mur de la Démocratie s'est publiquement opposée à la réforme de style dictatorial de Deng Xiaoping, appelant à une démocratisation politique, au respect des droits fondamentaux de l'homme et à la liberté d'expression, les élites éclairées ont maintenu à l'égard du système communiste « une seconde loyauté ». Elles ont en chœur ovationné les réformes de Deng Xiaoping et exalté, sans ménager leurs efforts, la pensée Mao Zedong de « la recherche de la vérité à partir des faits ». Ces mêmes élites ont de nouveau proposé l'humanisme marxiste et ont débattu de l'esprit de parti et de l'esprit

---

[1] La voie socialiste, la dictature du prolétariat, la direction du Parti communiste et la direction du marxisme-léninisme et de la pensée de Mao.

de peuple dans l'information. Aussi les élites éclairées, qui retournaient dans le giron de la scène politique et étaient toutes, à l'époque, occupées à promouvoir tambour battant les réformes, se sont-elles montrées plutôt indifférentes à la répression sévère qui frappait la génération du Mur de la Démocratie — sans parler de leur absence de soutien à Wei Jingsheng, qui venait d'être de nouveau condamné. Lorsque les intellectuels de la revue *Aujourd'hui* ont été réprimés par le pouvoir et que Bei Dao[1] et Mang Ke ont sollicité le soutien du monde intellectuel, ils n'ont obtenu pour toute réaction que celle de Xiao Jun[2] qui ne comprenait pas grand-chose aux événements.

3° Mais ce qui est encore plus important c'est que le mouvement du Mur de la Démocratie brisait le mode de pensée du modèle maoïste et du discours révolutionnaire, jetant les premières fondations de l'indépendance du système

---

[1] De son vrai nom Zhao Zhenkai, né à Pékin en 1949. Écrivain, mais surtout poète représentant de l'école de poésie du « clair-obscur » *(menglong shi)*. Garde rouge, « jeune instruit », ouvrier, il commence à écrire à la fin des années 1970 et se veut le porte-parole de toute une génération sacrifiée pendant la Révolution culturelle. En 1978, il crée la revue littéraire non officielle *Aujourd'hui (Jintian* dont le sous-titre était, en anglais, *Today)*, interdite à la fin de 1980. Son premier récit, « Vagues », paru en 1979 dans cette revue, est violemment critiqué en 1982 pour l'exploration de ses techniques d'écriture et d'expression jugée moderne et son « penchant pour l'existentialisme »; il sera l'une des cibles principales de la campagne « contre la pollution spirituelle » entre 1983 et 1984. Il sera en 1989 l'un des initiateurs de la campagne de pétitions demandant la libération de Wei Jingsheng et d'autres prisonniers d'opinion. À l'étranger lors du mouvement démocratique en 1989, il réside depuis aux États-Unis.

[2] Écrivain chinois contemporain (1907-1988) originaire de la province du Liaoning qui sera durant un moment le protégé de Lu Xun. Auteur de *La Campagne en août (Bayue de xiangcun)*.

de valeurs et du discours du peuple à l'égard de l'idéologie officielle. Dans le domaine littéraire, la revue *Aujourd'hui* représentait la première grosse brèche dans le langage littéraire de mode maoïste, tel qu'il avait été défini lors du mouvement de rectification de Yan'an[1]. Sur le plan de l'expression idéologique, si les commentaires politiques de Wei Jingsheng et d'autres dissidents gardaient encore, dans leur façon de s'exprimer, les stigmates d'un langage traditionnel de style maoïste, l'article de Hu Ping intitulé « De la liberté d'expression » était, lui, dépourvu de tout stéréotype politique de cet ordre. En y repensant aujourd'hui, je m'aperçois que, dans ce contexte de maoïsation absolue du mode de pensée et d'expression de mes compatriotes, qui imprégnait jusqu'à la façon, pour la majorité des personnalités éclairées, de décrire les réformes, le changement de mentalité de la génération du Mur de la Démocratie n'étonna pas beaucoup. En revanche ce qui surprit complètement ce fut que cette génération puisse, contre toute attente, utiliser un langage totalement neuf et inédit pour exprimer ses sentiments et parler de politique.

----

1 Premier mouvement de réforme interne du Parti communiste chinois et d'introduction massive du marxisme-léninisme lancé sous l'impulsion de Mao Zedong en 1942, à Yan'an. Ce premier mouvement idéologique consolide le rôle primordial de Mao au sein du Parti communiste. « La "campagne de correction du style de travail" forme la ligne de partage entre deux époques de la vie politique de Mao après la Longue Marche : avant, il lui fallait négocier toute décision importante avec le cercle des dirigeants ; après, il peut décider seul, en se contentant de prendre l'avis de ses conseillers les plus proches. On est passé de l'autoritarisme collégial au despotisme absolu. [...] Mao propose donc que l'on fasse du Parti un tout organique par "l'étude, la généralisation de la critique et de l'autocritique et la pratique de l'enquête sur le terrain" » (Alain Roux, *Le Singe et le tigre, Mao, un destin chinois*, Larousse, 2009, pages 431 et 433).

4° Le courage collectif du mouvement du Mur de la Démocratie s'est substitué à l'héroïsme solitaire de l'époque maoïste. Quant à son importance historique, la génération du Mur de la Démocratie a non seulement joué un rôle précurseur dans la libéralisation de la pensée, mais, en tant que groupe, elle a également incarné, de manière intense, une force morale qui a incité à l'émulation. Lorsque Deng Xiaoping, changeant de politique, utilisa la répression, face à ces persécutions sauvages du régime communiste autocratique, les dissidents du Mur de la Démocratie ne se sont pas abaissés à l'autocritique en pleurant toutes les larmes de leur corps, mais se sont comportés en héros nullement intimidés par la force tyrannique. Le courage moral de cette génération n'a rien à voir avec celui de Lin Zhao[1] lors de la campagne contre les droitiers ou celui de Yu Luoke[2] au tout début de la Révolu-

---

1   Étudiante catholique à l'université de Pékin, condamnée comme droitière en 1957, elle est exécutée en 1968 en raison de son intransigeance face au pouvoir. Voir *infra*, « Le testament que Lin Zhao a écrit avec sa vie... », p. 295.

2   Après avoir échoué par trois fois à entrer à l'université en raison de son origine familiale — son père, taxé de droitier en 1957, est chassé de son travail pour être rééduqué par le travail au début des années 1960 et ne sera réhabilité qu'au milieu des années 1980 —, Yu Luoke devient ouvrier. Il a vingt-quatre ans en 1966 lorsqu'il rédige son texte « De l'origine familiale » (*Chushenlun*) qu'il publie début 1967 dans le *Journal lycéen de la Révolution culturelle* à Pékin. Yu Luoke exprime publiquement ses réflexions sur cette question de l'influence de l'origine sociale et familiale qui, selon la théorie officielle, déterminerait la destinée bonne ou mauvaise des individus. Il dénonce cette inégalité politique au nom des droits de l'individu. Selon lui l'origine familiale et le statut de classe d'un individu sont deux choses totalement différentes. Jugé « contre-révolutionnaire actif » pour un tel écrit, il sera condamné et exécuté le 5 mars 1970, dans le stade des Ouvriers à Pékin et ne sera réhabilité qu'en 1979. « Un éblouissant manifeste des droits de l'homme au royaume des ténèbres », selon le chercheur sino-américain Song Yongyi. Cf. « La vie de Yu Luoke et de sa famille. Destins croisés avec Ren Zhong et l'auteur de ce livre »,

tion culturelle. Ces dissidents ne sont plus ces héros exceptionnels et individuels à la gloire isolée, mais un groupe d'individus qui s'encouragent mutuellement pour faire face à la prison. Il y a trente ans, Wei Jingsheng s'est comporté de manière exceptionnelle tant face au tribunal du Parti communiste que durant toutes ses années d'emprisonnement, il fut l'un des premiers de toute une génération à manifester clairement, avec courage et ténacité, sa résistance à l'égard du despotisme, encourageant ainsi les hommes de courage au sein de la société civile des générations suivantes à se montrer inflexibles face à la tyrannie. On peut dire que, aujourd'hui, la configuration de la situation sociale chinoise est telle que le sens moral appartient à la société civile et le pouvoir aux autorités locales, et que la première impulsion donnée à la société civile vient de la génération du Mur de la Démocratie.

Je me souviens des dizaines d'artistes issus de la société civile, tels que Bei Dao, Mang Ke ou Huang Rui, manifestant dans les rues de la capitale, en 1979, à la veille du 1er octobre à Pékin [pour le trentième anniversaire de la fondation de la République populaire], pour s'opposer à l'interdiction par le gouvernement de l'exposition des artistes du groupes des Étoiles. Ces artistes populaires, qui n'avaient jamais fréquenté l'université, brandissaient des pancartes réclamant la liberté d'expression et la liberté artistique et défilaient dans les rues de Pékin, balayées par un triste vent d'automne, au milieu des forces armées. C'était là la première

---

dans Liu Xinwu, *L'Arbre et la forêt. Destins croisés*, traduit du chinois par Roger Darrobers, Bleu de Chine, 2003.

manifestation issue de la société civile chinoise luttant pour la liberté d'expression. L'image du peintre Ma Desheng[1], handicapé, qui marchait appuyé sur ses béquilles au premier rang des manifestants reste le souvenir populaire qui revêt le sens le plus symbolique de cette époque.

En trente ans de réformes, depuis la génération du Mur de la Démocratie luttant pour la liberté d'expression jusqu'à l'actuelle vague du mouvement pour la protection des droits civiques, la lutte pour les droits civiques, initialement menée par des communautés intellectuelles non officielle, s'est désormais élargie à toutes les couches de la société. L'acquis le plus important de ces nouvelles Lumières issues du mouvement du Mur de la Démocratie est l'extension de la prise de conscience en matière de droits civiques à toute la société civile : sans la garantie de la liberté fondamentale des droits de l'homme et des droits politiques, des individus dispersés n'ont aucun moyen de tenir tête aux puissants *yamen*[2] et à leur application arbitraire de la loi ; ils ne disposent pas d'une égalité de chances dans la poursuite de leurs intérêts personnels ; ils n'ont pas de liberté de parole pour exprimer publiquement leurs propres croyances, leurs pensées et leurs

---

1 Peintre, poète et calligraphe, Ma Desheng est né en 1952. Wang Keping, sculpteur, est né en 1949. L'un et l'autre ont quitté la Chine au début des années 1980 pour Paris où ils vivent et travaillent désormais. Né en 1952, Huang Rui est peintre, photographe, plasticien et *performer*. Pendant les années 1980 et 1990, il s'exile au Japon avant de revenir à Pékin où il joua un rôle majeur dans la création, en 2002, du complexe artistique de Dashanzi, plus connu sous le nom de 798. Tous les trois sont nés à Pékin, sont les cofondateurs du premier groupe non officiel d'artistes à apparaître après la mort de Mao sous le nom « Les Étoiles » et restent des figures de la dissidence chinoise postmaoïste.
2 Tribunal local de la Chine impériale, représentant du pouvoir et de l'autorité.

goûts; ils sont privés de toute garantie légale pour la sécurité de leurs biens; s'ils subissent des préjudices de la part du gouvernement, ils obtiennent difficilement une indemnité équitable — bref, il s'avère pratiquement impossible pour un individu d'obtenir une aide publique, une aide administrative et juridique à caractère institutionnel. Quel que soit le but poursuivi — garantir la propriété privée, lutter en faveur des droits fondamentaux de l'homme, réclamer la gouvernance autonome par la société civile ou la justice sociale en matière de redistribution de la richesse... —, la protection des droits civiques sous toutes ses formes doit se transformer en un mouvement de la société civile destiné à lutter pour la liberté d'expression et la liberté politique. Plutôt que de quémander quelques petits pains de faveur, du haut vers le bas, on ferait mieux de lutter pour ses droits fondamentaux, du bas vers le haut.

Bien que, après le 4 juin 1989, la pensée de la société civile soit divisée, la vieille et la nouvelle gauche brandissent de nouveau l'étendard du maoïsme, tandis que les nouveaux et les vieux confucéens se réclament de nouveau, quant à eux, du slogan : « Une politique gouvernée par un roi sage. » En réalité les uns et les autres ne font qu'appliquer l'emplâtre du nationalisme pour complaire à un nationalisme extrême très à la mode. Pour ma part, je crois que le sens de l'esthétisme et la notion de liberté proposés par la génération du Mur de la Démocratie seront les valeurs centrales qui mèneront vers une transformation de la Chine.

Dans l'accomplissement de la création d'une Chine libre, la position des précurseurs du Mur de la Démocratie appartient déjà à l'histoire; l'obstination sans faille de cette génération pour une Chine libre tout au long de ces trente dernières années persiste aujourd'hui encore.

Écrit le 15 juin 2008,
à mon domicile de Pékin.

Cet article a paru pour la première fois
dans la revue *Zhengming* («*Rivaliser*»).

Traduit par Geneviève Imbot-Bichet

Le syndrome des médailles d'or olympiques et l'instrumentalisation politique des JO par le PCC

Durant sept ans, de la sélection de Pékin comme ville olympique à l'ouverture des Jeux, la propagande nationaliste de l'appareil d'État se focalisa autour du « rêve olympique séculaire ». Un an avant l'ouverture des JO ce fut le sprint final du compte à rebours ; la propagande patriotique y répondit en allongeant alors la foulée et les médias du continent déchaînèrent une campagne publicitaire tous azimuts autour des JO. Pendant l'ouverture officielle des Jeux, l'offensive patriotique se manifesta d'abord par la poudre aux yeux jetée à l'occasion d'une cérémonie d'ouverture d'un faste outrancier avant de s'en donner à cœur joie dans la farandole des médailles d'or exhibées sur le tableau d'affichage.

Après l'ouverture des Jeux, dès la première médaille d'or chinoise, CCTV et les chaînes de télévision locales entamaient le battage médiatique autour du « décompte des médailles d'or ». Pendant la durée des Jeux, dans la mesure où la Chine figurait constamment en tête du tableau d'affichage pour le nombre des médailles d'or, toutes les émissions consacrées aux jeux Olympiques, sur toutes les chaînes, diffusaient en boucle les images du fameux tableau. Si bien que tous ceux qui regardaient les émissions télé consacrées aux performances chinoises ou écoutaient les commentateurs sportifs avaient des médailles d'or plein les yeux et plein les oreilles. Les accents et les attitudes des présentateurs, les questions posées aux sportifs par les reporters distillaient l'opium enivrant non pas du peuple mais du médaillisme d'or. Si ce n'était pas des médailles d'or et le drapeau national, c'était le drapeau national et des médailles d'or. Les JO de Pékin se sont résumés à un drapeau rouge blasonné d'or. De l'esprit fraternel du sport, de la joie authentique qu'il procure, il n'est rien resté, je laisse à penser d'un quelconque respect de la valeur humaine !

Voici une illustration de la pathologie qui sévissait dans les médias : lors de la finale de boxe dans la catégorie des poids mi-lourds, Zhang Xiaoping s'imposa contre l'Irlandais Kenneth Egan. Le commentateur de CCTV, Han Qiaosheng, surexcité s'exclama : « Notre Zhang Xiaoping lui a fait voir trente-six chandelles... il a montré de quel bois se chauffe le mâle chinois ! Nos poings ont parlé ! Dans le domaine de la confrontation de la force, il a fait preuve d'autant d'astuce que de force ! Une légende est née ! La Chine a pris son envol ! Le dragon chinois a pris son envol ! »

De la clôture des Jeux jusqu'à aujourd'hui, les médailles d'or et la propagande qui l'accompagne ont littéralement envahi la vie des Chinois, et ni Hong Kong ni Macao n'ont été épargnés. Certaines des plus importantes chaînes sportives de CCTV et des chaînes locales comptaient et recomptaient une à une les médailles d'or, passaient en revue encore et encore les instants clefs de chacune des victoires, on y chantait les louanges de chacun des champions, on y rabâchait jusqu'à plus soif qu'enfin la Chine s'imposait comme le maître incontesté des médailles d'or. Le plus grand portail Web Xinlangwang, proposait la rediffusion des moments décisifs des victoires chinoises en titrant : « Toutes les victoires des jeux Olympiques de Pékin en rediffusion : une grande nation surgit et se taille une gloire immortelle. » Un autre portail avait pour intitulé : « Les jeux Olympiques de Pékin finissent en beauté ! La Chine avec ses cinquante et une médailles d'or remporte sa première place aux JO »; là aussi on pouvait y revoir comment la Chine avait remporté ses cinquante et un titres.

Concurremment, le bureau des sports du PCC, sous l'égide de Liu Peng, envoyait une brigade de médaillés éblouir Hong Kong et Macao de l'éclat de tout l'or de la métropole. À Hong Kong, lors de la conférence de presse, Liu Peng et les membres du bureau des sports se montrèrent particulièrement rustres; non seulement ils répondirent à la place des sportifs aux questions embarrassantes, mais toutes leurs réponses étaient tirées d'un stock de formules préparées à l'avance. Leur ton, leur expression semblaient dire aux Hongkongais : « Ces médaillés d'or sont les héros du peuple; il est exclu que des journalistes puissent les provoquer ! »

Le culte des membres du Parti et des nationalistes envers les médailles d'or est devenu une pathologie incurable, elle s'apparente à l'adoration des nouveaux riches pour leurs écus; ils ne se lassent pas de compter et recompter les louis d'or de leur bourse, dont le tintement leur semble la plus douce musique au monde, et la couleur la plus éclatante de la création.

Vu la nature dictatoriale du nationalisme chinois, il était naturel que les JO de Pékin deviennent en peu de temps un enjeu politique primordial pour conforter le pouvoir de Hu Jintao et de Wen Jiaobo, de sorte qu'en cent ans d'histoire des JO jamais il n'y eut une manipulation des masses et des sportifs d'une telle ampleur, jamais il n'y eut de pareilles sommes investies, jamais il n'y eut un tel délire nationaliste. Dans le contexte chinois, l'issue d'un match dans une compétition internationale revêtait une signification hautement symbolique sur le plan politique et patriotique. Les médailles d'or étaient chargées du vieux rêve pesant d'une Chine forte, elles portaient en elles « le complexe de rattrapage et de dépassement » hérité de la période maoïste.

J'ignore, à vrai dire, si dans les autres pays les médailles d'or font l'objet d'un fanatisme comparable à celui qui s'est emparé de la Chine, mais je demeure en tout cas persuadé d'une chose, c'est que dans les autres pays jamais on ne parviendrait comme chez nous à mobiliser toute la nation pour réaliser « le grand bond en avant des médailles d'or ».

Le chef du Parti, Hu Jintao, s'exprima ainsi dans une directive juste avant l'ouverture des Jeux : « Les JO de Pékin doivent démontrer la supériorité du système socialiste dans sa capacité à rassembler toutes les forces de la nation pour la réalisation de grands desseins. » Comment ne pas penser au mot d'ordre du Grand Bond en avant lancé par le président Mao : « Rattraper l'Angleterre, dépasser les États-Unis ! » Afin d'atteindre l'objectif fixé par le guide suprême, tous les efforts se concentrèrent sur l'augmentation de la production d'acier ; cette préoccupation se transforma bientôt en un véritable délire obsessionnel qui affecta l'ensemble de la nation chinoise. Au slogan « Le peuple tout entier doit fondre l'acier » d'il y a cinquante ans répond le mot d'ordre actuel : « Le peuple tout entier doit contribuer aux JO. » Si l'objectif a changé, la folie reste la même.

La dictature chinoise s'étant donné pour objectif principal, dans sa stratégie vis-à-vis des JO, de rafler le maximum de médailles, elle procéda à des investissements massifs, rendus possibles par la mobilisation de l'ensemble des forces du pays, lesquels investissements portèrent effectivement leurs fruits, puisque le nombre de médailles d'or empochées par la Chine ne cessa de croître année après année. En 1996, lors des JO d'Atlanta, la Chine arrivait en quatrième position, en 2000, à Sydney, en troisième position, et en 2004, à Athènes, en deuxième. À chaque rendez-vous, la Chine gravissait une marche du podium. Depuis Athènes, la Chine s'était fixé pour but ultime une première place aux JO. Le rêve est désormais réalité. La Chine a détrôné les États-Unis et se place en première position ; elle fait miroiter orgueilleusement son chapelet de médailles d'or à la face du monde.

En 2004, Liu Xiang avait remporté la médaille d'or du 110 mètres haies, battant avec un temps de 12,91 secondes le record des JO et égalant ainsi le record mondial. Il est le seul Asiatique à avoir accompli un tel exploit en athlétisme. À l'annonce de cette victoire, le commentateur en direct de CCTV se mit à pousser des cris hystériques. Lors de la remise de son prix, Liu Xiang se livra à des gesticulations grotesques et, au cours d'une interview, il déclara sans aucune pudeur : « L'Asie a Liu Xiang, la Chine a Liu Xiang. » En un instant il fut couronné « héros national » pour avoir suscité des transports de joie insensés à l'annonce que « la course d'obstacles

avait donné naissance à une Chine nouvelle ». Le surnom de
« Chinois volant » qui lui échut devint synonyme de sport
chinois et lui-même fut élevé au rang de champion chargé de
porter sur ses épaules les espoirs de toute la nation.

Alors que les JO de Pékin se profilaient, l'éclat de la
gloire chauvine dont était auréolé Liu Xiang rayonnait sur
tout le pays, son portrait était affiché partout, dans les villes,
les faubourgs, les villages, on le voyait sur les murs des grandes
avenues ou des simples ruelles. Le numéro de son dossard,
1356, était censé représenter le milliard trois cents millions
de Chinois associé aux cinquante-six ethnies. La prestation
qu'il devait fournir dans le « Nid d'oiseau » [stade national
de Pékin] était la plus attendue des spectateurs chinois et la
médaille d'or du 110 mètres haies revêtait à leurs yeux une
importance toute particulière. On peut même dire que les
spectateurs chinois présents dans le Nid d'oiseau étaient
venus uniquement pour assister à la performance du seul
Liu Xiang. Mais les espoirs chinois de décrocher l'or dans les
épreuves d'athlétisme furent trompés ; Liu Xiang, blessé,
fut contraint de déclarer forfait. Le héros tomba brutalement
de son piédestal et la terrible déception ressentie par nos
ardents patriotes se transforma en une formidable vague
d'indignation publique.

Il est très fréquent dans l'histoire des jeux Olympiques
qu'un sportif déclare forfait à la suite d'une blessure, mais cela
n'a jamais pour autant donné lieu à un tel déchaînement de
commentaires. En dépit du fait que la Chine a supplanté les
États-Unis en s'emparant de la première place mondiale dans
le domaine sportif par le nombre des médailles d'or, la polé-

mique suscitée par le retrait de Liu Xiang montre que, derrière cette folie des médailles d'or, se cache cette « hantise de la défaite » caractéristique de ces pays faibles que travaille une vanité morbide. Et c'est à la faveur de ce culte des médailles d'or, partagé aussi bien par les autorités que par le peuple dans son ensemble, que le nationalisme a pu virer à l'hystérie. On vous brandit pour un oui ou pour un non l'épée sacrée de l'intérêt supérieur de l'État et de l'honneur de la patrie pour vous faire courber l'échine. L'émoi soulevé par le retrait de Liu Xiang rabattit pour de bon le caquet du « Chinois volant » contraint à des excuses publiques.

Selon moi, seul le système chinois de la mobilisation générale sur un objectif unique peut déboucher sur un tel culte des médailles d'or, et un tel culte donner lieu à la mascarade grotesque d'un athlète obligé de battre sa coulpe devant toute la nation parce qu'il a dû déclarer forfait à la suite d'une blessure ! Mais plus absurde encore, si Liu Xiang a dû présenter des excuses publiques cela tient à un raisonnement syllogistique propre au système de la mobilisation nationale : la victoire de Liu Xiang est à attribuer au Parti qui a investi de l'argent dans son entraînement, quant au titre honorifique de Héros national, il lui a été également conféré par le Parti et par le peuple, si bien que la défaite ou la victoire de Liu Xiang ne le concerne pas seulement lui mais qu'il en va de l'intérêt du Parti et de l'honneur de la patrie. Sans oublier que le numéro de son dossard, 1356, le lie à la vie à la mort à un milliard trois cents millions d'êtres. Sa gloire rejaillit sur le peuple et sur le Parti de même qu'inversement sa défaite éclabousse le Parti et le peuple. Dans un tel contexte, il était dès lors naturel qu'il endosse la responsabilité de sa défaite et fasse amende honorable devant la nation tout entière.

Depuis les JO de Los Angeles, en 1984, date à laquelle la première médaille d'or tomba dans l'escarcelle chinoise jusqu'alors vide, les contribuables chinois durent payer un lourd tribut au culte des médailles d'or olympiques instauré par le système de la mobilisation nationale. Aujourd'hui que la Chine s'est hissée au premier rang aux jeux Olympiques, cet exploit pèse d'un poids très lourd sur les épaules des sportifs chinois qui se trouvent dès lors comme « pris du vertige des sommets ». Les JO achevés, les médias chinois se vautrèrent avec complaisance dans l'autocélébration. Ils reproduisaient à l'envi les propos louangeurs des médias étrangers, allant jusqu'à traduire la formule somme toute banale du président du comité des JO, Jacques Rogge : *truly exceptional game*, par : « des jeux comme on n'en a jamais vu dans l'histoire ». À les en croire, le coup de fouet donné à tout le pays par cette première place sur le podium laissait présager un avenir radieux : bientôt c'est dans tous les domaines qu'il surclasserait les États-Unis, devenant ainsi la première puissance mondiale. C'est ainsi que s'est constitué ce calamiteux syndrome des médailles d'or dont se trouve affecté le sport chinois — une affection qui consiste à être obnubilé par les médailles d'or au point de virer à la monomanie. Le syndrome de la course aux médailles d'or entraîne quatre conséquences de taille.

1º Les infrastructures des Jeux devaient être la vitrine du Parti ; aussi ne lésina-t-on pas sur les moyens tant humains que matériels pour que le Parti fît belle figure, favorisant ainsi, en raison du déséquilibre dans la répartition des ressources, l'émergence d'un sport à deux vitesses. Durant les sept longues années qui suivirent le choix de Pékin comme ville olympique, les installations sportives de la ville hôte représentèrent une part très importante du budget et bénéficièrent d'équipements luxueux, tandis que le commun des Chinois fut réduit à la portion congrue en ce qui concerne les équipements sportifs. Tandis que le sportif médaillé d'or, propulsé sur des sommets périlleux, était doublement récompensé par l'argent et la louange, le sportif ordinaire, doublement pénalisé, végétait dans l'obscurité et la misère. De même que la réforme bancale de l'économie a débouché sur cette idolâtrie du PIB qui a transformé la Chine en paradis pour les riches et les puissants, qui font fortune en une nuit, et en enfer pour ceux qui, n'ayant ni pouvoir ni influence, se trouvent de plus en plus démunis ; de même le système de la mobilisation nationale a forgé le culte des médailles d'or, créant ainsi un paradis pour une élite sportive et un enfer pour le commun des pratiquants du sport.

S'assurer la place de numéro 1 aux JO de Pékin, requérait que l'État en fît sa priorité numéro 1 en matière d'investissement financier. Même s'il est difficile d'évaluer avec précision ce que représentèrent en main-d'œuvre et ressources matérielles le parcours de la flamme olympique et le dispositif de sécurité, la facture officielle s'élève au moins à 43 milliards de dollars US (le conseiller du comité d'organisation des Jeux de Pékin, Huang Wei, divulgua de tout autres chiffres : 520 milliards de yuans, c'est-à-dire plus de 70 milliards de dollars US). Cette somme représente quatre fois les

9,7 milliards de dollars alloués à la santé publique en 2007 en Chine, trois fois les 15,7 milliards de dollars alloués à l'éducation. Cette « course aux médailles d'un coût faramineux » est inimaginable dans un pays du tiers-monde, et même dans les pays développés elle serait qualifiée de « JO de luxe »; ce sont sans aucun doute les Jeux les plus chers de l'histoire olympique, il n'y a jamais rien eu de tel avant et il n'y aura rien de tel après. Il est fort douteux qu'aux Jeux de Londres, qui auront lieu dans quatre ans, la main-d'œuvre mobilisée et les sommes d'argent investies puissent atteindre celles des JO de Pékin. En effet, il n'y a qu'un pays dictatorial, qui bafoue les droits et les intérêts du peuple, pour se permettre des Jeux aussi fastueux — des Jeux organisés par et pour les puissants et dont ils ont fait régler l'addition par les contribuables.

Cette démesure forme un contraste frappant avec la « cure d'amaigrissement » préconisée par le comité international des JO. Après la clôture des Jeux de Pékin, le président du comité olympique, Jacques Rogge, en a certes salué la réussite, mais on aurait tort de voir dans ses éloges une incitation pour les futurs pays d'accueil à copier l'organisation des JO de Pékin; ses propos sonnent plutôt comme une déclaration publique sur la nécessité d'une réforme des JO. Le gigantisme dont ils souffrent a été jusqu'à maintenant un terrible fardeau pour les pays organisateurs, aussi serait-il bon qu'à l'avenir ils se mettent au régime; ils ne devront en aucun cas se dérouler sur l'échelle de ceux qui viennent de s'achever.

2° Cette première place de la Chine sur le podium, les sportifs chinois l'ont payée du prix de leur vie personnelle et de leur dignité. Devenir médaille d'or des JO passe par la sélection des athlètes dès la prime enfance pour entrer dans des écoles de formation sportive gouvernementales. En fait d'écoles, il s'agit plutôt de camps d'entraînement fermés, qui ont tout de la caserne, où non seulement ils doivent faire une croix sur leur liberté, mais se trouvent aussi plus ou moins séparés de leur famille. Un des hauts responsables des sports du Parti a déclaré : « Gagner les JO, telle est la mission sacrée assignée à la Patrie par le comité central du Parti. » En réalité cette « mission sacrée » consiste à priver les sportifs des liens affectifs entre parents et enfants, sans aucun état d'âme. C'est le cas de la judokate médaille d'or Xian Dongmei, la seule de l'équipe chinoise à être mère, qui, pendant toute l'année précédant les JO, n'a pas été autorisée à voir sa fille de dix-huit mois. Quant à Cao Lei, médaille d'or d'haltérophilie aux JO, on ne daigna pas l'avertir de la mort de sa mère, si bien qu'il ne put prendre part à ses funérailles.

La préparation de la bataille des Jeux nécessita le sacrifice de toute vie personnelle chez les sportifs. Le gymnaste Chen Yibing, médaillé d'or aux anneaux, expliqua avec beaucoup de franchise lors d'une interview : « Tu n'as aucune prise sur ta propre vie, l'entraîneur t'accompagne partout. Tous les regards sont en permanence fixés sur toi, du médecin au cuisinier. Tu n'as pas d'autre choix que de subir l'entraînement pour ne pas décevoir. »

Cet entraînement forcé, imposé par le système de la mobilisation nationale, a de graves répercussions sur la santé des sportifs. Par exemple les plongeurs de compétition sont sélectionnés dès l'âge de cinq ou six ans. Or une étude de la protection de la santé a montré que plonger si jeune, alors que les yeux n'ont pas encore atteint leur plein développement, présente des risques importants pour la vue. En effet la violence de l'impact avec l'eau entraîne une détérioration de la rétine. C'est d'ailleurs ce qui est arrivé à Guo Jingjing, médaille d'or de plongeon : soumise à un entraînement quotidien dès l'âge de six ans, elle souffre de si graves problèmes de vue que c'est à peine si elle peut distinguer le tremplin; elle est menacée de cécité à plus ou moins brève échéance. Li Fenglian, le médecin de l'équipe chinoise de plongeon, confia à un journaliste le résultat d'une étude qu'elle avait publiée un an auparavant : sur les 184 plongeurs de l'équipe nationale 26 souffraient d'une détérioration de la rétine.

3° La première place aux JO devait impressionner les Chinois et le monde entier par la démonstration de la redoutable efficacité de la « politique de maîtrise totale » conduite par le Parti. Les JO étaient devenus la « priorité nationale », par conséquent une « tâche politique capitale ». « Tout doit être mis en œuvre pour les JO. Rien ne doit se mettre en travers de leur route. » Membres du Parti, hommes d'État, militaires, ouvriers, paysans, commerçants, étudiants, tous avaient le devoir de se mobiliser afin d'accomplir « cette tâche politique capitale ». On ne compta ni l'argent, ni les ressources matérielles, ni la main-d'œuvre pour construire des stades, fournir les équipements. Le personnel, les bénévoles, les agents de sécurité furent les plus nombreux de toute l'histoire des JO et les plus sûrs politiquement. Tous n'avaient été retenus qu'au terme d'une longue sélection qui comportait plusieurs étapes, dont une enquête policière et un stage. Leur tâche principale consistait à être aux petits soins pour les journalistes et les touristes étrangers, à leur offrir leur plus beau sourire et un service de qualité, afin d'étouffer le plus possible les « bruits parasites ».

Pour les plus hauts intérêts du Pays et du Parti, « la politique de maîtrise totale » ne recula devant rien ; elle eut recours au mensonge le plus éhonté — du play-back de la petite fille à la fausse trace de pieds de la cérémonie d'ouverture, jusqu'à l'âge trafiqué des sportifs, en passant par le sourire forcé des bénévoles ; elle étouffa ouvertement la moindre « divergence d'opinion » : du « zéro critique » de la part des médias nationaux à la « pluie de louanges » des médias étrangers ; de l'expulsion des manifestants étrangers au « zéro manifestation » dans les trois parcs pourtant dévolus à cet effet.

C'est seulement grâce à une telle politique de maîtrise totale que le pouvoir était à même d'exhiber aux yeux du monde un stade magnifique, une organisation des Jeux sans accrocs, qui avait en amont nécessité une logistique à toute épreuve, et de se targuer d'avoir effectué un parcours sans faute. Il pouvait également se vanter, sur le plan de la sécurité, d'avoir fait de Pékin une « forteresse imprenable ». Ce parcours sans faute masque la trahison de la promesse du gouvernement de respecter les droits de l'homme. L'éclat des médailles d'or a totalement éclipsé les droits de l'homme qui paraissent bien ternes en comparaison, et c'est là, pour les Chinois, décidément d'un cauchemar qu'il s'agit.

4° Plus grave encore, la consécration de la Chine aux JO apporte de l'eau au moulin de ceux qui font obstacle aux tentatives de réformes d'un système périmé. En effet elle renforce la croyance du Parti dans le bien-fondé du système de mobilisation nationale, elle enfonce encore davantage le peuple dans l'illusion que bientôt la Chine sera la première puissance mondiale, enfin elle fait croire en l'efficacité du système communiste. Caractéristique à cet égard est la déclaration de Zhang Yimou, maître d'œuvre de la cérémonie d'ouverture, lors d'une interview donnée après les JO. Pour que, selon lui, la cérémonie d'ouverture conjugue tout à la fois le faste, une synchronisation impeccable, et qu'elle symbolise l'histoire glorieuse de la Chine, il était indispensable qu'une telle profusion de personnes, de matériaux et d'argent soit mobilisée. Seuls des pays comme la Chine et la Corée du Nord étaient capables de telles réalisations, a-t-il ajouté. Non seulement cela retarde les réformes nécessaires d'un système étatique déliquescent mais cela va contribuer à sa pérennité. Comme on a pu le voir, peu avant la fin des Jeux, déjà assurés de la première place de la Chine sur le podium, les hauts fonctionnaires du sport pouvaient exalter le bien-fondé d'un système de recrutement sportif prêt à saigner le peuple à blanc. Wei Jizhong, le haut conseiller du CIO de Pékin, déclara lors d'une conférence de presse que les quarante-cinq médailles d'or déjà engrangées apportaient la preuve des vertus de cette politique sportive. Il prit l'exemple du déclin du sport russe à la suite de l'effondrement de l'Union soviétique pour démontrer combien il était sage de préserver ce modèle d'organisation.

Après les JO, *Le Quotidien du peuple*, sous la manchette « Il faut continuer à appliquer le système de mobilisation générale dans le sport », publia un entretien avec Liu Peng, le haut responsable du bureau des sports, où celui-ci exposait clairement les raisons pour lesquelles il fallait persévérer dans cette voie. Selon lui, le système de la mobilisation nationale répondait à des nécessités à la fois politiques et conjoncturelles. Il déclara textuellement : « Si le sport a une faible coloration politique, son impact sur la politique est fort. Si l'on considère maintenant les choses du point de vue des liens que le sport entretient avec le sentiment national ou patriotique, leur expression varie en fonction des pays et des époques ; en Chine ces liens revêtent une signification toute particulière. Dans un pays faible, le sport est absent ; et cela est une douleur cuisante pour ses ressortissants. Avec le développement du pays, on a assisté, comme il se doit, à un essor parallèle du sport, mais surtout il s'est vu doté d'une fonction et d'une signification qui débordent largement son propre domaine, puisqu'il stimule l'esprit national, renforce la confiance en soi du peuple, exalte sa fierté et contribue à sa cohésion. Nous continuerons à adopter la formule de "mobilisation sportive nationale" parce qu'elle exprime en quelques mots une grande tradition et un modèle d'efficacité, et qu'elle peut contribuer à la cohésion nationale et servir de mot d'ordre mobilisateur. Notre attitude à l'égard de ce mode de recrutement sportif est très claire : premièrement il faut continuer à l'appliquer, deuxièmement il faut le perfectionner. » Il alla jusqu'à confier avec beaucoup de fierté : « Je me suis laissé dire qu'à l'heure actuelle plusieurs pays prenaient modèle sur le système sportif chinois. »

Cette vanité extrême du pouvoir et du nationalisme est responsable de la pression malsaine que subissent les athlètes, réduisant la compétition à une interdiction de perdre. L'affaire Liu Xiang en est l'illustration : le débat public houleux déchaîné par son forfait à la suite d'une blessure pesa si lourdement sur ses épaules qu'il fut contraint à des excuses publiques. C'est ployant sous le faix de toutes leurs médailles d'or que les athlètes chinois se présenteront pour les JO de Londres en 2012. Si dans quatre ans la Chine ne gagne pas cinquante et une médailles ou ne peut conserver sa première place, je n'ose imaginer l'hystérie qui s'emparera de mes concitoyens.

Dans le monde actuel où marchandisation du sport et nationalisme vont de pair, les médailles d'or sont loin de coïncider avec l'esprit sportif, de même qu'un grand nombre de médailles ne saurait rendre compte de la force réelle d'un pays ou de son niveau de civilisation. Durant la période de la guerre froide, l'Union soviétique a pris plus d'une fois la tête du classement, obtenant le plus grand nombre de médailles d'or et de médailles en général. En particulier en 1988, aux JO de Séoul, où elle remporta cinquante-cinq médailles d'or et cent trente-deux médailles d'argent et de bronze — un record inégalé à ce jour dans l'histoire des JO. L'Allemagne de l'Est s'est également particulièrement distinguée dans le domaine du sport. Aux JO de Montréal, de Moscou et de Séoul, elle arriva en deuxième position pour le nombre de médailles. Mais ces géants des JO, façonnés par le système de mobilisation nationale pour le sport, ne purent empêcher l'écroulement brutal de l'empire soviétique et des pays de l'Est.

Les leçons du passé nous démontrent que les effets de la marchandisation sur la culture sportive sont moins pernicieux que le nationalisme s'exacerbant dans la course aux médailles.

Et ce d'autant plus lorsqu'un pays dictatorial se trouve être l'organisateur d'un grand événement sportif international. Le système de sélection à grande échelle permet certes à ce genre de pays de devenir de grandes nations des médailles d'or, mais il ne permet en aucun cas à l'humanité d'avancer sur la voie de la civilisation. Bien au contraire, il porte en lui un terrible fléau pour l'humanité : le sport devient alors forcément un instrument d'autopropagande des dictateurs ; l'universalisme de l'esprit sportif est alors retourné contre lui-même par le nationalisme le plus étriqué ; en un mot, le clinquant des médailles d'or devient l'arme grâce à laquelle les dictateurs confortent leur pouvoir et attisent la flamme nationaliste.

Si la Chine, toutes classes confondues, continue à se laisser éblouir par le clinquant des médailles d'or et persiste à traduire *truly exceptional* par des « jamais vu dans l'histoire » pour s'autoglorifier, alors le sport chinois ne pourra que se fourvoyer de plus en plus dans la voie de l'idolâtrie des médailles d'or, laquelle se traduit immanquablement par la politisation, le gaspillage et la bipolarisation du sport. « Le grand pays des médailles » s'interdira ainsi à jamais de devenir « un grand pays de civilisation ».

Écrit le 18 septembre 2008,
à mon domicile de Pékin.

Publié dans la revue *Zhengming* (« *Rivaliser* »),
septembre 2008.

Traduit par Celia et Jean Levi

La contribution du parti républicain à l'élection d'Obama

C'est entouré de sa famille qu'Obama, le tout nouvel occupant de la Maison-Blanche, a salué l'assistance en remerciement à la contribution de chacun. Non seulement ces élections présidentielles ont connu un taux de participation record, inconnu depuis des années, mais elles ont accaparé comme jamais l'attention du monde entier.

Considéré par son avers, cet intérêt s'explique par le fait que les États-Unis sont une superpuissance et le chef de file des pays démocratiques. Si le président des États-Unis incarne la plus haute instance du pouvoir dans son pays, il l'est également dans les affaires internationales ; ce serait donc la raison pour laquelle les élections américaines passionnent la planète, certains allant jusqu'à dire en manière de boutade « que les élections américaines décident du président du monde ».

Mais on peut en voir aussi le revers : la crise financière et le bourbier irakien ont fait chuter le nombre des partisans du président Bush et, sur le plan international, sa crédibilité s'en est trouvée ébranlée. La crise de Wall Street a eu de graves répercussions internationales. À travers le guêpier irakien, c'est l'avenir de la lutte antiterroriste mondiale qui est en jeu.

Ces deux grands écueils ont conféré à ces élections américaines une signification cruciale sur le plan mondial. Les observateurs américains et étrangers retenaient leur souffle dans l'attente du « grand changement ».

Obama ne pouvait se prévaloir d'une appartenance à quelque grande famille américaine, il lui était impossible de mettre en avant quelque grande réalisation politique, quant à son expérience dans l'administration, elle était pratiquement inexistante. Sa carrière de sénateur d'un État et de sénateur des États-Unis faisait pâle figure comparée à celle des autres candidats. Aussi, lorsque la campagne présidentielle a débuté, personne ne pouvait imaginer que ce Noir issu d'un milieu modeste aurait l'étoffe du vainqueur. Au sein même du parti démocrate, lors des primaires, sa victoire contre la douairière blanche Hillary tint du miracle. Avant le dernier tour, qui opposa Obama et McCaine, les médias craignaient qu'il ne pâtisse de la discrimination raciale lors du scrutin. Mais qu'il s'agisse de l'investiture du parti démocrate ou des présidentielles, il défit successivement ses rivaux plus expérimentés. Il a d'ailleurs été élu à une majorité écrasante, comme il ne s'en était pas vu depuis longtemps.

Pour le Chinois que je suis, l'élection d'Obama comme quarante-quatrième président des États-Unis me fait ressentir encore une fois la grandeur de la civilisation et du système démocratique américains. Ce qui m'intéresse le plus ce n'est pas tant de savoir si Obama se montrera capable de résoudre ou non la crise mais c'est, au premier chef, le mécanisme d'autorégulation du système démocratique américain qui lui permet de s'améliorer et de se réajuster, plus particulièrement quand le pays traverse une grave crise. Et ces élections quadriennales ne sont rien d'autre que cette autorégulation à laquelle tout le pays prend part. En deuxième lieu, je trouve remarquable que, dans un pays dominé par les Blancs, dont l'histoire a été accompagnée par la question raciale, où le racisme est une maladie chronique qui éclabousse d'une tache indélébile la démocratie aux yeux du monde entier, Obama, ce citoyen américain d'origine kényane, ait pu devenir aujourd'hui le nouvel occupant de la Maison-Blanche. Ces élections proclament à la face du monde la largeur d'esprit de l'Amérique du XXIe siècle.

À la naissance d'Obama, en 1961, les États-Unis étaient encore un pays où sévissait la ségrégation raciale. Sous l'impulsion de Martin Luther King, le mouvement pour les droits civiques se répandit comme une traînée de poudre et remporta en 1964 une grande victoire. Cette année-là, le Congrès réussit à faire passer une loi, *The Civil Right Act*, qui abrogeait la ségrégation et la discrimination, permettant ainsi aux Noirs d'accéder aux mêmes droits que les Blancs. Cette même année, Martin Luther King obtenait le prix Nobel de la paix, la distinction la plus prestigieuse qui soit. Mais la discrimination raciale était profondément ancrée aussi bien au sein de la société que dans les mentalités, et le racisme continuait à empoisonner la vie quotidienne. L'assassinat en 1968 du docteur King par un raciste fanatique et les émeutes de Los Angeles de 1992 sont là pour rappeler la persistance des antagonismes raciaux.

L'élection d'un Noir à la présidence des États-Unis est l'aboutissement d'un long processus d'évolution politique qui a forgé l'identité du pays. Si un tel résultat a été rendu possible c'est bien parce que les États-Unis sont la terre de la démocratie, c'est parce que les Noirs se sont battus, que des Blancs courageux et intègres les ont soutenus au nom de la justice, c'est enfin parce que le parti démocrate et le parti républicain ont œuvré de concert dans ce sens. Si Obama est aujourd'hui le chef de l'État, il doit remercier sans aucun doute ses partisans du parti démocrate qui l'ont soutenu de toutes leurs forces, mais, à considérer les choses dans la perspective plus vaste du progrès politique, il doit, plus encore, remercier ses adversaires du parti républicain. Certes, si l'on reste sur le simple plan du jeu électoraliste, il est indubitable que la victoire du parti démocrate est due à la défaite de l'administration du gouvernement républicain, mais, si l'on réfléchit au fait que c'est un Noir qui a été porté à la tête du pays, force est de reconnaître que ce sont les républicains qui ont contribué à son élection par la mise en place du cadre institutionnel la permettant.

Dans la première moitié du XIXᵉ siècle, l'insurrection de John Brown fut le prélude au mouvement d'émancipation des Noirs et d'abolition de l'esclavage. Sur le long chemin de la lutte des Noirs américains pour l'égalité raciale, la contribution des démocrates fut sans conteste considérable ; le président Johnson, qui signa le *Civil Right Act* en 1964, était démocrate, et les démocrates se sont toujours fermement opposés à la discrimination raciale. Dans les milieux universitaires et culturels, dominés par la gauche, l'égalité raciale est devenue « une priorité politique absolue », jusqu'à tomber dans l'excès inverse d'un « racisme à l'envers ». Mais il ne faut pas perdre de vue que la participation du parti républicain n'a rien d'anecdotique. L'un des plus illustres président des États-Unis, Lincoln, était républicain. Il signa en 1862 la « proclamation d'émancipation des esclaves », par laquelle il abolissait l'esclavage, tout au moins dans la loi ; en 1868 le quatorzième amendement de la Constitution américaine accordait la citoyenneté aux Noirs américains, premier pas vers leur émancipation, puisque furent ainsi jetées les bases légales sur lesquelles le mouvement des droits civiques devait par la suite s'appuyer. Sans la « proclamation d'émancipation », il n'y aurait pu y avoir cent ans plus tard de *Civil Rights Act*.

Je ne vous apprendrai rien en vous disant qu'à la fin de la guerre froide le grand président américain, Ronald Reagan, en janvier 1986, institua un jour férié à la mémoire de Martin Luther King, le troisième lundi de janvier, afin de rendre hommage au sacrifice de ce grand homme qui s'était battu pour l'égalité des races. Pour l'Amérique, l'institution d'un jour férié célébrant la mémoire d'un individu représente la consécration suprême. Jusqu'à ce jour, seuls trois hommes ont été jugés dignes de cette distinction. Christophe Colomb, pour avoir découvert l'Amérique, est célébré le deuxième lundi d'octobre, appelé *Colombus Day* ; George Washington, premier président des États-Unis, voit commémorée sa mémoire le troisième lundi de février, lors du *President Day*, le troisième étant donc le leader des droits civiques, Martin Luther King.

En dépit des difficultés rencontrées par le gouvernement Bush, sur les plans intérieur comme extérieur, on doit reconnaître que les efforts du président républicain pour permettre aux Noirs d'accéder aux plus hautes fonctions gouvernementales furent loin d'être négligeables. Durant ses huit années de présidence, Bush a inauguré la participation des Noirs au pouvoir par trois gestes phares, qui ont constitué de grandes premières dans l'histoire des États-Unis. *Primo*, il n'eut que des Noirs pour secrétaires d'État — du jamais vu. *Secundo*, pour son premier mandat, il désigna Colin Powell à la fonction de secrétaire d'État. *Tertio*, pour son second mandat c'est l'Afro-Américaine Condoleeza Rice qui assura cette fonction, devenant ainsi la première femme noire américaine à occuper ce poste.

Le fait que, l'un après l'autre, deux Afro-Américains ont assumé les plus importantes responsabilités de l'État a contribué à rehausser le prestige des Noirs américains, tout en encourageant les minorités américaines à prendre une part plus active dans la vie politique. Le relais médiatique dont a bénéficié l'engagement de Powell et Rice aux côtés des républicains avant le début de cette campagne a préparé le terrain à l'élection d'un Noir.

Sans préjuger des capacités d'Obama à redresser la situation sur le plan de la politique tant intérieure qu'extérieure, en ce moment même, où le monde entier a les yeux rivés sur le nouvel hôte de la Maison-Blanche, qu'une famille à la peau noire devienne la première famille des États-Unis, voilà qui offre au monde une image radicalement nouvelle du pays, et ce symbole a plus de prix que tous les discours électoraux. En regardant la télévision, je me suis aperçu que l'élection d'Obama avait été accueillie favorablement partout dans le monde, et au Kenya, terre de ses ancêtres, sa victoire a été acclamée.

Aussi, compte tenu des événements qui ont marqué les États-Unis depuis leur fondation, plutôt que de parler du « miracle Obama » au sujet de son élection, mieux vaudrait parler du « miracle américain ». Une fois encore, le monde a pu admirer ce formidable creuset que représente l'Amérique, comme il a dû être sensible à cet autre rêve américain, bien différent de celui de devenir riche. Le plus beau rêve américain ne se trouve pas à Wall Street mais à la Maison-Blanche. La plus grande réussite des Noirs américains, ce n'est pas seulement la grande star du basket-ball Michael Jordan, c'est aussi et surtout l'homme le plus puissant des États-Unis, Barack Obama.

Comme l'a dit Obama lors de sa première allocution : « Si jamais quelqu'un doute encore que l'Amérique est un endroit où tout est possible, se demande si le rêve de nos pères fondateurs est encore vivant, doute encore de la force de notre démocratie, la réponse lui est donnée ce soir. »

Cela me rappelle une proposition de mon ami Wang Lixiong pour régler le problème des minorités ethniques en Chine. Selon lui, il est indispensable, tant que la Chine communiste contrôle encore la situation, tant que le dalaï-lama, adepte de la non-violence, est encore en vie, qu'une discussion directe entre les hauts cadres du Parti et le dalaï-lama ait lieu. Il est encore temps d'entreprendre de réelles négociations qui auraient, à n'en pas douter, des effets bénéfiques pour les deux parties. L'estime dont jouit le dalaï-lama au Tibet, sa popularité sur le plan international, l'attrait que représente le bouddhisme auprès des Han, de plus en plus nombreux à se convertir, sont autant de raisons qui devraient pousser le PC, si toutefois il a assez de bon sens pour cela, et les Chinois, s'ils ont assez de cœur, à inviter le dalaï-lama à revenir en Chine et à prendre la charge de président de la Chine. De cette façon, le problème entre les Han et les Tibétains serait résolu en un tournemain.

J'ajouterai que, tout d'abord, au Tibet, la figure du dalaï-lama étant sacrée et ses paroles vénérées à l'égal de celles d'un dieu, il lui serait très aisé de convaincre les Tibétains d'accepter de continuer à faire partie de la Chine tout en conservant un statut autonome; de la sorte les courants indépendantistes et favorables à la violence deviendraient marginaux.

En deuxième lieu, l'éclat international dont bénéficie le dalaï-lama en ferait l'ambassadeur idéal pour redorer l'image de la Chine, et obtenir le soutien international nécessaire à l'apaisement du conflit entre ethnies.

Troisièmement, la résolution pacifique du problème tibétain pourrait être le modèle sur lequel régler la question de Taïwan et celle des autres ethnies. Le risque imminent de mouvements séparatistes de très grande ampleur causé par l'antagonisme entre les Han et leurs minorités serait ainsi évité.

Quatrièmement, le dalaï-lama conçoit un Tibet jouissant d'une très grande autonomie. Il prône une démocratie tibétaine où l'État et la religion seraient séparés. Le gouvernement tibétain en exil a déjà exercé cette forme de démocratie dans sa juridiction. On peut imaginer que, durant les années qu'il lui reste à vivre, le dalaï-lama pourrait se servir de sa sagesse légendaire pour appliquer cette démocratie qui part de l'élite pour se répandre vers les subordonnés; le succès d'une telle entreprise est quasiment assuré. Jiang Qingguo, à Taïwan, a adopté un système analogue. Tout porte à croire qu'un tel exemple ouvrirait la voie à un changement du système politique chinois. Le jour où le PCC entamera de réelles négociations avec le dalaï-lama marquera le début d'une réforme du système politique chinois.

Écrit le 5 novembre 2008,
à mon domicile de Pékin.

Publié dans la revue *Guancha* (« *L'Observateur* »).

Traduit par Celia et Jean Levi

Le testament que Lin Zhao a écrit avec sa vie est la seule voix de liberté qui survit dans la Chine d'aujourd'hui

Lin Zhao[1], le professeur Ding Zilin[2] m'a dit que lors d'une fête de Qingming[3], elle a réussi, par des moyens tortueux, à trouver ta tombe dans ta ville natale de Suzhou. Pour t'exprimer son respect, elle y a déposé des fleurs fraîches en signe de deuil, et a écrit une élégie pour toi.

Pourtant, s'agit-il vraiment de ta tombe ? Qui peut vraiment savoir où se sont perdues tes cendres sur cette terre de 9,6 millions de kilomètres carrés ? Et sur son milliard trois cents millions d'habitants, combien peuvent communier avec ton âme ?

À l'époque où tu es morte sous les balles, chaque pouce de cette terre était un terrain d'exécution, y compris ton école — la fameuse université de Pékin, dans la bibliothèque de

---

1   Lin Zhao (1932-1968), de son vrai nom Peng Linzhao, était étudiante à l'université de Pékin pendant les Cent Fleurs. Elle a critiqué le Parti et demandé l'égalité devant la loi. Étiquetée droitière, elle a été condamnée à une lourde peine de prison et, comme elle refusait de faire son autocritique, elle a été fusillée pendant la Révolution culturelle. *[Les notes sont du traducteur.]*
2   Fondatrice des Mères de Tian'anmen, Ding Zilin (née en 1936), professeur de philosophie à l'Université du peuple, a perdu son fils de dix-sept ans lors du massacre du 4 juin 1989.
3   Fête des Morts, qui tombe le 5 avril.

laquelle Mao Zedong, le tyran qui t'a exécutée, avait été travailleur temporaire dans sa jeunesse. Par la suite, monarque sévère et sauveur suprême, il a dominé cette institution d'enseignement supérieur en s'appuyant sur des célébrités qui, du poète Guo Moruo[1] au philosophe Feng Youlan[2], lui rendaient un culte. L'approbation fanatique de ces grands personnages a lavé ses deux mains rougies par le sang, permettant à l'une d'écrire des poèmes pour exprimer ses sentiments, tandis que l'autre signait des arrêts de mort. Et la seule chose que fit l'appareil de la dictature, après t'avoir tiré une balle dans le front, fut d'obliger ta mère à payer le prix de cette balle qui t'avait exécutée.

Lin Zhao, quand j'exprime mon courroux contre ces années de fanatisme, quand j'exprime mon mépris envers ces célébrités qui s'accroupissaient pour baiser ces bourreaux, que suis-je donc ? Permets-moi, je te prie, de faire preuve d'imagination : si, à l'époque, j'avais été ton camarade de classe, si j'avais été ébloui par ton charme, si les lettres d'amour que je t'écrivais avaient été emplies de sentiments et de promesses, la balle criminelle qui massacra ton amour de la liberté aurait-elle pulvérisé mon amour pour toi ?

Lin Zhao, tu es morte si jeune. Ta tombe vide a déjà fourni la réponse.

Ici, face au pouvoir et à l'argent, l'université n'a aucune valeur, la culture et la pensée en ont encore moins. Car

---

1   Guo Moruo (1892-1978) était un grand poète dans la première moitié du XXᵉ siècle. Après la prise de pouvoir par le Parti, il s'est transformé en thuriféraire du régime.
2   Feng Youlan (1895-1990) est un philosophe néoconfucianiste qui a soutenu inconditionnellement le nouveau régime.

l'amour n'est rien, la vérité n'est rien, le sang n'est rien, la trahison n'est rien, l'oubli non plus n'est rien.

Haletant dans le néant, je contemple longuement ta beauté ; craintivement je tends la main pour me saisir de la boule de coton enfoncée dans ta gorge[1]. Mes doigts glacés effleurent tes lèvres encore douces. Dans l'obscurité totalement impénétrable, ton sang est la seule étincelle qui cautérise mon âme si, devant toi, je peux encore prétendre avoir une âme.

Sous la pluie de printemps semblable à des aiguilles tombées du ciel, en cette glaciale fête de Qingming, je ne peux que m'asseoir seul pour méditer. Les lamentations de la nature me dédaignent et je ne me sens pas le droit de te pleurer.

Toute cérémonie mortuaire inventée par les hommes, toute tombe, quelle qu'elle soit, semble vulgaire pour qui, comme toi, a donné sa vie pour la liberté. La sombre pluie de Qingming peut humecter la terre sèche, mais elle ne peut rien pour adoucir ton âme partie à tout jamais, et les étoiles de cette nuit pluvieuse ne te rendront pas ta beauté.

Tu es presque la seule noblesse de la Chine contemporaine. Tu contemples ce monde d'un regard froid, plus absurde encore qu'un roman de Kafka : tandis que l'on lève un verre à la gloire du centième anniversaire de la fondation de l'université de Pékin, dans la clameur de l'édification d'une université de premier ordre et de rang international, tu éclates d'un rire glacial. En t'excluant, cette institution, la plus célèbre de

---

1   Il est d'usage de mettre une boule de coton dans la gorge des condamnés pour les empêcher de crier des « slogans contre-révolutionnaires ».

Chine, s'est exclue elle-même du monde académique, pour se transformer en lieu où l'on transmet les édits impériaux.

Faire entrer cette goutte dans les veines de la patrie, offrir cette goutte en hommage à la liberté. Essuyez ! Frottez ! Lavez ! Ceci est du sang ! Qui peut effacer une tache du sang de celle qui a donné sa vie pour une cause juste ?

Lin Zhao, ces mots sont tirés d'un poème que tu as écrit en prison avec ton sang. Pourtant, cette patrie qui a sucé ton sang n'a pas encore, à ce jour, fait pousser les bougeons de la liberté.

Ce lieu où ton amour a été piétiné, où ton sang a été vendu, cette terre atroce qui n'est toujours pas à la hauteur de ta noblesse et de ta beauté ne méritait pas que tu la nourrisses de ton sang et de tes larmes.

Lin Zhao, la boule de coton qui obstrue ta bouche m'étouffe, je ne peux que me taire pour écouter ton histoire car le testament que tu as écrit avec ta vie est la seule voix de liberté survivant dans la Chine d'aujourd'hui.

Écrit à mon domicile de Pékin,
le 4 avril 2004.

Publié pour la première fois
sur le site *Guancha*
(« *L'Observateur* »)

Traduit par Jean-Philippe Béja

POÈMES

Traduit par Guilhem Fabre

À ma femme

Comme la lune indifférente
Suspendue au-dessus de ma tête
L'arrogance étincelante me regarde de haut
Et m'étouffe
Son arrière-plan est si profond
Tels des spectres vomis des tombes

J'offre la pureté et la sainteté
En échange d'un rapprochement en rêve
Sans chercher les embrasements de la chair
Seulement teindre mon regard d'une couche de glace
Voir le feu du ciel s'éteindre dans la pâleur

La douleur du ciel est trop immense
Les yeux de mon âme ne peuvent la percevoir
Donne-moi une goutte de pluie
Pour polir le sol de ciment
Donne-moi un rayon de lumière
Pour qu'apparaissent les questions que pose l'éclair

Un mot de toi suffit
Pour ouvrir cette porte
Pour que la nuit revienne à la maison

Xiaobo, le 31 janvier 1997

À saint Augustin

À Xia, qui aime « Les Confessions »

Saint Augustin
Je t'ai connu sur un autel
Il fallait qu'on lève les yeux vers ta robe rouge d'évêque
Pour sentir ta grandeur millénaire

Je t'ai rencontré à nouveau
Au jardin des poiriers voisin
Guettant le plaisir du danger
Que frôle l'enfant qui vole

Face au silence du temps
Tu as créé la Cité de Dieu
En naviguant au fil de toutes les postures
Dans la débauche des étreintes des femmes
Tu épuisais tous les plaisirs mondains
Avant de te jeter dans les bras de Dieu

Ton repentir fut sincère sans nul doute
Ton dédain pour la chair suffisamment fondé
L'enfant voleur de poires le jeune voleur d'amours

Connut d'instinct la culpabilité
Face aux fièvres du vice aux vertiges du risque

Imaginant que tu domines de ta noblesse le monde d'ici-bas
Goûtant l'humilité de ta révérence à genoux
Je ne sais si les saints et les joueurs
Au fond sont de nature différente
On dit que Dieu excelle au jeu de dés
Pourquoi abandonnant les ivresses de la chair
As-tu choisi d'être un saint et non d'être un joueur ?

Il se peut que tu aies découvert le premier
La cruauté et le mystère du temps
Et que tu n'aies dès lors osé côtoyer l'éphémère du monde
    humain...
À moins que, les hommes aspirant tous à une vie éternelle,
Tu ne te sois effondré sous le poids de ton désir d'immortalité

Je ne sais si tu as vraiment tremblé du temps de tes Confes-
    sions
Si la voie de ton repentir était vraiment interminable
Dans la comédie divine
Les hommes jouent le jeu tragique du sacrifice
Dieu aime-t-il ce spectacle ?
Si Dieu n'est qu'un voyeur sans intérêt
Et la Genèse une mauvaise farce
Par bonheur ton âme recèle
Encore une scène et quelques poupées

Silence !
C'est la seule qualité du saint
Les pierres sont passées par tant de destruction sans parler
Le ciel surplombe tout sans parler
La terre enfouit toutes choses sans parler
La poésie, la foi, la logique
L'humanité rompue aux paroles fallacieuses ne sont que gas-
pillage
Croire à la langue c'est croire aux promesses d'un Judas

26 décembre 1996

À tes dix-sept ans

Pour le deuxième anniversaire du 4 Juin

Note : Sourd aux avertissements de tes parents, tu as sauté de chez toi par la lucarne des toilettes, et quand tu es tombé en brandissant ton drapeau, tu avais à peine dix-sept ans. Cependant la vie a continué, pour moi qui en ai déjà trente-six. Face à ton âme disparue, il semble criminel de continuer à vivre, et plus honteux encore de te dédier un poème. Les vivants doivent garder le silence, écouter les appels des tombeaux. Je ne suis pas digne de t'écrire un poème, tes dix-sept ans dépassent toutes les langues et créations humaines.

Je suis vivant
Avec une mauvaise réputation dans la moyenne
Sans courage et sans qualités
Un bouquet de fleurs fraîches ou un poème en main
Je m'avance au-devant de ton sourire de dix-sept ans

Je sais
À dix-sept ans on ne se plaint jamais

À cet âge de dix-sept ans
La vie est simple sans éclat
Comme un désert sans fin
Où l'on n'a pas besoin d'arbre pas besoin d'eau
Pas besoin de l'agrément des fleurs
Où l'on peut supporter les ravages du soleil

Tes dix-sept ans tombent sur la route
Et la route alors disparaît
Dix-sept ans d'un repos éternel sous la terre
Apaisant comme un livre
Dix-sept ans de venue en ce monde
Sans s'attacher à rien
Si ce n'est l'âge immaculé

Quand le souffle de tes dix-sept ans s'est éteint
Par miracle sans désespoir
Les balles ont traversé les chaînes de montagne
Leurs convulsions ont rendu la mer folle
Au moment où toutes les fleurs
N'ont pris qu'une seule couleur
Tes dix-sept ans n'ont pas désespéré
N'ont pas connu le désespoir
Tes dix-sept ans confient leur amour inachevé
À une mère à la chevelure blanche

Cette mère qui avait enfermé
Tes dix-sept ans à la maison
Cette mère qui avait rompu

Sous le drapeau à cinq étoiles
Les liens de sang les plus précieux
S'éveille à ton regard agonisant
Tes dernières volontés de dix-sept ans en main
Elle parcourt l'ensemble des tombes
Et chaque fois qu'elle est prête à tomber
Tes dix-sept ans du souffle de leur âme disparue
La soutiennent
L'accompagnent sur la route

Ils ont dépassé tout âge
Ils ont dépassé la mort
Tes dix-sept ans
Déjà éternels

1ᵉʳ juin 1993
dans la nuit profonde à Pékin

Chapeau bas devant Kant

À Xia qui n'a pas lu Kant

Je suis si éloigné de ce bourg allemand
Comme les eunuques relégués dans le gynécée du palais
Je peux seulement t'épier à travers les déchets de plusieurs
  millénaires
Je vois tous les gens du bourg se rendant à l'église
J'entends toutes les cloches du bourg qui sonnent ensemble
Pour pleurer un savant qui n'est jamais sorti de chez lui
Ces villageois ne comprennent rien à la « chose en soi »
Aucun ne s'est soumis à ton « impératif catégorique »

Dans ta jeunesse tu étais aussi très arrogant
Tu voulais trouver un point d'appui
Pour créer passionnément la terre
Mais les mystères du ciel de nuit se sont soudain rapprochés
La terreur est venue du lointain des profondeurs —
Cet infini qui te faisait trembler
Les gens infimes devenaient grands du fait de leur trem-
  blement
Les grands hommes devenaient infimes du fait de leur trem-
  blement

Dès lors, tu as su
Que l'homme devait connaître une certaine crainte
Envers l'infini, envers les profondeurs lointaines, envers Dieu

Une limite fatale
Pour que la connaissance baisse sa tête arrogante
Que les adieux à la tradition ne laissent aucune trace de sang
Cruelle cependant au point de faire perdre aux âmes leurs
    couleurs
À l'image de Dieu qui chasse le premier homme
L'arbre de la connaissance croulant sous les péchés du
    monde
La scission a pénétré en profondeur jusqu'à la moelle
Cette blessure était difficilement perceptible
Mais elle n'a jamais guéri s'est toujours ravivée
Et toi ce célibataire obscur
Tu la réveilles en changeant en sel la philosophie

Je sais que tu ne t'es jamais marié
Avec mon penchant enfantin pour les mauvaises farces
J'ai passé des nuits blanches à supposer qu'au moment de ta
    mort
Tu étais peut-être encore puceau
Comme tu questionnais les limites du savoir je me demande
    à mon tour
Si la lame tranchante du savoir t'a castré
Ou si la lame tranchante du corps humain a castré le savoir
Face au temple sacré de la philosophie de la raison et de
    l'expérience

Tu restes sûr de toi, considérant la philosophie critique
Comme la première expédition de Christophe Colomb qui
  découvre le Nouveau Monde
Mais sous les regards follement épris des femmes
Tu te sens inférieur, gardant tout seul la chambre vide du
  savant

L'impératif catégorique
C'est Dieu qui t'autorise à le proclamer
Cet ordre oppressant l'humanité
T'opprime aussi toi-même
Si Freud était né deux siècles avant
Ton corps vierge et pur
Soumis à l'hypnose de la psychanalyse
Serait devenu un rêve aux couleurs du désir
Et une âme empoisonnée
Mais étant né plus tôt, tu as échappé à ce destin
Je ne sais si pour toi
C'est une chance ou un malheur

Tu crains Dieu
Mais sans t'être jamais passionné ni confessé
Tu entres au temple comme on ouvre un vieux livre
Des connaissances d'adulte tu fais des jeux d'enfants
Tu disposes une à une des figures que nul ne peut résoudre
Derrière toi, le ciel bleu les nuages blancs le soleil
Devant tes yeux, seules restent des ténèbres aussi brillantes
  que le jour

Toute la métaphysique et tout le mysticisme
Toute l'expérience et la clarté
S'entassent copieusement dans ta tombe
Un meurtre sans poignard et sans trace de sang
Au point que ses deux mains impeccablement propres
Un cadavre sculpté dans le bois pourri de la pensée
Est devenu une stèle aux commémorations douteuses
L'admiration des générations successives s'accompagnant
    des fumées noires de l'extermination
Ces jours de réflexions, de méditations, de sensations
Ont ressuscité un langage fragmentaire
Des sédiments résiduels de vocabulaire et de grammaire
Qui t'expriment te déforment te recouvrent et t'ouvrent
En t'élevant à la hauteur d'un trou noir du soleil

                                    17 décembre 1997

Chéri, mon petit chien est mort

À mon petit doigt

Chéri, mon petit chien est mort
Mort un après-midi où je l'ai laissé
Mort dans la boucle de ceinture de papa
Mort au milieu des mensonges rouges

Chéri, mon petit chien s'appelait Tigron
C'était le compagnon le plus aimé de mon enfance
Les joies et les peines qu'il me donnait
Dépassaient de loin tout le reste

Cet après-midi-là, exceptionnellement
Papa m'avait acheté un billet de cinéma
Occupé tous les jours à la révolution
Papa me touchait pour la première fois

Cette tendresse a duré quatre-vingt-dix minutes
Avant que l'horreur du mensonge ne me déchire le cœur
Mon petit chien était mort
Mort au cœur même de l'amour paternel
Qui me touchait pour la première fois

Sa viande a été partagée entre les petits camarades de notre
    cour
Sa peau retirée et clouée au dos de la porte familiale
Tigron si plein de vie n'était plus
Que cette chose aplatie contre une porte raide, glaciale

Mon petit chien était mort
Mon enfance dès lors s'est évanouie
Devant ce monde de perfidie
Seuls me viennent ces mots : je ne ferai plus confiance.

Ma chère Xia, pourrais-tu
Me ramener mon petit chien ?
J'ai confiance : tu peux le faire
Tu le peux certainement. Certainement !

14 novembre 1996

Debout au cœur des temps maudits

« Pour le dixième anniversaire du 4 Juin »

Debout au cœur des temps maudits
Ce jour-là apparaît si étrange

I

Cette journée d'il y a dix ans
L'aube, un vêtement de sang
Soleil, sur le calendrier déchiqueté
Tous les regards s'arrêtent
À cette seule page
Le monde réduit à ces yeux rivés d'indignation
Le temps ne supporte pas l'innocence
Les morts protestent les morts crient
Ils s'égosillent jusqu'au sol
Au point d'en perdre voix

Serrant les fers de la cellule où je demeure
En ce moment
Je dois libérer mes sanglots
De peur que dans un moment proche

Les larmes ne suivent plus mon envie de pleurer
Pour garder la mémoire des morts innocents
Il me faut froidement percer d'une baïonnette
Le centre de mes yeux
Au prix de cette vue perdue
Je saurai retrouver l'éclat neigeux de ma cervelle
Face à ces souvenirs qui me saignent à blanc
Seule cette forme de refus
Peut pleinement m'exprimer

2

En ce jour dix ans plus tard
Des soldats bien entraînés
Dans leur pose la plus conforme et la plus solennelle
Gardent ce mensonge monstrueux
Le drapeau rouge à cinq étoiles est vraiment l'aube
Flottant au vent dans la lumière du matin
Les hommes se dressent sur les pieds tendent le cou
Curieux étonnés et dévots
Une jeune mère
Lève la petite main de l'enfant dans ses bras
Pour rendre hommage aux mensonges sillonnant le ciel

Cependant qu'une autre mère aux cheveux blancs
Embrasse le portrait de son fils défunt
Elle écarte chaque doigt de sa main
Lave soigneusement les taches de sang sur ses ongles
Ses mains n'ont pu trouver la terre

Permettant à son fils de gagner le repos
Seul lui reste son fils accroché sur le mur

Cette mère parcourt les tombes anonymes
Pour mettre à nu les mensonges d'un siècle
De sa gorge nouée
Elle déterre tous ces noms étouffés
Et faisant de sa liberté et de sa dignité
Un acte d'accusation contre l'oubli
Se retrouve filée mise sur écoute par la police

3

La plus grande place de ce monde
A déjà été rénovée

Liu Bang qui sortait de sa montagne
Une fois devenu empereur des Han
S'est servi des liens de sa mère avec le dieu dragon
Pour embellir la gloire de sa lignée
Tant de cycles se sont succédé
Depuis les tombeaux Han jusqu'au mausolée
Les bourreaux ont été solennellement enterrés
Dans de somptueux palais souterrains
Le long de cette histoire de plusieurs millénaires
Peuplée d'empereurs aveugles et de tyrans
Devisant d'un côté sur la sagesse des poignards
Et de l'autre accueillant les génuflexions
Des êtres destinés à les suivre au tombeau

Dans quelques mois
Ici se tiendra une grande cérémonie
Le cadavre parfaitement conservé dans le mausolée
Et les bourreaux aux rêves d'empereurs
Passeront ensemble en revue
Les outils des tueurs de la place Tian'anmen
Comme l'empereur Qing Shihuang passe en revue dans sa tombe
Ses immortels guerriers en terre cuite

Au moment où cette âme d'enfer
Ressent l'éclat de sa vie antérieure
Ses descendants gavés dilapident les ressources
Sous sa protection spirituelle
Et munis d'un spectre fondu dans des ossements
Prient pour que le nouveau siècle soit plus beau

Entre fleurs fraîches et tanks
Entre saluts et poignards
Entre colombes et missiles
Entre pas cadencés et visages impassibles
S'éteint le siècle passé
Reste une obscurité sanglante
Le commencement du nouveau siècle
Sans la moindre lueur de vie

4

Refuser de s'alimenter
Cesser de se masturber

Ramasser un livre des ruines
Se récrier d'humiliation cadavre
Dans les entrailles des moustiques
Au milieu de rêves rouges et noirs
M'approchant du judas de la porte de fer
Je bavarde avec les vampires
Plus la peine de mâcher ses mots
Soudain des crampes d'estomac
Me donnent le courage précédant l'agonie
De vomir une malédiction
À la gloire de ces cinquante années
Seul reste le parti communiste
Mais où est la Chine nouvelle ?

À l'aube du 4 Juin 1999
Centre de rééducation par le travail de Dalian.

Des pieds si petits et si froids

À mes petits orteils glacés

Tu dois faire une très longue route, très loin
Pour parvenir aux portes de fer de l'hiver
Des pieds si petits avançant si loin sur la route
Des orteils si glacés contre des portes de fer si froides
Et tout cela pour entrevoir le criminel que je suis

Une route déserte qui tourne au milieu des oublis
Une vieille voile abîmée décorant la mer grise
Sous le poids de livres très lourds, de ta fatigue
Tu t'enfonces dans le crépuscule et tu ressors de l'aube
Imprimant sans cesse tes pas dans les rêves du criminel

Chaque fois que tu prends la route tu te coiffes avec soin
Tes longs cheveux s'envolent fièrement
Quand le vent se lève ils restent tous en ordre
Le poids du temps t'oblige à t'arrêter
Et tu reprends ta route tes longs cheveux en ordre

Tu veux que tes orteils défoncent les portes de fer
Que tes cheveux liment les barrières de fer

Qu'une ténacité dépassant toute croyance
Maintienne notre blancheur
Afin que chaque minute de ce temps écoulé
Sous l'empreinte de tes pas devienne éternelle

9 décembre 1996

Je suis le prisonnier de ta vie

À ma petite sœur Xia

Note : Amour, le temps se fait long dans les prisons des despotes, même si un jour viendra où la résistance mènera à la liberté. Mais le temps disparaît quand il s'agit d'être ton prisonnier, je resterai volontiers cloué éternellement au fond de ce cachot.

Amour, je suis le prisonnier de ta vie
Mieux vaut vivre à jamais dans ton ombre
Survivre sur les sédiments de ton sang
Sur la pensée des hormones que tu sécrètes

Chaque jour j'écoute les battements de ton cœur
Qui tombent goutte à goutte comme la neige fondue d'un
    ravin de montagne
Même si j'étais un rocher dur de mille années
Tu pourrais sans te lasser jour et nuit
Goutte à goutte me transpercer

Je suis entré en toi
Réduit à tâtonner dans l'obscurité

À dire avec l'alcool que tu as bu
Les vers d'un poème à ta recherche
Ma prière se fait à voix sourde
Pour que la danse d'amour avec ton corps ensemble nous
  enivre

Je peux sentir à tout moment
Le mouvement des poumons quand tu fumes
Leur rythme ascendant descendant me surprend
Ce que tu recraches, c'est le poison de mon corps
Ce que j'aspire, un air frais nourriture de l'âme

Amour, je suis le prisonnier de ta vie
Comme un bébé qui ne voudrait pas naître
Qui répugne à quitter la matrice de chaleur
Je respire grâce à ta respiration
Je m'apaise grâce à ton apaisement

Oui ! Un prisonnier comme un bébé
Dans les profondeurs de ta vie
Qu'importent l'alcool la nicotine
Les poisons de ta solitude ne me font pas peur
J'ai tant besoin de ces poisons, tant besoin !

Peut-être que ton prisonnier
Ne verra jamais la lumière du jour
Mais je suis convaincu
Que mon destin est dans l'obscurité

Il suffit que je sois en ton corps
Pour que tout aille bien

Le monde extérieur est si lumineux si splendide
Que ses lumières en viennent à m'effrayer
Et ses splendeurs à me lasser
Mon regard ne s'émeut qu'au fond
De ton obscurité
Pure, à laquelle on ne peut échapper

1er janvier 1997

Le fardeau

À ma femme au milieu des épreuves

Tu me dis
« Tout peut se supporter »
Tu fixes obstinément le soleil
Jusqu'à l'aveuglement qui le change en flammes
Des flammes qui changent en sel toute l'eau de la mer

Amour,
Laisse-moi te dire au-delà des ténèbres
Avant de descendre en tombe
N'oublie pas de m'écrire avec mes cendres
N'oublie pas de garder mon adresse aux enfers

Les fragments d'ossements grifferont le papier de ta lettre
Sans que tu puisses tracer un caractère complet
Ton écriture brisée te blessera au vif
Et les nuits d'insomnie au cœur de ces brûlures
Te surprendront toi-même

Une pierre qui a supporté ciel et terre
Martèle de sa dureté mon cervelet

Des tranches de couleur blanche faites de cervelle
Empoisonnent à mort notre amour
Et cet amour empoisonné
Nous tue nous-mêmes de son poison

28 décembre 1996
le jour de mon anniversaire.

Solitude d'une nuit d'hiver

À Xia

La solitude de la nuit d'hiver
Est un fond bleu sur un écran fluorescent
Si pur qu'on embrasse tout d'un coup d'œil dans le plus complet
 dénuement
Alors, imagine-moi comme une cigarette
Qui pourrait s'allumer à ton gré et s'éteindre à ton gré
Que tu fumerais, fumerais, sans qu'elle finisse jamais

Des pieds nus avancent dans la neige
Comme un glaçon tombe dans l'alcool
Ivresse et folie
Sont les ailes retombées d'un corbeau
Sur le linceul d'une terre sans fin
La flamme noire étouffe ses sanglots

Le stylo soudain se brise dans les mains
Le vent cinglant transperce le firmament
Les étoiles pulvérisées deviennent d'étranges rencontres en
 rêve
Le sang coulant des malédictions recompose les stances d'un
 poème

Reste la délicatesse inchangée de la peau
Une sorte de clarté qui retourne vers toi

La solitude distinctement
S'élève au milieu des larmes dans la nuit froide
Touchant la moelle de la neige
Tandis que moi
Je ne suis pas une cigarette, ni du vin, ni un stylo
Seulement un vieux livre
Comme celui qui
Fait pousser des dents venimeuses : « Les Hauts de Hurlevent »

1er *janvier* 1995

Toi, les âmes mortes, les vaincus

À ma femme

Amour,
Toute la journée tu erres au milieu des tombes
Avec les âmes mortes dans le vent
Et ce face-à-face silencieux
Cette contemplation profonde
Vous glacent de part en part le sang
Ces êtres totalement vaincus
Qui n'ont pas laissé de noms ni d'histoires

À la nuit, l'alcool regardé de travers
En te grisant devient une gerbe de flammes
Pour les âmes mortes
Qui illuminent un cercle
Tandis qu'elles racontent leurs vies
Tu prêtes l'oreille à leurs épreuves
Et vous êtes si calmes de part et d'autre
Qu'on dirait des enfants
Aux mains abandonnées dans un profond sommeil

À la cime du rêve
Repoussent les feuilles tendres d'un faux philodendron
Son suicide jamais ne réussit
Mais toi cette
Femme si éprise des vaincus
Tu n'as jamais connu la défaite
Car le sourire des cadavres
T'a appris
Qu'on n'est jamais vaincu
Que par la mort

Seule tu marches dans la nuit pluvieuse
Sans aucune ombre à qui parler
Quand les mensonges décorent le soleil
Tout pourrit de façon éclatante
Le jour est encore plus féroce que la nuit
Personne ne peut plus rien sauver

Amour,
Ne te replie pas sur toi-même
Ne sois pas seule
Jalouse du désespoir des vaincus
Ouvre grand ta porte
Accueille-moi comme un vaincu
Fais de moi
La raison misérable de poursuivre ta vie
Qu'une calme fumée
S'élève entre nous deux

10 *septembre* 1998

Un couteau planté dans le monde

À ma petite Xia

Tu es un couteau
Un petit couteau
Qui ne blesse jamais personne
Planté au cœur du monde
Sans trace de sang ni coupure
Mais seulement il est éblouissant
Il révèle les vrais visages
Il réserve à la pourriture un éclat glacial
Tu te retrouves souvent dans ces quartiers du centre ou ces
  dîners de fête
Mais toujours tu t'y sens au fond de toi très loin
L'éclat de ton tranchant n'est pas voyant
Mais donne toujours l'impression
Que tu domines assise dignement au milieu des nuages la foule
  des fourmis
Un chapeau se perd dans la vallée profonde

Le couteau que tu es
N'a pas d'autre talent
Que de nourrir dans l'ombre les blessures

De s'étendre de tous ses membres au fil des pages d'un livre
Mince et étincelant

Le couteau que tu es
N'a jamais connu de fourreau
Tu restes convaincue que ta propre existence
Est une menace
Même si tu souris chaque jour
Tu peux mettre les autres dans l'embarras

Comme un observateur qui se place hors du monde
À la fois froid et insouciant
La pointe surprenante
La perfection surprenante
Sont l'exact revers de son tranchant

Le 31 mars 1997
Écrit au centre de rééducation
par le travail

Un matin

À Xia qui est allée seule au Tibet

Un matin
Un matin on bâille de fatigue
Je devine
Entre toi et les hauts plateaux
Le ciel inconcevable
Qui semble profond lointain
Sans vent sans nuage sans brume
Couleur bleue transparente perdue dans l'étendue

Quand tu es partie
J'étais en paix
Ta silhouette une fois disparue
Mes pensées ont poussé au loin
Comme la petite paume d'un enfant
Dont les lignes seraient parcourues par un autre
De courbe en courbe traversant mon corps
À la recherche d'un seul mot

L'envol des mots n'a pas besoin d'ailes
Comme une odeur guidant l'âme

La lumière du matin tremble d'inquiétude
Sur une étrange sensation
Telle celle que tu ressens pour ce lointain voyage
Dans la nouvelle paire de chaussures que tu as préparée

Le temps secoué
A enfanté mon rêve d'avant noces
Une montagne enneigée qui manque d'oxygène
Tu respires avidement
Et tires de ta cigarette la première bouffée

14 juillet 1993

Van Gogh et toi

À ma petite Xia

Tes caractères me donnent toujours des complexes
Si le désespoir de ta lettre est bien difficile à admettre
Le tracé de ton écriture s'approche de la perfection
Les tournesols de Van Gogh poussent sur les durillons
Formés en tenant ton stylo

Cette chaise vide très précieuse
N'est pas le lieu où tu lis et écris des lettres
Changer de position
C'est changer de mémoire
Calmement tu fais face à cet enlèvement
Et admire toute seule le tableau de Van Gogh

Chaque jour tu marches le cœur battant
Songeant sans cesse qu'un pas de plus t'amène au point final
Tu te heurtes à un mur dans ton pressentiment
À l'envers de l'amour
C'est la face de la mort
Le semeur de Van Gogh
Se détruit dans les graines qui viennent de germer

À tes yeux
La chambre semble un paradis
Tu rentres à la maison
Comme une rescapée
En des temps où personne ne pleure les âmes mortes
Où tout le monde est devenu chanteur
Tu es seule à garder le silence
Veillant sur cette chaise vide

Les souvenirs sanglants te prennent à la gorge
Les mots sont saumâtres
Les voix sont noires
La filature permanente
La vidéosurveillance du cerveau
Ne t'arrachent pas ton stylo
Ni « L'effet de neige » du tableau

L'oreille coupée de Van Gogh s'envole dans les airs
En te cherchant une couleur
Une paire de sabots pleins de boue
Avance maladroitement
Te menant à Jérusalem, face au Mur des lamentations.

14 août 1997

Levant les yeux vers Jésus

À mon humble femme

Jésus, me connais-tu ?
Un Chinois à la peau jaune
Je viens de cette terre où l'on corrompt Dieu avec des pains
    trempés du sang des hommes
Où l'on prie Dieu et révère Bouddha pour mieux anéantir
    les divinités
Nos dieux sont faits en plaqué or
Des empereurs et des sages jusqu'aux guerriers et femmes
    vertueuses
D'innombrables humains sont devenus des dieux
On implore leurs grâces mais sans se repentir
Et jusque dans la pisse on voit le reflet des dieux

Je ne te connais pas, Jésus
Ton corps est trop maigre
Tes côtes saillantes effrayent le regard
Ta posture de crucifié est d'une violence insoutenable
Tous tes nerfs subissent la torture
Ta tête légèrement inclinée
Vers ta nuque aux veines gonflées

Tes mains qui retombent sans force
Les cinq doigts étirés
Telles des branches desséchées en proie à un brasier

Les péchés de l'humanité sont trop lourds
Et tes épaules trop étroites
Es-tu à même de soutenir le poids de
La croix qu'on t'a imposée ?
Le sang pénètre les veines du bois
Fermentant le vin qui nourrit l'humanité
Je te soupçonne d'être un enfant naturel
Dieu cruel déchire l'hymen
Te force seul à te sacrifier
Ne serait-ce pas pour diffuser
L'amour de sa divinité ?

Les croyants qui ont lu l'Ancien Testament
Restent ébranlés par ses tournures impératives
Et redoutent ce Dieu furieux
Sans question et sans discussion
Sans la moindre argumentation
Qu'ils soient croyants ou non qu'ils se soumettent ou pas
Il crée selon son bon plaisir
Et de même détruit déchaînant le déluge
Ce Dieu qui n'a pas d'image
Mais qui sème les graines de la haine

La Genèse n'était pour lui qu'un petit divertissement
Or voilà qu'elle façonne le péché originel

Le premier homme, l'arbre de la sagesse, le serpent
Ont formé un cercle manipulé par Dieu
Et du jour où l'homme a été banni
Dieu est devenu une poubelle sans fond
Mais en ce temps-là, Jésus,
Tu n'étais pas encore né

De la crèche paysanne à la croix divine
Un bébé miséreux
A transformé un Dieu de haine en incarnation de l'amour
Les confessions continuelles et les expiations sans fin
L'amour
Inéluctable et sans limites
Sont semblables aux ténèbres des temps préhistoriques

28 décembre 1996

POÈMES

Dans la collection Bleu de Chine – Gallimard

Han Han, *Blogs de Chine*
Shi Shuqing et Li Jinxiang, *La rivière des femmes*, Nouvelles hui
Su Tong, *La berge*, roman
Cao Naiqian, *La nuit quand tu me manques, j'peux rien faire*, roman
Shi Zhecun, *Le goût de la pluie*, Nouvelles et Prose de circonstance
Liu Xiaobo, *La Philosophie du porc et autres essais*
Liu Qingbang, *Cataclysme*, nouvelles
Feng Zikai, *Couleur de nuage*, recueil
Tsering Woeser, *Mémoire interdite*, témoignages
Bei Bei, *Mon petit coin du monastère*, roman
Cui Zi'en, *Lèvres pêche*, roman
Yu Jian, *Un vol*, poème en prose

Composition CMB Graphic.
Achevé d'imprimer
sur Roto-Page
par l'Imprimerie Floch
à Mayenne, le 25 septembre 2012.
Dépôt légal : septembre 2012.
Numéro d'imprimeur : 83245.
ISBN 978-2-07-013614-8 / Imprimé en France.

237477